W0406266

innenwelt verlag

Haftungsausschluss:
Die im Buch veröffentlichten Ratschläge und Übungen wurden von der Verfasserin und dem Verlag mit größter Sorgfalt erarbeitet und geprüft. Eine Garantie und Haftung kann jedoch nicht übernommen werden. Die Durchführung der im Buch enthaltenen Übungen erfolgt in Selbstverantwortung.

FSC
www.fsc.org
MIX
Papier aus verantwortungsvollen Quellen
FSC® C083411

1. Auflage 2019
Umschlaggestaltung: Bunda S. Watermeier, www.watermeier.net

www.innenwelt-verlag.de

CPI books, Leck
Printed in Germany
ISBN 978-3-947508-39-6

Katrin Jonas

nackt.

Das Körper-Versöhnbuch für Frauen

INHALT

Einleitung 6

Das Brennpunkt-Thema finden 12

1. Der Weg zur authentischen Figur – ein unerfüllbarer Traum? 17
. Das verdrehte Körperbild erkennen 18
. Warum und wie sich der Körper wehrt 42
. Die Figur von innen formen 62
. Vom Schein zum Sein durch Meditation 82

2. Ernährung in Balance – wie soll das bloß gehen? 97
. Die Ernährungsextreme erkennen 98
. Der Abschied von Ersatz und Kompensationen 115
. Bewusst, natürlich und stressfrei essen 135
. Ernährungsharmonie durch Bewusstheit und Innenschau 154

3. Eine natürliche Sexualität – ein Buch mit sieben Siegeln? 169
. Von Lust, Fake, Frust und anderen Missverständnissen 170
. Kompensationssex erkennen und lösen 204
. Sensibilität entwickeln, Berührungsbedarf stillen 226
. Energiestimulation und sexuelle Balance durch Meditation 241

4. Nackt leben 259
. Wie weiter 260
. Das Körper-Versöhnritual 269
. Literaturverzeichnis 274
. Über die Autorin 277

Einleitung

Wissen Sie, was mir beim Schreiben dieses Buches aufgefallen ist? Wann immer ich davon erzählt habe, dass sich in meinem nächsten Buch alles um die Versöhnung der Frau mit ihrem Körper drehen wird, hat nicht ein einziges Mal eine Frau daran gezweifelt, dass wir uns überhaupt mit unserem Körper versöhnen müssten. Die meisten Frauen horchten interessiert auf, nickten mir zu und freuten sich, dass es bald mehr zu diesem Thema zu lesen geben würde. Einige wurden auch nachdenklich. Mensch, wie kommt es bloß, dass besonders wir Frauen die Versöhnung mit unserem Körper so bitter nötig haben? Warum können wir einfach nicht zufrieden mit ihm sein?

Fragen waren da, aber infrage gestellt wurde die Notwendigkeit einer Versöhnung mit dem Körper nicht ein einziges Mal.

Selbstzweifel sitzen tief

Was sich in den Reaktionen der Frauen außerdem glich, war der Zweifel, ob eine vollkommene Versöhnung mit dem Körper überhaupt möglich sei. „Ach du meine Güte!“, rief Claudia, eine Klientin. „Ob das bei mir hinhaut? Alle Frauen in meiner Familie hassen ihre Cellulite. Die werde ich niemals mögen.“ Auch Elia schüttelte den Kopf. „Mit dem Körper versöhnen? In hundert Jahren nicht! Da dürfte er mich nicht dauernd mit Migräneattacken quälen!“ Ebenso wenig glaubte Petra an ein Happy End. „Ich bin eine Frau der Fakten und solange ich nicht ein Gramm abnehme, wird das mit der Versöhnung nichts.“ Katharina, die dem gegenwärtigen Schönheitsideal so ziemlich entspricht, war noch weniger optimistisch. „Ach!“, seufzte sie. „Das ist hoffnungslos bei mir. Mein Hintern ist zu dick, im letzten Jahr habe ich anderthalb Kilo zugenommen und meine Haut beginnt schon zu knittern. Außerdem …“ Sie zögerte. „Außerdem … sehen meine Brüste fürchterlich aus.“

Was mir in zwei Jahrzehnten Berufstätigkeit auf dem Gebiet der Körper-Mind-Integration hinsichtlich des verdrehten weiblichen Körperbildes begegnet ist, würde einige Bücher füllen. Leider erinnere ich mich an keine einzige Frau, die sich in ihrem Körper wohl und zu Hause gefühlt hätte.

Am Körper permanent herumzukritisieren, scheint für viele Frauen so normal zu sein wie das Atmen, das Essen oder ein Toilettengang.

91 Prozent!

Dies belegt nun sogar die aktuelle „Bodyimage“-Forschung. Wie eine Umfrage von Stern TV ergab, sind 91% der deutschen Frauen mit ihrem Körper unzufrieden. Während 70% ihr Gewicht kritisierten, gab die Hälfte der Frauen an, dass sie sich permanent mit anderen vergleichen. Allein diese nackten Zahlen zeigen, wie tief sich die Entzweiung vom Körper im Selbstbild der Frau verwurzelt hat.

Ohne Frage scheint es das beste und fortschrittlichste Selbstbild zu sein, das wir Frauen je hatten, aber es entspricht weder unseren Bedürfnissen noch unserem Bewusstheitszustand. Wie die moderne Frau ihrem Körper begegnet, welches Idealbild sie mit sich herumschleppt und wie sie sich dabei immer wieder selbst in den Rücken fällt, steht im krassen Gegensatz zu ihrer Reife, ihrer Bewusstheit und der Rolle, die sie haben kann. Es ist, als hinke sie hinter einer veralteten Idee hinterher und brächte es einfach nicht fertig, diese abzuschütteln.

Denn in unseren Köpfen ist uns allen klar: Wir Frauen sind weitaus mehr als auf Catwalks posierende Kleiderständer, ewig lächelnde Ikonen auf Werbeplakaten oder stereotype Inhalte retuschierter Instagram-Posts. Wir sind mehr als Menschen, die man nach Maßen, Kurven, Gesichtssymmetrie, Schenkelfalte, Kleidergröße, Taillenweite, Busenform und Sexappeal beurteilt. Klar ist uns das allen, doch diese Information hat sich noch nicht bis in unser Selbstbild durchgearbeitet. Und solange das nicht passiert, mäkeln wir weiterhin an unserem Körper herum.

**Ist es nicht endlich an der Zeit,
dass wir Frauen aus der Perfektionsfalle
herausklettern und uns so zeigen, wie wir sind?**

Aber wie?

Wie soll das gehen, fragen Sie sich jetzt bestimmt. Denn: Wie kann eine Frau, die ihrem Körper nur mit hochgezogenen Augenbrauen begegnet, diesen zu ihrem engsten Vertrauten machen? Wie funktioniert es, dass eine Frau, deren Stimmung vom Spiegel, der Waage oder von den Komplimenten anderer abhängt, ohne diese Rückmeldungen auskommt? Wie kann eine Frau ihren Selbstwert aus sich selbst ziehen anstatt aus ihrer Figur? Wie soll sich eine Frau mit ihrer Sexualität im Einklang fühlen, obwohl diese vielleicht ihr wundester Punkt ist?

Werden wir doch gleich einmal konkret. Ich stelle Ihnen einen sich an der Natur des Menschen orientierenden Weg zur Körperversöhnung vor. Er basiert darauf, wie unsere natürlichen Körperfunktionen in ihrer Ursprünglichkeit angelegt sind und wie wir uns diesen wieder bewusst nähern können. Dieser naturbezogene wie bewusstheitsorientierte Ansatz hat sich nicht nur in meiner Arbeit mit Frauen, die gesundheitliche Probleme haben, bewährt, sondern auch die Beziehung zu meinem eigenen Körper geheilt. Ich selbst bin durch ein jahrelanges Duell mit meinem Körper gegangen und erinnere mich an Phasen, in denen ich ihn am liebsten gegen einen anderen ausgetauscht hätte. Und das wollte ich, obwohl ich beim Yoga eine gute Figur abgab, weder körperliche Beschwerden kannte noch Probleme hatte, Männer auf mich aufmerksam zu machen. Dennoch war meine Liste an Verbesserungsvorschlägen für meinen Körper lang. Ich glaubte, erst dann wunschlos glücklich zu sein, wenn diese erfüllt wären.

Nackt sein

Doch bevor wir uns auf den Weg zurück zu Ihrer Natur machen, werde ich Sie zunächst bitten, Ihre Hüllen fallen zu lassen. Genau: Sie machen sich „nackt" vor sich selbst, indem Sie Ihrer ungeschminkten Wahrheit ins Auge blicken und Ihr persönliches Brennpunkt-Thema formulieren. Und dann legen wir los.

Wir befassen uns mit dem Thementrio, das Frauen am meisten Kopfzerbrechen zu bereiten scheint: die Figur, die Ernährung und ihre Sexualität. Während Sie zahlreiche praktische Körper-Versöhnübungen erforschen, gibt es in der *„Me-Time-Lounge"* wieder viel Raum zum Reflektieren Ihrer Erfahrungen. Leserinnen, die mein Buch *„Der Weg des Wassers – Frauen meditieren anders"* kennen, sind damit bereits vertraut. Doch dieses Mal wird es dort ganz besondere Momente geben, nämlich wenn ich Sie bitte, auf dem „Heißen Stuhl" Platz zu nehmen. Dort stelle ich ihnen tatsächlich heiße, weil delikate Fragen, welche Sie dazu einladen, ehrlich zu sich selbst zu sein. Sie ziehen sich gewissermaßen vor sich selbst aus und begegnen sich in Ihrer Blöße. Sie begegnen sich „nackt".

Und dieses „Nacktmachen" vor sich selbst ist wichtiger denn je! Die Welt der Körperobsessionen ist voll mit Täuschungen, Scheinheiligkeit und Lügen. Und dieser sollten Sie entsteigen, wenn Sie sich eine positive Beziehung zu Ihrem Körper wünschen. Das ist nicht anders als in einer zwischenmenschlichen Beziehung. Wenn diese auf Lügen basiert, kann sie nicht funktionieren.

Auf dem „Heißen Stuhl“ bereiten Sie den Absprung vom Karussell der Unwahrheiten vor.

Aufrichtigkeit sich selbst gegenüber ist die Voraussetzung für eine gesunde Beziehung zu Ihrem Körper. Erst dann haben Authentizität und Natürlichkeit eine Chance, gelebt zu werden.

Das Versöhnungsklima finden

Beim näheren Hinsehen ist die Versöhnung mit dem Körper nämlich nicht so schwer, wie sie zunächst erscheinen mag. Das ist sie nicht, weil Sie, liebe „nackt.“-Leserin, im Einvernehmen mit Ihrem Körper das Licht der Welt erblickten. In Ihrem ersten Lebensjahr vertrauten Sie Ihrem Körpergefühl blind und ließen sich von diesem ganz selbstverständlich leiten. In Ihrem Kopf war weder ein Besser-aussehen-Sollen noch Selbstkritik. Und wissen Sie was? Diese Gabe, Ihrem Körper zu vertrauen, besitzen Sie immer noch! Sie mag vielleicht nicht Teil Ihres momentanen Selbstempfindens sein, doch das ändert nichts daran, dass Sie sich unter bestimmten Bedingungen an dieses nahtlose Einssein mit Ihrem Körper erinnern können. Anstatt Ihnen weitere von außen aufgesetzte Rat-Schläge zu geben, schauen wir uns an, wie die Natur es in uns ursprünglich eingerichtet hat.

Meditation als Quelle

Schließlich zapfen wir eine Quelle an, über die Sie im Zusammenhang mit dem Körper vielleicht noch nie nachgedacht haben: die Meditation. Wenn Meditation im Einklang mit dem Körper erfolgt, schafft sie genau die richtigen Bedingungen dafür, dass Sie sich mit der Innenwelt Ihres Organismus verbinden und auf sich selbst aus einer anderen Perspektive schauen. Erst mit einem wachen „inneren Auge“ wird Ihnen klar, was zu Ihrem ureigenen Naturell gehört und welche Entscheidungen für Sie und Ihren Körper richtig sind. Schließlich lösen Sie sich von falschen Identifikationen, werden empfindungssicher und immer weniger anfällig für körperliche Idealbilder im Außen.

Genau das hebt „nackt." von anderen Ratgebern ab:
Indem Sie sich an der puren Natur Ihres Körpers orientieren,
lernen Sie, was Ihr Körper wirklich braucht.

Ihre Versöhnung

Am Ende erwartet Sie das Körper-Versöhnritual. Verbunden mit ihrer femininen Energie, achtsam, liebevoll und wach, verabschieden Sie sich von alten Glaubenssätzen und lange gehätschelten Illusionen. Sie tauchen in eine neue Ära ein, in der Sie zu Ihrem Natürlichsein stehen und ihrem bloßen Eigengefühl vertrauen. Zur Erinnerung: Ein authentisches Körperbild zu haben, ist keine Kürübung, sondern Ihr menschliches Normalprogramm. Sie werden staunen, wie selbstverständlich es sich anfühlt, vor sich selbst „nackt" zu sein und sich an Ihre natürlichen inneren Gaben wieder anzuschließen. Ich selbst kenne kein genussvolleres Empfinden als dieses.

Wenn Sie die Kritik an Ihrem Körper ein für alle Mal beenden möchten,
sind Sie hier genau richtig.
Das große Körper-Versöhnritual am Endes des Buches
ist Ihr Geschenk an sich selbst.

Das Brennpunkt-Thema finden

Nackte Tatsachen

Bevor wir uns im ersten Kapitel mit dem leidigen Kampf um die Idealfigur befassen, den manche Frauen ihr ganzes Leben lang führen, werden wir zunächst den Ausgangspunkt klären. Wir werfen nämlich einen Blick darauf, wo Sie losgehen und worin Ihr persönliches Körperthema, Ihr Brennpunkt besteht.

Dazu lade ich Sie in die *Me-Time-Lounge* ein. Diese ist, während Sie das Buch lesen, Ihr Ruhepol, Ihr Hafen, Ihr Ort zur Selbstreflexion. Dort werden Sie sich aufhalten, wenn ich Ihnen Fragen stelle oder Experimente vorschlage und auch, wenn Sie sich aus eigenem Ermessen etwas Ruhe gönnen und sich Zeit zur Selbstreflexion nehmen.

Machen Sie es sich jetzt in der *Me-Time-Lounge* bequem und lassen Sie uns, gerade weil das Körperthema für viele Frauen ein so heißes ist, gleich einmal heiß und stürmisch starten! Setzen Sie sich auf den imaginären „Heißen Stuhl“ und befassen Sie sich mit der ersten Frage, die eine Brennpunkt-Frage ist.

Willkommen in der Me-Time-Lounge:
Ihrem Brennpunkt-Thema auf den Zahn gefühlt

Nehmen Sie zuerst drei tiefe Atemzüge und lehnen Sie sich entspannt zurück. Kristallisieren Sie jetzt, ohne lange nachzugrübeln oder zu analysieren, genau dasjenige Thema heraus, das Sie von Ihrem Körper am meisten entzweit. Vielleicht gibt es aus Ihrer Sicht eine ganze Reihe körperbezogene Themen, Probleme und Baustellen, die Sie beschäftigen.
Doch erfahrungsgemäß hat jede Frau einen besonders wunden Punkt, einen, an dem sie sich immer wieder festbeißt oder reibt.

Also: Auf welches Körperthema springt Ihre Körperkritik zuerst?
Wo liegt der Brennpunkt Ihrer Aversion?
Wenn Sie jetzt Ihre Antwort aufschreiben, tun Sie es eher spontan als analytisch zerpflückt.

Die Me-Time-Lounge

Da ich Sie von nun an des Öfteren in die *Me-Time-Lounge* einladen werde, möchte ich Ihnen noch einige Tipps für den Start geben. Ein wichtiger Teil des Buches besteht darin, dass Sie sich immer wieder selbst reflektieren und dies schriftlich tun. Dazu besorgen Sie sich ein schönes Tagebuch, in das Sie Ihre privaten und ja, „nackten" Notizen gern eintragen. Da es in der *Me-Time-Lounge* oftmals intim wird, könnte es sogar ein abschließbares sein. Falls Sie kein manueller Schreibtyp sind, sondern Ihre Aufzeichnungen lieber im Notebook, Handy oder Tablet machen, ist das auch möglich. Wichtig ist, dass Ihnen die Notizen leicht von der Hand gehen, ob handschriftlich oder digital.

Nehmen Sie sich unbedingt Zeit zum Reflektieren, wann immer Sie die Lounge aufsuchen. Ich weiß. Am liebsten möchten Sie diese überspringen, sofort weiterlesen und so schnell wie möglich erfahren, worin das Geheimnis der Körperversöhnung liegt. Aber hier ist es anders! Nutzen Sie die Aufenthalte in der Me-Time-Lounge, um innezuhalten, sich selbst besser kennenzulernen und so unter der Oberfläche Ihres Körperthemas nachzuschauen. Dabei erhalten Sie nämlich ganz andere Informationen als diejenigen, mit denen Sie möglicherweise rechnen und die den gängigen Pauschalantworten entsprechen. Insbesondere während der besinnlichen Momente in der Lounge kommen Sie Ihrer ureigenen Natur am schnellsten näher.

Und: Schreiben Sie unbedingt mit der linken Hand! Vielleicht wundern Sie sich darüber, doch das hat einen Grund: Mit der Benutzung der linken Hand aktivieren Sie die Fähigkeiten Ihrer rechten Gehirnhälfte. Das sind diejenigen, die den femininen Qualitäten der Frau, mit Kreativität, Sinnlichkeit, Gefühl und Intuition entsprechen. Gleichzeitig sind es dieselben, die in unserer maskulinisierten Welt als wenig wertvoll angesehen werden und deshalb oftmals sogar verkümmern. Also: Schreiben oder tippen Sie mit links!

Brennende Themen

Nachdem Sie sich auf dem Heißen Stuhl darüber klar geworden sind, was Ihnen am meisten unter den Nägeln brennt, werden wir jetzt ziemlich systematisch vorgehen. Wir arbeiten uns durch die drei Kapitel zu den Themen Figur, Ernährung und Sexualität und kommen währenddessen immer wieder auf Ihr Brennpunkt-Thema zurück. Es kann nämlich sein, dass sich dieses im Laufe des Buches verändert, dass Sie es zwischendurch korrigieren oder anpassen möchten. Vielleicht bemerken Sie plötzlich während einer Heißen-Stuhl-Session, worum es wirklich geht, was tatsächlich hinter der Fassade Ihres Themas steckt oder wo eigentlich die Wurzel des Ganzen liegt. Insofern müssen Sie nicht besorgt sein, falls Sie mit der Auswahl Ihres Themas noch nicht gleich den Nagel auf den Kopf getroffen haben oder dieses für Sie noch nicht einmal greifbar geworden ist. Kein Problem! Es wird sich alles nach und nach herausarbeiten.

Darüber hinaus spielt es auch keine Rolle, dass Sie sich für ein einziges Thema entscheiden müssen. Zumeist ist es so, dass andere Körperthemen mit dem Löschen des zentralen Brennpunktes parallel aufzuweichen beginnen. Und selbst für den Fall, dass das nicht geschieht, können Sie die Schritte des Buches ja auch noch einmal bezüglich eines anderen Themas durchlaufen. Also machen Sie sich keine Gedanken darüber, ob Sie mit Ihrem Brennpunkt-Thema absolut richtiggelegen haben.

Auf dem Heißen Stuhl

Vielleicht erschaffen Sie sich tatsächlich einen Heißen Stuhl für die Zeit des Buches, indem Sie für diesen die Farbe Rot wählen. Genau! Basteln Sie sich einen roten Heißen Stuhl. Da Sie möglicherweise keinen Stuhl mit einer roten Sitzfläche haben, der das „Heiße" symbolisiert, können Sie ein rotes Tuch oder Polster auf die Sitzfläche legen. Oder Sie setzen sich auf ein rotes Kissen. Sie können auch Ihr Meditationskissen oder Ihren Yogablock in ein rotes Tuch wickeln oder sich auf einen roten Flecken Ihres Teppichs setzen.

Möglich, dass Sie dieses Miniritual als übertrieben empfinden und sie bezweifeln, dass das Rot, auf dem Sie sitzen, eine Wirkung auf Sie hat. Machen Sie in diesem Fall doch einfach einen Test, sobald Sie die nächste Frage auf dem Heißen Stuhl beantworten: Gibt es einen Unterschied, wenn Sie eine solche auf einer roten oder aber auf einer x-beliebigen, einer geblümten, gepunkteten oder gestreiften Sitzunterlage beantworten? Wetten, dass …? Und wenn es Ihnen immer noch lächerlich oder unnötig vorkommt, ist es auch okay. Zu lächeln ist ja auch schon einmal ein guter Start.

Und jetzt! Jetzt, nachdem wir das Brennpunkt-Thema freigelegt, die *Me-Time-Lounge* geöffnet und den Heißen Stuhl gerötet haben, legen wir los! Schauen wir uns den Nährboden an, auf dem die typisch weibliche Figurobsession wächst.

1.

Der Weg zur authentischen Figur – ein unerfüllbarer Traum?

Das verdrehte Körperbild erkennen

Die Figur verkörpert das Außen

Ich habe das erste Kapitel nicht umsonst dem Thema Figur gewidmet, denn an diesem scheiden sich ohne Zweifel die Geister am meisten. Oder sagen wir es treffender: Insbesondere diejenigen Frauen scheiden sich daran, die ein bestimmtes Figurbild in ihrem Kopf gespeichert haben. Sie scheiden sich in diejenigen, die glauben, dass eine Topfigur sie zum Ziel ihrer Wünsche führen wird, und in die anderen, denen es wurscht ist, weil sie von sich wissen, dass sie diese eh nicht erreichen werden. Und dann gibt es noch die Übrigen, die meinen, das Thema Körperideal spiele in ihrem Leben keine Rolle. Aber eines ist klar: Das Thema „Figur" scheidet die Frauen.

Und mehr noch. Obwohl die verschiedenen Frauentypen in ihren Präferenzen ziemlich weit auseinander zu liegen scheinen, eint sie dennoch ein Punkt: Sie orientieren sich an ein und demselben Körperbild. Die einen wollen es haben oder erhalten. Die anderen haben es resigniert ad acta gelegt oder ignorieren es.

Und ja: Auch diejenigen Frauen, denen die Figur schnurzegal zu sein scheint, einschließlich derer, die eine „attraktive" haben und sich nicht sonderlich mit dieser befassen, tragen ein Normalmaß in ihren Köpfen herum. Glauben Sie nicht, dass Sie, wenn Sie sich aus dem aktiven Figurenwahn heraushalten, automatisch unbeeinflusst von diesem sind! In Ihrem Unterbewusstsein steckt dennoch eine Vorstellung davon, was man unter einer guten, einer Super-, Normal-, Gehtnoch- oder Katastrophenfigur versteht. Ich habe beobachtet, dass auch die Frauen, die sich am Rennen um die Topfigur nicht beteiligen, beim Beurteilen anderer Frauen dennoch handfeste Urteile über Figur oder Unfigur in sich tragen.

Also lösen Sie sich erst einmal von der Vorstellung, dass irgendeine Frau unberührt von dem gegenwärtigen Körperideal bleibt. Das bleibt sie nicht, weil sie im Klima unserer Gesellschaft lebt und automatisch von deren Atmosphäre, Werten, Urteilen und allgemeinem Geschmack beeinflusst wird. Diesen kann sie sich kaum entziehen, weil sie tagtäglich durch die gesellschaftlichen Sprachrohre wie Fernseh- und Radiosendungen, Social Media, das Internet oder die Presse in ihr Unterbewusstsein kriechen. Wenn Sie wirklich glauben, dass irgendeine Frau von dem gegenwärtigen Körperbild unbeeinflusst bleibt, unterliegen Sie einem fatalen Irrtum. Keine einzige Frau kommt um das gängige Idealbild herum.

Selbstbild und Körperbild

Bevor ich Ihnen dazu mehr sage, sollten wir ein paar Begrifflichkeiten klären. Wenn ich im Folgenden von dem gegenwärtigen weiblichen Körperbild spreche, beziehe ich mich auf ein inneres Meinungsgefüge, das wir Menschen von uns selbst in uns tragen. Wir beurteilen nicht nur andere Menschen, sondern zuallererst einmal uns selbst. Und dieses Eigenbild umfasst, wie wir uns wahrnehmen, wie wir uns als Mensch sehen und ja, welchen Selbstwert und wie viel Respekt wir uns geben. Auf der Basis dieses Bildes handeln wir, orientieren wir uns in unseren Aktionen und treffen unsere großen und kleinen Entscheidungen. Es dient uns als Handlungsgrundlage und schließt unser individuelles Körperbild mit ein.

Das Körperbild wiederum macht den größten Teil des Selbstbildes aus. Denn aus unseren Gedanken über unseren Körper, wie wir ihn empfinden, beim Bewegen erleben, wie wir sein Aussehen und seine Wertigkeit beurteilen, definieren wir uns zu einem großen Teil. Und das lassen Sie sich jetzt einmal auf der Zunge zergehen: Wie wir über unseren eigenen Körper denken und urteilen, so prägt sich auch unser Selbstbild. Insofern hat das Verhältnis zu unserem Körper und seiner Gestalt einen immensen Einfluss darauf, wie wir auf Situationen und Herausforderungen antworten, wie wir in Beziehungen zu anderen Menschen reagieren, welche Prioritäten wir in unserem Leben setzen, welchen Lifestyle wir wählen und vor allem, wie wir mit uns selbst umgehen.

Das Unterbewusstsein

All das ist uns in den wenigsten Fällen bewusst. Etwa 80% unserer Handlungen, so sagen die Experten für das Unterbewusste, führen wir mechanisch und automatisiert aus, ohne dass uns die Hintergründe bewusst werden. Diese im Unterbewusstsein sitzenden Urteile und Wertmaßstäbe arbeiten sich beständig in unser Agieren ein. Ein Beispiel: Wenn Sie sich selbst für zu dick, unförmig und deshalb zu unattraktiv halten, tragen Sie höchstwahrscheinlich auch die Idee mit sich herum, dass Sie weder liebenswert noch interessant für andere Menschen sind. Ihr Verhalten wird folglich darauf ausgerichtet sein, genau das zu werden, nämlich liebenswert und interessant. Sie werden sich im Gefallenwollen und Beeindrucken trainieren, vielleicht anderen Menschen alles recht machen wollen und permanent unter Beweis zu stellen versuchen, dass Sie ein liebenswerter Mensch sind. Das kann sogar bedeuten, dass Sie die Wahl von Aktivitäten und Hobbys dementsprechend treffen oder sich auch beruflich danach ausrichten.

Wenn Sie wiederum ein natürliches Verhältnis zu Ihrem Körper haben, Sie ihn mögen und sich auf ihn verlassen können, werden Sie sich sehr anders durch Ihr Leben bewegen. Höchstwahrscheinlich werden Sie entsprechende Interessen und Prioritäten entwickeln, Ihrem Körper einen Stellenwert in Ihrem Leben geben und sich aufmerksam um ihn kümmern. Weil Sie ihn mögen, kommen Sie gar nicht auf die Idee, ihn zu verfälschen. Ihr Selbstausdruck hat eine echte Chance, authentisch zu sein.

Ob es Ihnen bewusst ist oder nicht: Das Bild, das Sie von Ihrem Körper in sich tragen, begleitet Sie auf Schritt und Tritt. Es beeinflusst nicht nur Ihr tägliches Agieren, sondern regelt auch Ihr Dasein als Mensch.

Körperbild und Figur

Und nun zur Figur. Auffällig ist, dass das Körperbild, das Frauen von sich haben, sehr stark von ihrer Figur, vom Gewicht, von der Körperform und von den Proportionen abhängig ist. „Na klar!“, nickt Melanie, eine Klientin, überzeugt.

„Wenn ich mich zu fett fühle wie nach den Weihnachtstagen, tobt in mir der kalte Krieg." Und Emma meint, dass man die Stimmung und die Figur doch gar nicht voneinander trennen könne! Wenn die Waage am Morgen die siebzig Kilo überschreite, sei ihre Laune logischerweise im Keller. Wenn sie hingegen weniger als 68,5 Kilogramm zeige, sei ihr Tag augenblicklich hell. 68,9 Kilo gehe auch noch. Aber es müsse eine 68 sein. Mit einer 68 auf dem Display erlebe sie sich als „so ziemlich okay". Da Letzteres aber immer seltener vorkommt, fühlt sich Emma des Öfteren mies und hat nichts anderes als das Abnehmen im Kopf. Ihrer Meinung nach sind ihr Gewicht und ihre Stimmung untrennbar miteinander verbunden. Davon ist sie felsenfest überzeugt.

Auch Manuela stellt infrage, dass man ein positives Bild von sich haben kann, wenn die Figur nicht stimmt. „Das ist doch alles eins", sagt sie drastisch. „Figur super, alles super. Figur scheiße, alles scheiße. Stimmt doch, oder etwa nicht?"

Doch normalerweise ist das von unserer Natur aus anders gedacht. Ja, das ist es! Dazu müssen wir aber etwas ausholen, und zwar in die Zeit, als dieser Umstand definitiv noch ein anderer war. Schauen wir uns ein kleines Kind an, das weder etwas vom Figurwahn noch von den äußeren Wertmaßstäben versteht. Ihm ist es solange, bis es von außen erzogen wird, vollkommen egal, wie es aussieht und wie es auf andere wirkt. Was für ein Kind in Sachen Körperbild zählt, ist, dass es sich über den Körper ausleben und ausdrücken kann, seine Bedürfnisse erfüllt sieht und sich in seinem Entdeckerdrang befriedigt fühlt. Es genießt ein absolutes Vertrauen in seinen Leib und hat nicht die leiseste Ahnung von dessen Figur.

Insofern entkräfte ich hier schon einmal die Aussage, dass wir uns nur dann wohlfühlen können, wenn wir unsere figürlichen Ziele erfüllt sehen, der Norm oder demjenigen Bild entsprechen, das wir uns für uns ausgedacht haben. Kinder machen uns das in ihren frühen Lebensjahren ziemlich deutlich. Sie haben kein Figurbewusstsein und mäkeln deshalb auch nicht an ihrem Körper herum.

Und weil das so ist, liegt es durchaus nahe, nachzuschauen, woher die flächendeckende Figurobsession bei Frauen kommt. Denn bereits nach diesem Miniausflug in die frühen Lebensjahre ist so viel klar: Mit auf die Welt gebracht haben wir diese nicht. Sie ist entstanden. Die Obsession um die Gestalt, der Figurenwahn und die ständige Verbesserungssucht im Außen ist erlernt.

Frühe Diskrepanzen

Dabei speisen sich alle Formen dieser Körperobsession aus vielen verschiedenen Quellen, doch die Hauptquelle liegt in der Zeit, in der ein Kind reift und beginnt, sich mit seiner Umgebung und deren Normen auseinanderzusetzen. Der innere Twist entsteht, wenn es beginnt sich zu bewegen, zu krabbeln, aufzustehen, zu gehen und selbstständig zu sein. Genau hier gibt es bereits handfeste geschlechtsspezifische Unterschiede. Tatsächlich splitten sich die Bedingungen für Mädchen und Jungen sehr früh auf.

Es spielt beispielsweise eine Rolle, inwiefern sich ein Mädchen körperlich ausleben, toben und aktiv sein kann, welche Erfahrungen es mit seinem Körper sammelt, ob es beispielsweise fürs Stillsitzen und Sich-Zurückhalten gelobt wird und schon früh zu hören bekommt, wie man sich als Mädchen zu benehmen hat. Es hängt ebenso davon ab, welche Beziehung ihre Bezugspersonen, insbesondere die Frauen, zu ihrem Körper haben, was es in seinem Umfeld beobachtet und welche Werte es zu übernehmen lernt. Und ja: Besonders prägend ist, welche Botschaften es über seinen eigenen Körper erhält.

Nicht wenige Frauen, die als Erwachsene Probleme mit ihrer Körperlichkeit haben, erinnern sich gut daran, dass sie bereits sehr früh körperlich be- oder verurteilt und beispielsweise als Pummelchen, Dickerchen, Moppelchen, Trampelchen, als die Dicke, die Fette, eine dürre Ziege, Rippchen oder als Bohnenstange bezeichnet wurden. Diese Namen waren vielleicht sogar Kosenamen. Aber gerade dann, wenn sie nett gemeint waren, graben sie sich noch tiefer ins Unterbewusstsein ein. Auf lange Sicht haben sie sogar die Macht, das Körperbild einer Frau grundlegend zu prägen. Und das hat Folgen auf Dauer: Wenn ein Kind in den frühen Jahren ein Urteil anerkennt, weil es ihm andere permanent überstülpen, nimmt es sich selbst immer mehr diesem Urteil entsprechend wahr.

Da fällt mir sofort eine meiner Bekannten ein. Als Kind wurde sie „die Störchin" genannt. Und wissen Sie was? Nicht nur sieht sie, inzwischen in ihren Vierzigern angekommen, beim Bewegen tatsächlich „staksig wie ein Storch" aus. Sie fühlt sich auch so. Sie hasst es generell, sich zu bewegen, zu tanzen, zu laufen oder ihren Körper einzusetzen. Sie fühlt sich bei allem, das mit dem Körper zu tun hat, wie entblößt und vollkommen unwohl in ihrer Haut. Sie genießt es am meisten, wenn sie sitzt und mit dem Computer beschäftigt ist. Dann darf sie ihren Körper vergessen.

Und damit schlagen wir eine neue Seite des Körperbildes auf, denn solche und andere frühe Erfahrungen mit dem Körper bilden die Grundlage für unser Eigenempfinden, unseren Selbstwert und ja, für unser späteres Leben. Wenn sie nicht infrage gestellt werden, haben sie eine lange Haltbarkeit, sodass nicht wenige Frauen mit diesen ein Leben lang ringen.

Glaubenssätze

Die Kommentare, die ein Kind über seinen Körper erhält, können sich tatsächlich tief ins Unterbewusstsein graben. Insbesondere Mädchen lernen durch diese sehr früh, dass ihr Aussehen und der Eindruck, den sie auf andere machen, etwas besonders Wichtiges ist und dass das sehr viel mit ihrer Körperform zu tun zu haben scheint. Deshalb kann das Streben nach einer besseren Figur bereits sehr früh in die Extreme gehen.

Ich habe einige Frauen kennengelernt, die davon berichten, bereits in einem Alter von fünf, sechs Jahren ihre erste Diät gemacht zu haben, weil sie wegen ihrer Figur kritisiert, geneckt oder von Spielgefährten gemobbt wurden.

Dorothea, eine Klientin, erinnert sich an ihr erstes Fasten im Alter von fünf Jahren. Je älter sie wurde, desto öfter prüfte ihre Mutter Dorotheas Bauchfalte. Wenn zwischen dem Daumen und dem Zeigefinger nur ein Röllchen sichtbar wurde, hieß es abzunehmen. Der „Babyspeck" müsse endlich weg. Dorotheas Essen wurde von früh an rationiert.

Oder die zwölfjährige Ariane. Sie kannte sich in allen Diätrichtungen aus und erklärte mir, welche Effekte eine Low-Carb-Diät oder das Mayr-Fasten auf ihren Körper haben. Sie zeigte mir außerdem eine Abnehm-App, in der sie ein Gewichtstagebuch führte. Dieses legte sie ihrer Mutter regelmäßig vor. Obwohl Ariane mit zwölf Jahren komplett durchschaute, dass ihre Mutter nur ihre eigene Essstörung, unter der sie als junge Frau gelitten hatte, auf ihre Töchter übertrug, konnte sie ihrer Abnehmmanie nicht ohne Weiteres den Rücken kehren. Als wir darüber sprachen, wich sie mir aus: „Meiner Schwester geht es noch viel schlimmer. Ich weiß ja zumindest, was los ist", sagte sie überzeugt. „Aber Kati ..." Sie wurde plötzlich traurig. „Aber Kati hat wirklich die Arschkarte gezogen ..." Arianes Schwester wog mit 15 Jahren nur zweiundvierzig Kilogramm und verfällt in Panik, wenn sie nur ein Pfund zunimmt.

Oder Angela: Sie hatte sich von früh an mit ihren vier Brüdern auseinanderzusetzen, welche sie die „Fette" nannten. Deshalb begann sie, ihre Mädchenfigur zu hassen und diese zu trainieren. Als sie zur Tür hereinkam, konnte ich auf den allersten Blick nicht erkennen, ob sie eine Frau war. Sie ging wie ein Möbelpacker und strahlte nichts aus, was man als weiblich bezeichnen könnte. Dass ihr Körper von einer Schmerzattacke in die nächste fiel, überraschte mich nicht. Sie unterdrückte alles, was zu einem weiblichen Körper dazugehörte.

Sara, eine andere Klientin, erinnert sich daran, dass sie sich als kleines Mädchen permanent mit der Figurobsession der älteren Schwester befassen musste. Vor dem Spiegel stehend fragte diese sie immerzu, ob sie sie als zu dick empfinde. „Nein", sagte Sara jedes Mal brav. Und hier wird es interessant! Obwohl Sara dieses Ritual der Schwester hasste, übernahm sie diese Obsession und den kritischen Blick in den

Spiegel. Heute versucht Sara, ihre Anorexie zu kurieren, die nicht nur jegliche Annäherung an einen Mann unmöglich macht, sondern ihr gesamtes Privatleben zerstört.

Und zuletzt Marie, die ein Beispiel für das Gegenteil ist. Ihre Eltern ließen keine Gelegenheit aus, die zuckersüße Marie mit ihren blonden Löckchen in der Öffentlichkeit zu zeigen. Marie, die bei anderen immer „Oh-wie-süß"-Kommentare auslöste, wurde bereits mit drei zum Ballett, zu Filmcastings und Gesangswettbewerben gebracht und auf alle erdenkliche Bühnen gezerrt. Mit fünf lag ihr Portfolio bei mehreren Werbeagenturen und mit acht Jahren war klar, dass eine Schauspielkarriere vor ihr lag. Obwohl Marie keine Schauspielerin wurde, definierte sie sich als Frau über ihr Aussehen und leidet unter massivsten seelischen Problemen. Diese prägten ihr Leben und eskalierten mit Anfang vierzig, als ihr Gesicht erste Falten zu zeigen begann.

Auch das Minimale zählt

Ich weiß. Das sind alles Extreme, die nicht auf jede Frau zutreffen. Doch Extreme sind oftmals gut, um das, was auch im nicht extremen Bereich liegt, ans Licht zu holen. Denn solche Botschaften müssen gar nicht ins Extrem gehen, um uns zu beeinflussen. Schon eine beständig anwesende Anti-Körper-Tendenz in der Familie, ein figurbetontes Klima zu Hause, eine das Äußere hervorhebende Atmosphäre oder ein Mehr-Schein-als-Sein-Geist einer Umgebung färbt das Verhältnis eines Mädchens zu seinem Körper. Und das passiert viel öfter, als wir annehmen. Auch wenn es keine extremen Erinnerungen an einschlägige Erfahrungen gibt, inhalieren viele Mädchen auf ihrem Weg zum Frausein prägende Informationen darüber, was zu einem perfekten, attraktiven Körper gehört.

Deshalb überrascht es nicht, wenn viele junge Frauen bereits nach zwei Jahrzehnten Leben ausschließlich Makel und Unzulänglichkeiten an sich finden. Aus den Mädchen mit den beschriebenen Geschichten werden Frauen, die sich an äußeren Normen, am Spiegel, an der Waage und an den Kommentaren von außen orientieren. Das Körperbild, mit dem ein Mädchen zur Frau wird, prägt ihr Leben. Und dieses wird von vielen Frauen einzig auf die Figur projiziert. Wenn ich mir all die Frauengeschichten, die ich in über zwanzig Jahren der Körper-Mind-Praxis zu hören bekommen habe, ins Gedächtnis zurückrufe, fällt mir tatsächlich nicht eine einzige Frau ein, die rundum zufrieden mit ihrem Körper war.

Doch natürlich. Es ginge auch anders! Wenn Ihre Geschichte eine bessere ist und Sie sich wohl und zufrieden mit Ihrem Körper fühlen, haben Sie großes Glück! Dann müssten Sie jetzt eigentlich gar nicht weiterlesen. Sie wissen ja bereits, wie wunderbar es ist, mit einem positiven, weil natürlichen Körpergefühl ausgestattet zu sein.

Erinnerungen

Werden wir jetzt wieder praktisch. Genau deshalb, weil sich solche frühen Sätze, Urteile und Normen so hartnäckig in unser Unterbewusstsein eingravieren, möchte ich Sie jetzt in die *Me-Time-Lounge* einladen, wo Sie sich über Ihre eigenen, ganz persönlichen Verinnerlichungen klar werden können. Lassen Sie sich für diese Sequenz ausreichend Zeit, damit sich das „Ventil der Erinnerung“ öffnen kann. Meistens erscheinen die prägenden Sätze und Urteile erst nach einiger Zeit im Bewusstsein. Oftmals werden sie sogar erst im Nachhinein, in der nächsten Nacht oder an den folgenden Tagen an die Oberfläche gespült. Vergessen Sie bitte nicht: Schreiben Sie wieder mit der linken Hand.

Willkommen in der Me-Time-Lounge: Ihre Geschichte

Erster Schritt: Memories

Erinnern Sie sich jetzt daran, welche Sätze, Urteile oder Meinungen über Ihren Körper und seine Gestalt Ihnen in der Kinderzeit entgegengebracht wurden.

Welche Informationen erhielten Sie von außen über Ihren Körper?
Gab es körperbezogene Kosenamen, Witzeleien, Neckereien, Ablehnungen oder Mobbingtendenzen?
Oder auch das Gegenteil: Erhielten Sie für körperliche Eigenschaften Anerkennung, Liebe und Lob?
Wie wurde Ihr Körper durch andere eingeschätzt, bewertet, kommentiert?
Beginnen Sie mit Ihrer frühesten Erinnerung, die bei etwa drei bis vier Jahren liegen könnte. Und fahren Sie dann Jahr für Jahr fort, bis Sie bei Ihrem achtzehnten Lebensjahr angekommen sind.

Zweiter Schritt: Ihre Glaubenssätze

Schauen Sie sich diese Informationen genau an und heben Sie diejenigen hervor, an die Sie selbst glauben, die Sie vertreten und in Ihr Beurteilungssystem übernommen haben.

Der Körper im Twist

Und hier kommen wir bereits zu einem enorm wichtigen Punkt! Es wäre ja mehr als logisch, dass eine Frau ihr frühkindlich geprägtes Körperbild, falls es denn verzerrt, unrealistisch oder selbstschädigend ist, im Erwachsenenalter korrigiert. Sobald sie erkennt, dass es gar nicht ihrer Natur entspricht, könnte sie es ja revidieren und neue und eigenständige Erfahrungen machen.

Aber genau hier wird es kritisch! Denn das geht nicht so einfach. Meinungsbilder, die wir einmal anerkannt haben und mit denen wir uns identifizieren, lösen sich nicht auf einen Fingerschnipp hin auf. Das passiert nicht, weil ein Mensch, der bestimmte Botschaften während der Hauptentwicklungsphase seines Gehirns im frühen Kindesalter über sich erhält, diese als seine Wahrheit anzunehmen lernt. Schließlich verinnerlicht, bleibt er gegenüber davon abweichenden

Informationen nahezu immun. Das liegt an unserem Unterbewusstsein, das sich immer wieder auf dieselbe Weise einmischt, beispielsweise, wenn Sie bestimmten Gewohnheiten unterliegen, Sie zur Zigarette greifen, Sie ungewollt naschen oder als Antwort auf bestimmte Situationen immer wieder dasselbe sagen oder tun. Und nicht nur das.

Unbewusst sucht der Mensch nach der Bestätigung dessen, was er über sich weiß, egal wie unwahr, surreal oder aus der Luft gegriffen dies ist. Das kann sogar so weit gehen, dass eine Frau, die früher wegen ihres angeblichen Übergewichts gemobbt wurde und sich deshalb irgendwann selbst als zu dick empfindet, sogar aus positiven Bemerkungen anderer herausfiltert, dass sie zu dick ist und abnehmen muss. Das passiert wiederum unabhängig davon, ob sie eine schlanke Körperform, laut BMI ein Idealgewicht oder die Kleidergröße 36 hat.

Wenn ein Urteil einmal im Selbstbild eines Menschen festsitzt, will er sich in diesem bestätigt sehen. Es gibt ihm ein gewisses Gefühl des „Richtigseins" und genauso ist es mit diesen vielen figurbesessenen Frauen: Einer Frau, die sich für übergewichtig, hässlich oder unattraktiv hält, brauchen Sie tatsächlich nicht zu sagen, dass sie es nicht ist. Sie wird es nicht glauben. Sie wird es überhören, augenblicklich von sich weisen oder es geschickt zu widerlegen versuchen. Ihr verinnerlichtes Meinungsgefüge ist zu ihrer Identität geworden, die sie unbewusst bestätigt sehen will.

Das verdrehte, unrealistische, bis an die Perversion grenzende Selbstbild, das viele Frauen mit sich herumtragen, scheint so massiv in die Gehirnfurchen eingekerbt zu sein, dass es die gesamte Selbstwahrnehmung vereinnahmt und eine Veränderung fast unmöglich erscheint.

Die große Körperfalle

Und dieses Selbstbild trifft dann auf die äußere Welt der Frau. Dass die Figur so sehr im Fokus der Frau steht und es vielen von ihnen erscheint, als könnte sie niemals Frieden mit dieser schließen, hängt außerdem mit drei immens großen

Herausforderungen zusammen, die es ihr zusätzlich erschweren, sich mit ihrem Körper und seiner Gestalt anzufreunden. Selbst dann nämlich, wenn sich eine Frau vornimmt, ein unrealistisches Körperbild hinter sich zu lassen, wird ihr das nicht leicht gemacht.

Herausforderung Nummer eins: Das wird es nicht, weil der Körper ohne Zweifel derjenige ist, mit dem sich ein Mensch ausdrückt und sich anderen gegenüber zeigt. Er steht in der Öffentlichkeit, vermittelt Informationen, repräsentiert und „outet" uns. Und das geschieht bei Frauen vorrangig über ihre Gestalt. Eine Frau wird viel mehr als ein Mann daran gemessen, wie ihr Körper „gebaut" ist, welche physische Attraktivität dieser besitzt und welchen äußeren Eindruck er bei anderen hinterlässt. Frauen bekommen auf bewusstem oder unbewusstem Wege bestätigt, dass ihre Figur und ihre Proportionen maßgeblich mitbestimmen, ob ihnen von außen Anerkennung und Aufmerksamkeit entgegengebracht werden. Die Betrachtung einer Frau als Objekt ist in unserem gesellschaftlichen Leben so normal wie das Amen in der Kirche.

Dazu erschien erst kürzlich eine Studie, die an der *University of Nebraska-Lincoln* durchgeführt wurde. Die Experten unter Leitung von Sandra Gervais untersuchten, wie Männer und Frauen hinsichtlich ihres Körpers wahrgenommen werden. Das Ergebnis spricht Bände: Während die männlichen Probanden von Frauen umfassend, also als ganzkörperliche Wesen wahrgenommen wurden, schauten die Männer auf die Probandinnen, als beständen sie nur aus einzelnen Körperteilen. Sie betrachteten die Frauen „lokal" und orientierten sich dabei an den Körperarealen mit den weiblichen Geschlechtsmerkmalen. Interessant war aber noch etwas ganz anderes: Als man testete, wie Frauen die anderen Frauen wahrnahmen, stellte sich heraus, dass sie eine ähnliche Perzeption wie die männlichen Testpersonen hatten. Es gab nicht nur bei den Männern eine klare Tendenz, Frauen auf bestimmte Körperareale zu reduzieren.

Frauen handhabten es untereinander genauso. Deshalb: Seien Sie ehrlich! Wenn Sie einer anderen Frau zum ersten Mal begegnen, registrieren Sie sofort, ob sie dünn, dick, schlank, gut proportioniert ist, kleine oder größere Brüste, einen großen oder knackigen Hintern oder Sexappeal hat und deshalb attraktiv, hübsch oder unansehnlich ist. Ganz gleich, ob wir durch die Augen eines Mannes oder einer Frau schauen: Diese Untersuchung zeigt klar, wie stark die Objektifizierung einer Frau ist. Es ist uns in Fleisch und Blut übergegangen, eine Frau zunächst nach ihrer äußeren Form und ihrem Aussehen zu beurteilen. Erst dann kümmern wir uns um das Dahinter.

Wenn Sie jetzt den Kopf schütteln, überprüfen Sie einmal das Gegenteil. Wir können es ja auch andersherum sagen: Einer Frau, deren Körperform weit entfernt ist vom gängigen *SDS-Schönheitsideal, schlank, durchtrainiert* und *sexy*, deren Körper vielleicht sogar offensichtliche Makel aufweist und deren Figur von so gut wie niemandem das Attribut „attraktiv" erhalten würde, muss jede Menge dafür tun, damit sie von anderen als sympathischer, wertvoller oder intelligenter Mensch wahrgenommen wird.

Die Thematik erinnert mich an den Film „Embrace – Du bist schön" der ehemaligen australischen Bodybuilderin Taryn Brumfitt. Nach der Geburt ihrer drei Kinder war sie mit ihrem Körper komplett unzufrieden und trainierte solange, bis sie ihren gestählten Leib in einem Body-Building-Wettbewerb zur Schau stellte. Doch obwohl sie kein Gramm Körperfett mehr hatte, fühlte sie sich weder glücklicher noch erfüllter im Vergleich zu vorher. Also ließ sie das Training wieder sein und überließ ihren Körper der Natürlichkeit. Die Vorher-Nachher-Fotos postete sie auf Facebook. Und hier kommt's: Glauben Sie nicht, dass sie dafür Bravorufe erhielt. Ganz im Gegenteil! Ihr schlug enorm viel Unverständnis entgegen. Insbesondere Frauen kritisierten sie, dass sie diesen perfekt modellierten Körper aufgegeben hat.

Taryn Brumfitt zog daraufhin in die Welt hinaus und forderte Frauen auf, ihren Körper anzunehmen und zu lieben, so wie er ist, deshalb der Titel „Embrace". Ihre sogenannte „Body Image Movement" erinnert Frauen daran, sich nicht an den gekünstelten Körpermaßen zu orientieren, die uns vorgegeben werden. Die deutsche Schauspielerin Nora Tschirner, die den Film als Executive Producerin unterstützte, drückte es in einem Interview zum Film ganz klar aus: „Wir hören nicht mehr auf unsere inneren Stimmen. Das Körperbild hat das Körpergefühl abgelöst.“

Tatsächlich ist es unglaublich, wie sehr sich diese fremden Normen in unserem Unterbewusstsein breitmachen und unsere eigene Wahrnehmung bestimmen. Und das führt dazu, dass sich eine Frau heute über ihren Körper beurteilen lassen muss.

Die nackte Wahrheit

Darüber hinaus ist es ein Fakt, dass auf den meisten gesellschaftlichen Podien die wohlproportionierten Frauen die Nase vorn haben, weil man von ihrer Gestalt auf innere Qualitäten schließt. Tatsächlich verbinden wir mit einer Normfigur bestimmte Eigenschaften und Fähigkeiten, die sich schließlich in Lebensentscheidungen mischen.

Sicherlich kennen Sie alle den Spruch, dass Sie, wenn Sie sich irgendwo präsentieren, gern eine „gute Figur“ machen möchten. Und das sagt bereits sehr vieles aus. Es geht dabei nämlich nicht nur um Ihren Wunsch, gut auszusehen. Wenn Sie das sagen, schwingt dabei mit, dass an Ihrem Erscheinungsbild noch eine ganze Reihe anderer Informationen hängen. Allein durch Ihre Figur und deren Proportionen wecken Sie das Interesse anderer und signalisieren, wie Sie als Mensch wirken möchten. Mit dem Ansinnen, eine „gute Figur zu machen“, verbinden wir viel, viel mehr.

Es ist beispielsweise ein offenes Geheimnis, dass viele Jobs über den äußeren Eindruck und insbesondere bei Frauen über die Figur vergeben werden. Das geht sogar so weit, dass Untersuchungen von einem Zusammenhang zwischen charakterlichen Werten und der äußeren Erscheinung berichten. Ein Forscherteam der Universität Texas in Dallas berichtet, dass Probanden einer Studie verschiedenen Gestalttypen jeweils bestimmte Qualitäten zuordneten. Es zeigte sich, dass mit

Menschen, deren Körperbau schwerer wirkte, negative Eigenschaften assoziiert wurden, während man den Teilnehmern mit einem leichteren Körperbau positive Fähigkeiten zuordnete. Als man die Figur als solche in die Beurteilung einbezog, gestaltete sich das Ergebnis ähnlich: Probanden mit der klassischen Figur, die als attraktiv angesehene Gestaltmerkmale aufwies, sah man als aktiv an. Menschen mit einer viereckigeren oder schwereren Figur ordnete man hingegen Passivität zu.

Und das kennen Sie sicher auch aus Ihrem Leben. Mit einer Frau, die eine Idealfigur hat, wird, je nachdem in welchem gesellschaftlichen Bereich sie sich bewegt, enorm vieles assoziiert: Brillanz, Klasse, Leistungsfähigkeit, Intelligenz, Können oder Flexibilität. Eine gewichtigere, kurvenreiche Frau wird hingegen mit Behäbigkeit, Langsamkeit, Lethargie, Phlegmatismus, fehlender Reaktionsfähigkeit oder sogar mit Einfältigkeit assoziiert.

Das wiederum kommt auch in Jobinterviews zum Tragen. Dort checkt man die Figur dahingehend, ob eine Frau beweglich, gesund, sportlich und diszipliniert ist und schließt von ihrer Körperform darauf, ob sie Belastungen standhalten kann. Aber das ist noch nicht alles, denn man leitet außerdem von der Figur ab, ob sie zu Erkrankungen, Arbeitsausfall oder früher Berentung neigt. Das wird umso wichtiger, wenn eine Frau auch Mutter ist. Da eine Frau mit kleinen Kindern beim Bewerben ohnehin die meisten Minuspunkte kassiert, weil Ausfallzeiten vorprogrammiert sind, fällt eine Mutter ohne Idealfigur endgültig durch das Raster.

Sie denken, dass ich übertreibe? Nein, nein! Im Flugzeug kam ich einmal mit einem Personalchef ins Gespräch. Da drehte es mir fast den Magen um, weil ich nie und nimmer geglaubt hätte, dass all diese Kriterien, die man am Erscheinungsbild von Frauen abzulesen meint, tatsächlich real an Jobbewerberinnen angewandt werden. Im Grunde genommen ist die Entscheidung „durchgefallen“ bereits klar, wenn die Frau den Raum betritt und der figürliche Part nicht stimmt. Bevor die Bewerberin überhaupt den Mund aufgemacht hat, ist sie, wenn ihr Körper dem Personalchef nicht gefällt, bereits raus.

Und diese Auswahlkriterien verschärfen sich, je mehr die ausgeschriebene Stelle Publikumsverkehr, Führungs- oder Repräsentationspositionen einschließt. Als weibliche Führungskraft oder als Frau, die in die Chefetagen vordringen möchte, ist eine schlanke Figur nahezu ein Muss. Das ist so etwas wie ein unausgesprochener Codex, an dem nur wenige Frauen vorbeikommen.

Als Vertreterin von Gesundheitsprodukten, Flugbegleiterin, Rezeptionistin in einem Fünf-Sterne-Hotel oder als Verkaufsassistentin bei Prada, Armani oder Chanel sind die Proportionen ebenso ziemlich klar vorgegeben. Logisch irgendwie. Wenn die Models der Modemarken schon nur aus Haut und Knochen bestehen, der sogenannte *„Skelettal Chic"* uns auf Laufstegen schmackhaft gemacht wird, können die Verkäuferinnen ja nicht plötzlich Kurven haben. Mit einem breiten Hintern, einem gewissen Schenkelumfang oder einem voluminösen Busen können Sie da zwischen den Mini-Kinderkleidchen und Size-Zero-Abendroben nun mal nicht brillieren.

Und ja: Wenn ein Hotel mit gertenschlanken Models wirbt, die sich im Infinity-Pool oder in der Sauna räkeln, kann die Rezeptionistin keine gemütlich wirkende Frau mit Größe 46 sein. Ganz zu schweigen vom Showbusiness, wo eine Topfigur zu den Grundzutaten zählt. Wenn eine Frau als Schauspielerin oder Fernsehmoderatorin auftreten möchte, ist es ganz selbstverständlich, dass sie das gegenwärtige Körperbild erfüllen muss.

Doch so weit muss man gar nicht gehen. Bereits als Sekretärin oder Pharmareferentin durchlaufen Sie einen gründlichen Figurencheck, während man bei Serviererinnen weiß, dass diejenigen mit einem ansprechenden Äußeren erwiesenermaßen größere Umsätze erzielen. Stereotype Maße zählen.

Der weibliche Körper als Objekt

Und damit komme ich zurück zu der ersten großen Herausforderung, der Frauen im Ringen um den Frieden mit ihrem Körper gegenüberstehen. Da auf vielen gesellschaftlichen Podien bewusst oder unbewusst von der Figur auf bestimmte

Qualitäten geschlossen wird, ermutigt ihr Umfeld sie keinesfalls dazu, der allgemeinen Figurobsession den Rücken zu kehren und mit ihrem Körper zufrieden zu sein. Im Gegenteil. Wo immer wir hinschauen, begegnen wir Verbesserungsvorschlägen, Idealbildern, How-to-Anleitungen, Body-Challenges oder Crashkuren, die auf die Optimierung unseres Erscheinungsbildes und unseres Wirkens auf andere zielen. In unseren Köpfen ist das Schlanksein mit einer so langen Liste bestimmter Urteile verquickt, dass sich viele Frauen letzten Endes über ihre Figur sogar als Mensch definieren und von dieser ihren Selbstwert ableiten.

Es braucht uns deshalb nicht zu wundern, wenn Frauen alles Mögliche anstellen, um schlank zu sein und die allgemeine Normfigur zu erreichen. Der weibliche Körper ist nicht nur zu einem Objekt, sondern auch zu einer sozialen Ware geworden, die tatsächlich wie eine solche gehandelt wird. So wie sich einige Stars bestimmte Körperteile in Millionenhöhe versichern lassen, repräsentieren unsere Körper unseren sozialen und beruflichen Wert. Es ist ein Fakt: Die Frau von heute muss sich in einer widersprüchlichen Welt zurechtfinden, die das Freisein des Körpers vorgaukelt, doch täglich Körperhass produziert.

Das SDS-Körperbild

Insofern können wir die Art und Weise, in der wir Frauen auf andere Menschen wirken und welchen Part unsere Figur und unsere Proportionen dabei spielen, nicht einfach als Nichtigkeit vom Tisch wischen und sagen: Ach, das ist doch alles nicht so schlimm! Pfeifen wir auf die Figur und lassen Fünfe gerade sein!

Das funktioniert schon deshalb nicht wirklich, weil wir Frauen uns in einer Phase befinden, in der wir noch mehr Schwung holen können, alte Rollenverhältnisse in Frage stellen und uns mehr und mehr in bislang vom Mann dominierte Gebiete, Berufe oder Etagen mischen. Frauen scheinen gerade in diesem Zuge alle Argumente und Plädoyers für das Erreichen einer Topfigur auf ihrer Seite zu haben. Auf den ersten Blick ist es sogar verständlich, dass eine Frau das Bild von einer Idealfigur im Kopf herumträgt.

Und das bringt mich zur Herausforderung Nummer zwei: Diese schließt sich nahtlos an die erste an, denn das allgemeine *SDS*-Körperbild mit seinen Parametern *schlank, durchtrainiert* und *sexy* wird aus vielen verschiedenen Richtungen an uns herangetragen und verstärkt die Zweifel an unserem Körper. Egal, ob wir auf Werbeplakate schauen, die TV-Werbung läuft, wir in Frauenmagazinen blättern, Wellnessratgeber lesen, Kleidung kaufen und uns in Skinny- oder Slim-Fit-Jeans hineinzuquetschen versuchen – wir werden immer mit dem *SDS*-Körperbild konfrontiert. Und das trägt insofern Früchte, als insbesondere Frauen mit einem ohnehin schon negativen, wackeligen oder von Unsicherheit geprägten Körperbild ihre Selbstzweifel und endlose Eigenkritik bestätigt finden. All ihre Mäkelei an ihrem Körper wird durch die Medien in unterschiedlichster Form bestärkt. Ob mit oder ohne Vorprägungen, es ist enorm schwer, diesen Einflüssen zu entkommen.

Doch es wird noch unfairer! Frauen, die eine bestimmte Altersgrenze überschreiten und deren Körper nicht mehr taufrisch wirkt, verschwinden aus unserem Bewusstsein und tauchen in den öffentlichen Sprachrohren immer seltener auf. Wenn Sie nach Frauen über 35 Jahre beispielsweise in der deutschen Werbung suchen, finden Sie entweder die überpflegten Hausfrauen, die sich über die richtige, weil leichteste Joghurtsorte oder den schlank machenden Soßenandicker Gedanken machen. Oder Sie treffen auf Frauen, deren Glück an der Lösung eines Figurproblems hängt. Da zaubert man ihr ein Lächeln auf das Gesicht, wenn man sie plötzlich mit einem nebenwirkungsfreien Verdauungsmittel, proteinhaltigen Abnehmpulver oder einer neuen Anticellulitelotion versorgt. Ständig werden die weiblichen Konsumentinnen an das Erzielen einer Idealfigur erinnert, und wenn sie diese nicht erreichen, bringt man sie auf die Idee, dass sie ein Figurproblem haben. Und ja! Diese Botschaften, dass sich die Frau zu einem Großteil ihres Lebens mit ihrer Figur befasst, aber so gut wie nie als potente, im vollen Saft ihrer Energien stehende Frau mit Kurven und mit Lebenslinien im Gesicht zu sehen ist, rieseln beständig und tröpfchenweise in unser Unterbewusstsein hinein.

Diese Botschaft wird uns auch auf den Social-Media-Kanälen und YouTube vermittelt. Dort herrscht so ziemlich dieselbe Atmosphäre: Wie eine Studie, die von der *MaLisa Stiftung* von Maria und Elisabeth Furtwängler zur weiblichen Selbstinszenierung in den neuen Medien unterstützt wurde, herausarbeitete, bedient man beispielsweise auf YouTube ziemlich überholte, stereotype Geschlechterrollen. Da bekommen wir bestätigt, dass Frauen sich kaum für etwas anderes als für ihr Aussehen, Mode, Ernährung oder die Figur interessieren. Mit stereotypen Posen und Bewegungen zeigen sie sich kaum als Frauen mit einer Individualität.

Das Ganze wird nicht besser, wenn es um die Fernsehlandschaft geht. In einer weiteren Studie der MaLisa-Stiftung zur Audiovisuellen Diversität, die sich mit der geschlechtsspezifischen Darstellung der Frau in Film und Fernsehen befasste, stießen die Forscherinnen auf Schockierendes: Ab Mitte dreißig verschwindet die Frau sukzessive von den deutschen Bildschirmen. Je mehr eine Frau die 30er-Marke überschreitet, desto geringer ist ihre Chance auf führende Charakterrollen und desto weniger ist sie in unserem Bewusstsein präsent. Und das müssen Sie sich wirklich einmal auf der Zunge zergehen lassen! Es suggeriert uns nämlich, dass sich die Herzeigbarkeit einer Frau bereits nach knapp einem Jahrzehnt des Frauseins zurückbildet und unser Einfluss in der Welt bereits an Bedeutung verliert.

Doch selbst das kann noch getoppt werden! In Hollywood ist für die weiblichen Darstellerinnen bereits mit Mitte zwanzig der Ofen aus. Da werden Rollenangebote für Hauptfiguren mit zunehmendem Alter immer rarer. Und wissen Sie was? Für die meisten Filmproduzenten ist das völlig normal: Blutjunge Frauen geben nun einmal „die bessere Figur" ab. Wer es in Hollywood also nicht bis zum Ende der Zwanziger geschafft hat, wird sich den Traum von tragenden Rollen kaum erfüllen können.

Ob im Film- oder TV-Bereich, in den sozialen Netzwerken oder in Magazinen und in der Werbung gestreut, ständig schleichen sich Informationen über das ideale Körperbild in unser Unterbewusstsein hinein und treffen auf die Unsicherheiten, die dort gegebenenfalls sowieso schon nisten. Immer wieder wird in die alte „Nicht-gut-genug"-Wunde hineingestochen, sodass sie niemals heilen kann. Solange Sie also unter Dauerbeschuss von Körperidolen und Idealmaßen stehen, wird Ihnen untergejubelt, wie weit entfernt Sie von einem attraktiven, „richtigen" und liebenswerten Menschen sind.

Und wissen Sie, was das Fatale daran ist? Wenn wir nämlich die im Allgemeinen anerkannten Idealmaße zu den unseren machen, reduziert das nicht nur, wie Studien belegen, unsere Selbstwahrnehmung und vertieft die kritische Meinung über den eigenen Körper. Wir entwickeln außerdem unrealistische Sehgewohnheiten, die dazu führen, dass wir andere Menschen genauso verkehrt wahrnehmen. Unsere Sehgewohnheiten beeinflussen, wie wir mit ihnen umgehen, wofür wir sie respektieren, wie wir über sie sprechen und auch, welche Freunde und Partner wir uns suchen. Ich übertreibe keinesfalls, wenn ich sage, dass diese stereotypen Körperbilder all unsere Lebensbereiche und vorrangig die zwischenmenschlichen überschatten. Wie wir anhand der drei Kapitel – Figur, Ernährung und Sexualität – sehen werden, gibt es tatsächlich kaum ein Plateau, das von der Figurobsession unberührt bleibt.

Deshalb ist die zweite Herausforderung keine geringere als die erste: Wenn Sie sich mit Ihrem Körper und seiner Natur versöhnen möchten, wird Ihnen das, solange die makellos wirkenden, stereotypen Frauenbilder auf den Kinoleinwänden, auf YouTube und in den Netzwerken dominieren, definitiv nicht erleichtert.

Der provozierte Körper

Und schließlich kommen wir zu einer weiteren Herausforderung, genau jener, an die Sie vielleicht noch nie zuvor gedacht haben. Während die anderen beiden damit zusammenhängen, dass wir permanent dazu animiert werden, uns an einem körperlichen Optimalbild zu orientieren, enthält man uns gleichzeitig wichtige Informationen über unseren Körper vor. Es ist nämlich ein Fakt, dass unser Körper in diesem künstlichen Ringkampf um die Idealfigur nicht still und reaktionslos bleibt. Es wäre naiv zu glauben, dass das beständige Kritisieren an seiner Natur keine Konsequenzen hat. Ganz und gar nicht! Unser Körper kommentiert sehr genau, was wir da mit ihm treiben, wenn wir ihn pausenlos zu erziehen versuchen, seine Natur ignorieren oder ihn kritisieren!

Er reagiert auf all unsere Figurverbesserungsmaßnahmen mit einem „Ausgleichsprogramm", je nachdem, wie weit wir ihn in die Enge treiben und in seinem natürlichen Funktionieren stören. Ich kenne nicht wenige Klientinnen, die für ihre Figurobsession einen hohen Preis bezahlt haben und letztlich mit handfesten gesundheitlichen Symptomen und Problemen ringen. Und diese Reaktionen kalkulieren Frauen nicht ein. Genauer betrachtet haben diejenigen Frauen, die ihre Figur mit Macht modellieren wollen und in ihre körperliche Selbstregulation unbedacht eingreifen, gleich mehrere Baustellen zu verarzten: Sie ringen mit ihrem sowieso schon unfolgsamen Körper und sind im Ergebnis mit dessen Reaktionen auf die Körperkritik konfrontiert.

Wissen Sie eigentlich, wie viele Frauen aufgrund ihres verdrehten Körperbildes und ihrer Minderwertigkeitsgefühle Jahre auf der Couch von Psychotherapeuten verbringen, wegen Essstörungen in Reha-Einrichtungen behandelt werden, aufgrund ihrer Trainingsobsessionen mit Schmerzen und muskuloskelettalen Erkrankungen ringen oder unter den Nebenwirkungen von Antidepressiva leiden, nur weil ihr Äußeres nicht dem Idealbild entspricht? Wissen Sie, wie viele Frauen mit kaum heilenden Verdauungsstörungen, Magengeschwüren und Darmentzündungen kämpfen, nur weil sie ihren Körper über Jahre kontrollierten, die Kalorien jedes Bissens zählten und ihre physischen Bedürfnisse mit Füßen traten? Wissen Sie, wie viele Frauen unter den Folgen zu enger, „figuroptimierender" Kleidung leiden und sich selbst Atem- und Herzprobleme bereiten, nur weil sie eine gute Figur abgeben wollen? Ahnen Sie was Frauen ihrem Körper und ihrem neu geborenen Baby antun, wenn sie noch während des Stillens zu fasten beginnen und kurz nach der Entbindung Abführmittel nehmen oder Slimshakes trinken? Wissen

Sie, wie viele Frauen ein vergiftetes, vollkommen überlastetes Bindegewebe haben, weil sie ihrem Körper über Jahre die schädlichen Substanzen in Appetitzüglern zugeführt haben? Nein, davon haben Sie wahrscheinlich noch nichts gehört.

Und noch ein Zusammenhang ist den meisten Frauen nicht bewusst: Je massiver die Eingriffe in die körperliche Eigenregulation durch drastische Abnehmmaßnahmen werden, desto wahrscheinlicher ist es, dass die Antworten des Körpers darauf nicht weniger massiv ausfallen. Schließlich muss er sich irgendwie anpassen, wenn in seine Eigenregulation eingegriffen wird.

Tatsächlich gibt es hier eine Korrelation: Je schneller, unbedachter und stärker wir in das große System unseres Organismus eingreifen, desto größer ist der Schock und desto vehementer fallen seine Ausgleichsmechanismen aus. Wenn diese dann erst einmal gegriffen haben, ist die Rückkehr zu einer gewissen Normalität steinig und kann ohne professionelle Begleitung kaum bewältigt werden.

Aber darüber spricht keiner! Es existiert kaum Aufklärung darüber, was mit unserer Gesundheit passiert, wenn wir uns von einer Figurmaßnahme in die nächste treiben oder von einer Diät in die nächste schlittern. Das ist so, weil so gut wie niemand an dieser Aufklärung ein Interesse hat. Wenn Frauen nur ein wenig Grundwissen darüber hätten, was Blitzdiäten, Crashkuren und Powerworkouts mit ihrem Körper machen, würden sie sofort die Finger davon lassen.

Interessenskonflikte

Die Aufklärung über diese Tatsachen soll und kann die Frau gar nicht erreichen, weil die figurobsessive Frau ein so großer Profitfaktor ist, dass man sie im Dunkeln lässt, statt sie über die Risiken von Abnehmpräparaten, Schlankheitsmitteln und angeblichen „Schnellabnehmsystemen“ beispielsweise aufzuklären. Damit ist eine dauerhafte Kundschaft gesichert, denn durch die hohe Überzeugungskraft der Werbung stehen die meisten abnehmwilligen Frauen den Crashkuren und Turbomaßnahmen ziemlich unkritisch gegenüber. Je mehr die Produkte ihnen das schnelle Verlieren von Pfunden versprechen, desto größer ist ihre Bereitschaft, den Körper zu übergehen. Lassen wir hier einfach ein paar Zahlen sprechen.

Die sogenannte „Abnehmindustrie“, also jene, die sich auf verschiedenen Wegen die Schlankheitssucht der Frauen zunutze macht, erzielt schwindelerregende Profite. In Deutschland werden jährlich 1,8 Millionen Euro für Diätmittel ausgegeben. In Amerika soll der Handel mit Appetitzüglern sogar den illegalen Drogenhandel übersteigen. Dort scheint es auch nicht zu stören, dass ein Großteil des Gewinns aus dem Vertrieb unkontrollierter und fehlerhafter Verschlankungsprodukte stammt.

Und ja: Schließlich leben ganze Industriezweige von abnehmwilligen Frauen. Die Pharmazie, die Wellness- und Fitnessindustrie, Ärzte, plastische Chirurgen, Abnehmspezialisten, Therapeuten, Fastenkuranbieter, Diätassistenten oder Online-Coaches verdienen enorme Summen an ihnen und ihrer Unzufriedenheit mit ihren Körpern. Allein die deutsche Fitnessindustrie, die uns suggeriert, dass wir mit einem gestählten Körper bessere, gesündere und erfolgreichere Menschen sind, erwirtschaftete im Jahr 2018 einen Jahresumsatz von 5,33 Milliarden Euro. Während man uns unter dem Vorzeichen der Gesundheit vorgaukelt, dass wir durch das Abnehmen vitaler und fitter werden, unseren Selbstwert steigern, glücklicher sind und später altern, fügen wir unserem Körper unter Umständen sogar ernsthafte Schäden zu.

Wenn Sie mich fragen, sehe ich diese dritte Herausforderung als die größte und am schwierigsten zu meisternde an. Das meine ich, weil sie so subtil und uns nicht gegenwärtig ist. Während wir die beiden anderen Herausforderungen, das Gemessenwerden an unserem Äußeren sowie die Konfrontation mit körperlichen Idealbildern unentwegt vor Augen haben und sie mit einem bisschen Bewusstheit aufgrund ihrer schreienden Unnatürlichkeit entlarven können, bleibt die dritte für uns im Versteckten. Es braucht nicht nur eine hohe Determiniertheit, sie zu durchschauen, sondern auch ein profundes Körperwissen, um sie zu meistern. Weil ich hier ein großes Informationsdefizit beobachte, werde ich mich gleich näher damit befassen.

Doch zuvor lade ich Sie in die *Me-Time-Lounge* ein, wo der rote, weil „Heiße Stuhl" auf Sie wartet. Sie untersuchen im Blitzverfahren, welche Urteile Sie mit einer guten Figur verbinden.

Willkommen auf dem Heißen Stuhl: Ihr Schlankheits-Kurztest

Erster Schritt: Ihre Assoziationen
Kreuzen Sie ohne lange zu überlegen an, welche inneren Qualitäten Sie mit einer guten Figur assoziieren.

Ein Mensch mit einer Idealfigur ist aus meiner Sicht ...

0 erfolgreicher 0 gesünder 0 glücklicher 0 gewandter 0 beliebter 0 zufriedener

0 erfüllter 0 sportlicher 0 begehrter 0 geliebter 0 attraktiver 0 belastbarer

0 flexibler 0 intelligenter 0 lebenstüchtiger 0 langlebiger 0 zuverlässiger".

Schauen Sie sich Ihre angekreuzten Antworten an:
Woher stammt diese Überzeugung? Wie sind Sie zu dieser gelangt?

Zweiter Schritt: Die Wahrheit überprüfen
Schließlich untersuchen Sie jetzt den Wahrheitsgehalt Ihrer Aussagen.
Schauen Sie sich erneut Ihre Kreuze an: Ist das wirklich so? Stimmt das?
Entspricht das uneingeschränkt der Wahrheit?

Nachdem wir klargestellt haben, vor welchen Herausforderungen wir Frauen hinsichtlich der Akzeptanz unserer Gestalt stehen und welche sichtbaren und unsichtbaren Fallen sich uns stellen, möchte ich zeigen, wie der Körper auf extreme Schlankheitsmaßnahmen reagiert und welche Folgen die gängige Kritiksucht an ihm hat.

Warum und wie sich der Körper wehrt

Im toten Winkel

Machen wir uns hier eines zuerst einmal bewusst: Die Marketingexperten der Abnehmindustrie sind, was ihre Werbeauftritte angeht, immens geschickt. Mit ihren Turbo-Angeboten, Sofort-Produkten und verlockenden Vorher-Nachher-Vergleichen kitzeln sie die Frauen genau dort, wo diese ihre empfindlichsten Stellen haben. Sie versprechen goldene Aussichten und wecken unrealistische Hoffnungen. Und sobald die Frau erste Erfolge hat und wie ein Drogeneinsteiger „angefixt" ist, kann die Branche auch in Zukunft auf sie als willige Kundin zählen. Die Abnehmindustrie hat mit uns Frauen tatsächlich ein leichtes Spiel. Mit ihren Aktionen erreicht sie beliebig belügbare Konsumentinnen, die gern ihre Kreditkarten zücken, auch wenn sie mit ihren Einkäufen ihre Gesundheit gefährden.

Dabei spielt außerdem eine Rolle, dass die Schlankheitsstrategen jede Menge Rückenwind aus den Reihen der Schulmedizin erhalten, denn diese verbreitet allzu gern den „Schlank-heißt-gesund"- und „Füllig-heißt-krank"-Irrtum. Vonseiten der Mediziner, die für viele Menschen eine Autorität sind, bekommen wir eine der größten Lügen aufgetischt: Ein schlanker Mensch sei automatisch auch ein gesunder. Und wenn wir dem Body-Mass-Index nicht entsprechen, glitten wir todsicher in der Fahrrinne der Erkrankung.

Deshalb wäre es gut, wenn Sie die folgenden Aspekte in Ihre zukünftigen Entscheidungen einfließen lassen. Die Beispiele und Fakten beruhen auf meiner Erfahrung mit vielen Frauen, die an ihrer Figur massiv und rücksichtslos herumgebastelt haben und von ihrem Erscheinungsbild abhängig machten, wie wertvoll sie sich fühlen. Darüber hinaus habe ich viele Stunden mit Recherchen verbracht, um Ihnen zu zeigen, dass die Kräfte, die sich für eine natürliche, mit dem Körpergefühl übereinstimmende Figur einsetzen, existieren. Es ist an der Zeit, dass sie gehört werden.

Zeit für Ehrlichkeit

Kommen wir zu einer ersten Beobachtung, die sich aus meiner Arbeit mit Frauen ergeben hat. Wann immer ich Klientinnen, die ihre Figur zur ihrem Lebensinhalt gemacht hatten, auf den Zahn fühlte und wissen wollte, wie befriedigend ihre *Figurmodulationsmaßnahmen*, die ich im Folgenden FMMs nenne, ausgefallen waren, bekam ich ähnliche Antworten. Sie lassen sich in vier Kategorien einteilen:

1. **Die Antworten der Hartgesottenen:** Sie hätten nur nicht hart genug trainiert oder durchgehalten. Andernfalls wären sie jetzt schon weitergekommen. Beim nächsten Mal müssten sie halt „eiserner“ sein.
2. **Die Beteuerungen der Verzweifelten:** Es war wie verhext. Je mehr die Frauen versuchten, sich ihrer Traumfigur anzunähern, umso weiter rückten sie von dieser weg.
3. **Die Einsichten der Reuevollen:** Frauen, die später resignierten, schätzten ein, dass sie perspektivisch immer mehr Energie aufbringen mussten, um die Bedürfnisse ihres Körpers in Schach zu halten. Einige bereuten es, sich überhaupt auf das Spiel um die Kilos eingelassen zu haben.
4. **Die Geständnisse der Erfolgreichen:** Frauen, die ihre Idealfigur erreichten, gaben zu, dass sie immer mehr unter Druck standen, um nicht wieder zurückzufallen. Der ideale Körper wurde zu einem Stressfaktor, der sie belastete.

Diese vier Beobachtungen sind Ausdruck ein und desselben Fakts: Die im wahrsten Sinne des Wortes „ver-rückte" Figurdebatte, die da draußen in der Welt tobt, ist eine künstlich gezüchtete, die mit der Natur unseres individuellen Körpers nicht das Geringste zu tun hat. Bei allen extremen FMMs, die nicht im Einverständnis mit Ihrem Körper vorgenommen werden, seien es Hammer-Workouts, Blitz-, Power- oder Crash-Diäten, Slimfood-Regimes, Magenbandoperationen, Fettabsaugungen oder Figur modellierende Schönheitsoperationen, missachten Sie die natürliche Selbstregulation des Organismus.

Denn: Frauen fragen nicht, ob ihr Körper die schlankmachenden Impulse überhaupt anerkennt, ob er sie annimmt, ablehnt oder mag. Sie wissen nicht, wie er die Impulse im Einzelnen verdaut, ob sich diese mit dessen natürlicher Funktionsweise vertragen und vor allem, ob ihr Organismus überhaupt auf künstlich „getrimmte" Weise existieren kann. Es ist, als wäre der Körper ein Ding, ein Balg, für das wir x-beliebige Pläne entwerfen und dann erwarten, dass diese greifen.

Die Realität Ihres Körpers sieht tatsächlich ein ganzes Stück anders aus! Es ist ein kompletter Irrtum, zu glauben, dass der Körper auf Ihre FMMs reaktionslos bleibt und das Ganze unkommentiert lässt. Das ist so ähnlich wie bei einem Medikament, das Sie einnehmen. Wenn Sie einen Blick auf den Beipackzettel werfen, finden Sie eine lange Liste an Nebeneffekten, die eintreten können. Natürlich. Wenn wir medikamentös in die Körperchemie eingreifen, hat das logischerweise Folgen. Das leuchtet jedem Menschen ein. Je nachdem, wie lange und in welcher Dosierung Sie das Medikament nehmen, wird dieses auch die anderen Körperfunktionen beeinflussen. Und genauso ist es auch mit diversen Abnehmstrategien. Sie führen ebenso zu Nebenwirkungen und diese müssen ganz unabhängig von ihren Effekten auf die Kilos nicht unbedingt positiv sein.

Weil solche Faktoren so gut wie immer außer Acht gelassen werden, bringen wir jetzt etwas Klarheit hinein. Ich möchte Ihnen vor Augen führen, was Sie da eigentlich machen, wenn Sie ihren Körper so utopischen wie rapiden FMMs unterziehen. Damit meine ich generell alle Anwendungen, mit denen Sie Ihren

Körper einem äußeren Optimalbild angleichen wollen, ohne dabei die Natur Ihrer Physis ins Kalkül zu ziehen.

Der Jojo-Effekt

Schauen wir uns den allseits bekannten Jojo-Effekt nach Diäten zur Gewichtsreduktion an. So gut wie jede Frau, die schon einmal eine Diät gemacht oder gefastet hat, weiß, dass nach einiger Zeit, wenn sie zu einer normalen Ernährungsweise zurückgekehrt ist, die mühselig verlorenen Kilos nach und nach wieder auf den sogenannten Problemzonen sitzen. Und nicht nur das! Oft übertreffen sie nach einer gewissen Zeit sogar das Ausgangsgewicht.

Was ist passiert? Gehen wir vereinfacht davon aus, dass beispielsweise bei einer Reduktionsdiät weniger Energie zugeführt als verbraucht wird. Folglich stellt der Körper die Energiedifferenz aus dem Fett- und dem Muskelgewebe zur Verfügung. Außerdem verliert er bei „Blitz-Diäten" hauptsächlich Wasser. Werden dann die ursprünglichen Lebens- und Ernährungsgewohnheiten wieder aufgenommen, tut der Körper etwas ganz Normales: Er holt sich zurück, was er entbehrt hat und stellt diejenige Balance wieder her, die ihm durch die FMM verwehrt wurde.

Das sollte uns nicht verwundern, denn während einer Diät befindet sich der Körper in einem Ausnahmezustand: Nachdem ihm lebenswichtige Substanzen vorenthalten und er gewissermaßen in eine Mangelsituation gedrückt wurde, muss er sich von dieser erholen. Er muss seine inneren Systeme wie das Verdauungssystem, das Hormonsystem und das Muskelsystem wieder auf Normalbedingungen einpegeln und deren irritierte Funktionen aufeinander abstimmen. Er muss seine Energietanks auffüllen und währenddessen das aktuell vonstatten gehende Leben organisieren. Damit hat er, salopp gesagt, alle Hände voll zu tun.

Sie müssen keine Wissenschaftlerin sein, um das zu verstehen. Sie können sich den Jojo-Effekt aus dem ganz normalen Menschenverstand herleiten: Wenn Sie ein System unterversorgen, holt es sich, sobald es die Chance dazu erhält, das

Entbehrte zurück. Und wenn die Zeit der Dürre massiv, lange oder sogar schockartig war, lernt es daraus, dass es diese Aufgabe zukünftig genauer nehmen muss. Es baut auf Sicherheit und sorgt für die Zukunft vor: Also legt es sich erst einmal Vorräte an, damit es beim nächsten Mal besser gewappnet ist. Je nachdem, wie schnell und massiv die Gewichtsreduktion vorangetrieben wurde, kann auch die Geschwindigkeit, mit der die erneute Gewichtszunahme verbunden ist, hoch sein. Ist doch verständlich, oder nicht?

Vonseiten der Medizin kommen bezüglich des Jojos ernsthafte Warnungen. Menschen mit wiederkehrenden starken Gewichtsschwankungen sind anfälliger für Herzbeschwerden, Herzinfarkte und Stoffwechselstörungen. Insbesondere diejenigen mit bestehenden Erkrankungen wie die Koronare Herzkrankheit, Bluthochdruck oder Diabetes sollten jojoartige Auf und Abs meiden. Schwierigkeiten entstehen außerdem, wenn Sie unter Stress stehen, schwanger sind und währenddessen FMMs durchziehen. Insofern ist es keine Kleinigkeit, wenn Frauen den Jojo-Effekt ignorieren. Manche von ihnen lernen nicht einmal daraus, nachdem sie ihn schon drei-, fünf- oder zehnmal erlebt haben. Sie treiben ihre Abnehmexzesse immer weiter, werden spitzfindiger und suchen nach immer ausgeklügelteren Methoden, die den Stoffwechsel besser austricksen. Abnehmsüchtige Frauen sind Rückfalltäterinnen, die die Selbstregulation ihres Körper immer wieder aufs Neue herausfordern.

Unser Gehirn

Wenn ich in diesem Kapitel immer häufiger von der Selbstregulation des Körpers spreche, beziehe ich mich auf die natürliche innere Arbeitsweise unseres Körpers, die darauf gerichtet ist, die unterschiedlichen Funktionssysteme aufeinander abzustimmen und in Einklang zu bringen. Auf diese haben wir direkt keinen Zugriff. Unser Gehirn als Boss unseres Organismus regelt diese Feinabstimmung ganz allein. Und dieses, Ihr Gehirn, sollten Sie im Zuge Ihrer FMM-Überlegungen ein wenig verstehen.

Das Gehirn funktioniert wie ein Feedbacksystem, das alle Vorgänge und Veränderungen in unserem Körper genauestens überwacht und entsprechend unserer aktuellen Situation austariert und anpasst. Es behält dabei unsere Bedürfnisse im Auge und entscheidet nach dem Abwägen aller Faktoren, ob eine von außen gesetzte Maßnahme natürlich und im Sinne des Energiehaushalts angemessen ist. Dabei gibt es eine Art Status Quo, nach dessen Wahrung die Körpersysteme immer wieder streben. Das sind bestimmte Werte wie die Körpertemperatur, die bei etwa 37 Grad liegt, der normale Blutdruck bei etwa 120/80 oder der Herzschlag von zirka 60 bis 80 Schlägen pro Minute. Dasselbe trifft auf die chemische Zusammensetzung des Blutes zu, auf dessen Sauerstoff- oder Kohlendioxidgehalt und die Nährstoffe, die wir zum Leben brauchen. Diese Ausgleichsvorgänge nimmt unser Gehirn ziemlich genau. Schließlich besteht seine evolutionäre Aufgabe darin, die innere Sicherheit und die Balance unseres Organismus zu wahren.

Und jetzt kommt's: Genau dieses innere Bestreben nach Ausgleich ist ein Zeichen für Gesundheit! Ich sage es gleich noch einmal! Dieses Zurückfinden zur körpereigenen Balance ist gesund. Wenn Ihr Körper also auf Situationen, Beanspruchungen und plötzliche Belastungen ausgleichend reagiert und zu seinem Normalleben zurückfindet, ist das eine gesunde Reaktion! Das flexible Verarbeiten äußerer und innerer Vorgänge und das Einpegeln auf unsere Normalfunktionen zeigt, dass die Eigenregulation Ihres Körpers intakt ist. Je gesünder Sie also sind, desto akribischer wird Ihr Gehirn seine Regulationsrolle wahrnehmen und gegen extreme FMMs rebellieren. Und je mehr Sie Ihrem Gehirn signalisieren, dass Sie Ihren Organismus in eine Notlage oder sogar in einen Schockzustand bringen, desto drastischer werden seine Überlebensmaßnahmen sein!

Deshalb: Wenn Sie zu den Frauen zählen, deren Körper bei einer Diät wie ums Überleben ringt und Sie immer wieder zum Essen überreden und aufgeben will, müssen das keine Anzeichen von Schwäche sein. Es kann sich um Indizien dafür handeln, dass Ihre Selbstregulationssysteme noch wach und reaktionsfähig sind.

Dementsprechend lautet die weitere Grundformel folgendermaßen: Je mehr

Ihr Körper über sich ergehen lässt, je klagloser und unbeteiligter er auf rapide FMMs reagiert, desto wahrscheinlicher ist es, dass er bereits mundtot gemacht worden ist und den Notzustand akzeptiert. Je weniger sich der Körper gegenüber Eingriffen bemerkbar macht, je widerstandsloser er sich austricksen oder in FMMs zwängen lässt, desto „geknickter" ist er bereits. Deshalb: Die tapferen Diätdurchzieherinnen und extremen Fitnessfreaks sind also nicht unbedingt die gesundheitsbewusstesten, wie oftmals angenommen wird. Es sind nicht selten Frauen, die die Selbstregulation ihres Körpers bereits lahmgelegt haben.

Wenn Sie einen Jojo-Effekt verzeichnen, ist das also zunächst einmal eine gesunde Reaktion, weil Ihr Gehirn offenbar der Meinung ist, dass Ihr Stoffwechsel unter den gegebenen Umständen so und nicht anders funktionieren sollte. Im Grunde genommen können Sie sich bereits im Voraus an Ihren zehn Fingern ausrechnen, welches Signal Sie Ihrem Gehirn während einer FMM geben und wie es darauf reagieren muss.

Die Extreme

So richtig kritisch wird es, wenn eingeleitete FMMs das Selbstregulationssystem beständig ohrfeigen und herausfordern und es, sobald es ausgleichend reagiert, noch weiter zurückpfeifen. Dann kann es dazu kommen, dass es in einer generellen Dysregulation hängenbleibt und gesundheitliche Symptomatiken erzeugt, die dann als eigenständige Störungen oder sogar Krankheitsbilder medizinisch behandelt werden. Damit beginnt die nächste Odyssee: Diese werden dann wieder bekämpft und fordern die Selbstregulation des Körpers heraus.

Schauen wir uns diesen Umstand in der Praxis an. Uta, eine Klientin mit „resistentem Übergewicht", wie sie es nannte, hatte viele Diäten gemacht und war mit dem Jojo-Effekt bestens vertraut. Wenn sie zurückschaute, hatte sie nach all den Jahren ganze 16 Kilogramm im Vergleich zum Ausgangsgewicht zugenommen. Als sie mir davon erzählte, fragte ich mich, warum sie ursprünglich überhaupt auf die Idee gekommen

war zu fasten. Denn Uta musste mit sechzehn Kilo weniger eine gertenschlanke Frau gewesen sein. Und das deckt sich mit Untersuchungen, die zeigen, dass 45% der Frauen mit einem als gesund bezeichneten Gewicht von sich glauben, übergewichtig zu sein.
Zurück zu Uta: Während Uta früher aktiv Volleyball spielte, gern schwimmen ging und generell ein bewegungsorientiertes Leben führte, hatte sie sich in den Kopf gesetzt, weniger zu wiegen. Grund dafür war ihre neue Liebe. Ihr Partner war ein passionierter Sportler und stand, wie Uta vermutete, auf schlanke Frauen. Obwohl Uta definitiv nicht als dick galt, wollte sie diesem Bild unbedingt entsprechen und startete ihre erste Diät. Klar: Die Vorher-Nachher-Selfies schmeichelten ihr und ihr Partner machte ihr viele Komplimente. Doch dann zeigte sich ihr erster Jojo und sie bekam einen Schreck. Ihr Gewicht überstieg das Ausgangsgewicht um drei Kilo, sodass sie sofort die zweite Diät plante.
Dieses Mal wollte Uta den Rebound verhindern, indem sie sich auf Dauer eine niedrigkalorische Ernährung auferlegte und zu den Weight-Watchers ging. Doch Uta wartete regelrecht auf die ersten Jojo-Anzeichen. Und prompt traten sie ein. Das war nicht alles. Uta verlor dabei ihre Lust auf Bewegung. Außerdem ließ sie von allen Aktivitäten ab, bei denen sie ihre Figur zeigen musste und fühlte sich in Sport- und Schwimmkleidung immer exponierter. Schließlich bekam sie zwei Bandscheibenvorfälle. Diese reduzierten ihr Bewegungspensum, unterstützten den Gewichtsanstieg und führten dazu, dass sie kaum noch schlief. Die Schlafmittel wirkten zwar, ließen sie aber am Tage müde und lethargisch sein. Eines kam zum anderen und führte dazu, dass Uta innerhalb von zwei Jahren 16 Kilogramm mehr auf die Waage brachte. Als Uta vor mir saß, war sie verzweifelt: „Alles ist irgendwie außer Rand und Band geraten... Ich weiß gar nicht mehr, wo und wie ich anfangen soll, etwas zu verändern." Sie wünschte sich nichts sehnlicher, als wieder zu ihrer Normalverfassung zurückzukehren.

Oder Petra. In Sachen Gewichtsabnahme schwor sie auf ein Powerprogramm aus Kohlenhydratverzicht und einem exzessiven Gerätetraining. Das sei ihre Zauberformel, wie sie sagte, die zweimal jährlich hundertprozentig wirke. Doch so zauberhaft war sie dann doch wieder nicht, denn jedes Mal wurden Petras Rückenschmerzen nach dieser Powerkur stärker. Eines Abends, an dem sie sich einem weiteren extremen Workout unterzogen hatte, machte ihr Körper ihr einen Strich durch die Rechnung, indem er sie aus der Kniebeuge einfach nicht mehr in die Senkrechte kommen ließ. Man behandelte sie mit starken Schmerzmitteln, die auch zu helfen schienen, aber sie behielt starke Taubheitsgefühle im linken Bein. Da diese resistent zu sein schienen, riet man ihr zur Operation. Doch das alles führte dazu, dass Petra zunahm, was sie mit Argwohn beobachtete. Wann würde sie wieder trainieren können? Wann würde sie sich wieder in ihrem gestählten Körper wohlfühlen, der in ihren „besten Zeiten" aus Muskeln, Haut und Knochen bestand? Petra nahm nach der Operation schrittweise ganze 9 Kilogramm zu und wünschte sich nichts sehnlicher herbei als den Moment, in dem sie ihn wieder auf 53 Kilogramm zurücktrimmen könnte.

Wenn Sie die verschiedenen Reaktionen von Utas und Petras Körper aus der Nähe ansehen, zeigen beide dieselben Vorgänge: Zum einen nahm das Gehirn seine Regulationsaufgabe ziemlich ernst. In Utas Fall war klar sichtbar, dass der Körper durch ihre Diätversuche in ein heilloses Durcheinander verfiel und offenbar dabei jede Menge kompensatorische Muskelspannung aufbaute, die die Bandscheiben aus ihrer Position herausdrängte. Petras Körper signalisierte unmissverständlich, dass er nicht beliebig ausbeutbar war. Da sie bei einer Low-Carb-Diät Energie aus den Muskeln zog, hatte sich die Muskelfunktion verändert und das Muskelgewebe gewissermaßen „entflexibilisiert". Schließlich kam dieses an sein Limit. Die verspannte, weil überforderte Rückenmuskulatur erzeugte einen Druck auf die Beinnerven, die aus dem Rückenmark zwischen den Wirbelsäulensegmenten heraustreten.

Wir können unsere Muskelmasse nicht einfach durch Nahrungsdefizite ausbeuten und andererseits eine gesteigerte Belastbarkeit von ihr erwarten. Das kann nicht funktionieren. Diese Denkweise können Sie auf alle Körperverbesserungsmaßnahmen übertragen. Bevor Sie für Ihren Körper Pläne schmieden, stellen Sie sich ein paar simple Fragen: Welche Botschaft geben Sie Ihrem Gehirn als dem Sicherheits- und Balancebeauftragten Ihres Organismus? Wozu animieren Sie es? Wozu fordern Sie es heraus? Wenn Sie diese Frage ehrlichen Herzens beantworten, werden Sie erkennen, mit welchen Jojo-Reaktionen Sie rechnen können.

"I am in love with the shape of you"

Noch immer befassen wir uns mit den Auswirkungen der dritten Herausforderung, der Frauen bezüglich ihres Verhältnisses zu ihrem Körper gegenüberstehen: Wir schauen uns an, was Frauen im Zuge extremer FMMs bedenken sollten und welche Auswirkungen es auf ihren Körper hat, wenn sie es nicht tun. Denn wie gesagt, was man uns vonseiten der Abnehmindustrie schmackhaft macht, muss nicht unbedingt unserer Gesundheit dienen. Schlagen wir jetzt einen Bogen zu dem Bereich der Figurobsession, der die Verbesserung von Proportionen, die Gestaltoptimierung und Körperverschönerung in den Mittelpunkt rückt.

Kürzlich stand ich in einem Londoner Kaufhaus und da dudelte Ed Sheerans Ohrwurm *„I am love with the shape of you …“* Und weiter: *„I am in love with your body …“* Ah ja! Da haben wir's. Womit sollte ein junger Mann, der Stadien mit Hunderttausenden von Fans füllt, sonst beeindrucken, als mit der Erinnerung daran, dass der Körper, ja, die Figur das Liebenswerte an uns Frauen ist. *„I am in love with the shape of you … dammdadamm, dadamm …“.*

Als ich den Song zum ersten Mal hörte, war ich neugierig, ob es ein Video dazu gibt, das den besungenen „Shape“ konkretisiert. Vielleicht stand Ed Sheeran ja auch auf natürliche Frauen. Doch was für eine blöde Idee! „Autsch“, hat es da in mir gemacht. Wenn Sie sich das Video ansehen, können Sie als normale Frau nur abwinken, denn der „Shape“ des Ed-Sheeran-Girls ist wie der eines durchtrainierten Mannes: Modellierte Bauchmuskeln mit Sixpack-Relief, muskulöse Beine, gestählter Rücken, Apfelhintern und keine einzige Kurve. Einmal abgesehen davon, dass dieser eingängig besungene „Shape“ selbst bei intensivstem Muskelaufbautraining von nur sehr wenigen Frauen zu erreichen wäre und unrealistisch für jede Frau ist, die mehr als drei Jahrzehnte Leben hinter sich gebracht, ein Kind geboren oder einen Sitzberuf hat, wären wahrscheinlich täglich mehrstündige Workouts über Jahre nötig, um diesen zu erzielen. Außerdem entbehrt der beträllerte Shape des Ed-Sheeran-Schwarms jeglicher Femininität. Mamamia! Es ist schon hammerhart, was man uns Frauen da suggeriert.

Ist das wirklich, was wir Frauen heute wollen? Wollen wir wirklich die Körperformen eines Mannes haben? Wollen wir tatsächlich unsere kostbare Lebenszeit damit verbringen, unserem Körper einen „Shape“ aufzudrücken, der gar nicht zu uns gehört? Sind wir mit diesem Shape dann ein besserer Mensch, der sich wirklich besser und glücklicher fühlt?

Die Single *Shape of You* zählt weltweit zu den erfolgreichsten und wurde innerhalb von 18 Monaten über 1,8 Millionen Mal verkauft. Das ist unsere Wirklichkeit, liebe Leserinnen! Wieder einmal zeigt es, wie geschickt sich die Botschaften, wie wir sein und aussehen sollten, in unser Unterbewusstsein schleichen. Und wenn dort schon einschlägige Überzeugungen und Glaubenssätze lauern und nur darauf warten, bestätigt zu werden, haben wir wieder den Salat. Und das bringt mich zum nächsten Thema: Weil der „Shape“ also so immens wichtig für viele Frauen ist, gibt es im Bereich der Figuroptimierung permanent neue Trends.

Shape of you ...

Viele Frauen haben für sich erkannt, dass das Trainieren, Kalorienzählen und Fasten viel zu viel Zeit und Mühe kostet, bis die Figur dann wirklich stimmt und vor allem, bis sie bleibt. Also breiten sie allen Maßnahmen gegenüber die Arme aus, die schneller und wirkungsvoller sind und deren Effekt umgehend ins Auge fällt. Viele nehmen es mit der Formung ihres „Shapes“ wörtlich und berufen sich darauf, dass Frauen sich von jeher in Korsagen, Korsetts und enge Mieder gezwängt und ihre Proportionen auf diese Weise modelliert haben. Sie stecken ihre

Körper in formende, kondomartige Unterwäsche, die oft hautfarben ist und als „*Shapewear*" bezeichnet wird. Die Marketingexperten entsprechender Produkte werben mit dem Soforteffekt und vermitteln den Frauen das Gefühl, sich ihre Wunschfigur augenblicklich und beliebig formen zu können. Und seitdem auch einige Stars auf *Shapewear* stehen, liegt diese voll im Trend.

Sofort muss ich lächeln, denn mir fällt Julia, eine Bekannte, ein, die mir erzählte, dass sie sich einen formenden Ganzkörperbody in Radlerhosenlänge und mit Dreiviertelarm gekauft hatte. Nicht dass sie sich in diesem wohlfühlte, nein! Doch sie wollte in einem Bewerbungsgespräch unbedingt „eine gute Figur" abgeben. Während ihrer Recherche las sie von den besonders ausgeklügelten *Shapewear*-Modellen, die die sowieso schon gertenschlanken Oscar Favoritinnen und weiblichen Stars bei Galaauftritten trugen. Tatsächlich blieb ihr der Mund offen, als sie sich mit einigen Zentimetern reduzierten Umfangs im Spiegel sah. Das sie automatisch den Atem anhielt und ihr Herz plötzlich stärker pochen spürte, weil das Blut vermehrt herzwärts gepumpt wurde, gab ihr schon zu denken. Dennoch schmeichelte es ihr, sich so verschlankt zu sehen.

Die Versuchung, sich durch diese Mieder zu einer besseren Figur zu verhelfen, ist auch deshalb groß, weil das Diäten, Fasten und aufwendige Trainieren entfällt. Ohne Anstrengung und im Handumdrehen werden einige Kilos einfach durch Umverteilung und Komprimierung des Gewebes weggezaubert. Wen wundert es, dass Frauen sich davon im wahrsten Sinne des Wortes angezogen fühlen.

Doch ein Spaß ist das nicht, denn auch diese Idee wird ohne das Einverständnis des Körpers umgesetzt. Wer regelmäßig durch die sogenannte Formwäsche seine Kilos kaschiert, tut sich insofern nichts Gutes, als er den Grundstein für handfeste Erkrankungen legt: Da der Bauch und Brustraum aufgrund der Einklemmung stark minimiert wird, reduziert sich die Atemkapazität. Atemwegsstörungen und Herzprobleme können die Folge sein, ganz abgesehen davon, dass Formwäsche die Durchblutung der inneren Organe drosselt und zu Durchblutungsproblemen im Bauchraum und zu Verdauungsbeschwerden führen kann. Wenn Sie solche

Mieder auf Dauer tragen, kann sich je nach Einengungsgrad sogar Ihre Wirbelsäule verbiegen und ihr Bindegewebe wird schlapp. Noch dramatischer wird es, wenn Sie sich in zu enge Kleidung oder Formwäsche zwängen, während Sie einer sitzenden Tätigkeit nachgehen. Dann bringen Sie Ihren Körper richtig in die Bredouille! Sie klemmen nicht nur Ihre Bauchorgane ab, sondern minimieren den Fluss der Lymphe als Müllabfuhr des Körpers und säen den Boden für Gefäßschwächen bis hin zu Wasseransammlungen in den Beinen.

Eine gute Figur durch *Shapewear* abzugeben, bezahlen nicht wenige Frauen mit handfesten gesundheitlichen Symptomen. Doch das ist noch nicht das ganze Geheimnis! Sie schaffen sich damit auch insofern Probleme, als Sie Ihren Körper weniger fühlen und ihn folglich unsensibler benutzen. Ihre Körperwahrnehmung reduziert sich und das ist für Frauen, die ihrem Körper sowieso schon mit Argwohn begegnen, besonders problematisch. Wir werden uns damit im nächsten Kapitel noch näher befassen. Hier können Sie schon einmal abspeichern, dass Sie sich mit dem Tragen von Figur formender, enger oder einschneidender Kleidung überhaupt keinen Gefallen tun, weil Sie Ihren Körper in der Ausübung seiner lebenswichtigen Funktionen stören und sein Empfinden töten.

Zurück zu Julia. Julia hat ihren teuren Ganzkörperbody zum Jobinterview nicht angezogen. Als sie sich herausgeputzt hatte und die Treppe hinunterstieg, spürte sie plötzlich, wie unwohl sie sich darin fühlte. Sie kehrte um und zog ihn aus. Freilich hatte sie gut ausgesehen. Aber gleichzeitig war sie sich noch nie zuvor so beengt vorgekommen. „Das war eine nette Idee ...", sagte sie, „aber mehr auch nicht".

Modellierung unterm Messer

Ein weiterer Trend bei den Figur verbessernden Maßnahmen, die zunächst ohne Anstrengungen und Disziplinierung des Körpers wirken, sind schlankmachende Operationen, denen sich immer mehr Frauen unterziehen. In den letzten Jahren entstand eine Operationsindustrie, die auf die Veränderungsbereitschaft vieler dankbarer Kundinnen trifft. Von Fettabsaugungen an Oberschenkeln, Oberarmen und am Bauch bis hin zu modulierenden OPs an der Taille, an den Brüsten und an den Genitalien: Es gibt immer mehr Frauen, die sich ihre Körperteile operativ nach ihren Wünschen modellieren lassen, so, wie sie schöner, sexier und attraktiver zu wirken meinen. Hemmschwellen und Tabus gibt es hier so gut wie keine. Ich bin mittlerweile einigen Frauen begegnet, die operative FMMs als normale kosmetische Maßnahme ansehen und einen durchmodellierten Körper zum Ziel ihrer Träume gemacht haben.

Und klar: Die Industrie zieht mit und spezialisiert sich immer mehr. Entsprechende Angebote reiben den Frauen immer mehr ins Bewusstsein, wo ihre Problemzonen und Igitt-Stellen liegen und was sie sich an ihrem Körper verschönern und modellieren lassen könnten. Welche Frau will schon sogenannte „Achselflops", also das Gewebe in der Achselfalte, eine „Tannenbäumchenfigur", die Taillenfalten am Rücken, oder einen „Muffin-Top", ein über den Hosenbund quellendes Gewebe, oder eine „Fettschürze" haben? Wie die Zahlen belegen, wetzen die plastischen Chirurgen die Skalpells immer öfter. Es werden Brüste modelliert und vergrößert, Taillen verengt, Rippen entfernt, Bauchfett abgesaugt, Kniescheiben geglättet, Gesichter und Hälse entknittert, das Zehendekolleté optimiert, Oberschenkel verschlankt, Hintern und Vaginas geformt.

Letzteres zeigt, wohin der Trend geht: In Deutschland beispielsweise unterziehen sich jährlich mehrere Tausend Frauen der Formverbesserung ihrer Schamlippen und nehmen dafür eine Woche strikte Bettruhe, Schmerzen und die bekannten Risiken einer sogenannten genitalästhetischen Operation in Kauf. Das Idealbild der Vulva, das bei immer mehr Frauen im Kopf sitzt, ist so, wie man es an der Barbie, im Biologiebuch oder im Porno sieht: jugendlich straff, faltenfrei, geschlossen und glatt.

Wissen Sie, warum? Weil sich die komplette Intimhaarrasur bei vielen Frauen dem Mann zuliebe durchgesetzt hat und die Vulva deshalb plötzlich zu sehen ist.

Und weil die glatt gewaxten Pornostars es zeigen, wie eine Frau da untenherum idealerweise aussehen sollte.

Da kann ich nur mit den Schultern zucken. Frauen, sagt mal, geht's noch? Ich habe beim Recherchieren tatsächlich einige Male geschluckt, als mir klar wurde, welch leichtes Futter wir Frauen für allen möglichen Firlefanz sind. Fühlen wir uns wirklich so klein und mäuschenhaft in unserem Inneren, dass wir uns zurechtschneiden lassen, um uns nackt gut zu fühlen und als liebenswert zu gelten?

Ich gehe im dritten Kapitel im Kontext der Sexualität noch etwas genauer darauf ein. An dieser Stelle lassen wir einmal stehen, dass immer weniger Frauen davor zurückschrecken, ihrem Körper auf operativem Wege die perfekte Form zu verpassen, jene Form, von der sie glauben, dass sie diese attraktiver und liebenswerter machen wird.

Illusionen

Nach dem Ausflug in die plastische Chirurgie kommen wir unweigerlich bei den Nebenwirkungen an, die man bei den operativen kosmetischen Eingriffen sehr gern herunterspielt. Auch auf diesem Weg der Körperkorrektur wimmelt es nur so von Komplikationen, denn der Körper mit seinem Selbstregulationsbestreben wird extrem herausgefordert und je nach Massivität kaltgestellt.

Schauen wir uns hier vier Beispiele von Frauen an.

Zuerst fällt mir Sophia ein, eine zeitweilige Klientin, die an einem chronischen Schmerzsyndrom nach einer Brustvergrößerung litt. Ihre Brüste hatten nun die Idealgröße, für die ihr Mann bezahlt hatte, doch schließlich überdeckte der Schmerz die Freude an ihrer neuen Busenform. Sie erwartete, dass ich durch meine Maßnahmen, wie sie sagte, das Schmerzsyndrom zum Abklingen bringen würde, damit wieder alles in bester Ordnung sei. Mit bester Ordnung meinte sie ihren familiären Frieden, an dem der Schmerz und die vielen Arztbesuche zehrten. Freilich. Ihr Mann hatte den Eingriff finanziert, weil er eine vollbusige Geliebte mit Körbchengröße Doppel-D neben sich wünschte, aber keine vor Schmerzen jammernde Frau. Sophia stand deshalb unter dem Druck, den Schmerz schnellstens loszuwerden. Doch genau an diesem konnten wir nichts verändern. Sophia wies nämlich selbst nach langen Erklärungen weit von sich, dass es einen Zusammenhang zwischen der Operation und der Hartnäckigkeit des Schmerzes gab. Sie ignorierte, dass ihr Organismus reagiert hatte. Darüber hinaus war ihre Muskulatur, wie sich beim Bewegen herausstellte, nach dem Eingriff derartig angespannt, dass es einige Zeit brauchen würde, um diese Anspannung zum Abklingen zu bringen. Doch auch das stand infrage. Vielleicht würde sich ihr Körper niemals mit den beträchtlichen Implantaten abfinden. Sophia reagierte gereizt, als ich ihr von diesen Dingen erzählte. Nein, nein und nochmals nein! Sie glaubte lieber Ihrem Operateur, der genau das von sich wies.

Oder Freya. Sie stellte sich bei mir mit massiven Kopfschmerzattacken vor. Sie hatte alle denkbaren Therapien versucht, aber nichts half. Schließlich kam heraus, dass die Schmerzen direkt nach einer kosmetischen Operation eingetreten waren. Freya hatte sich den Hals und das Dekolletee glätten und das Gesicht straffen lassen. Die Heilung war kompliziert gewesen, wie Freya sagte, und bis die anderen Nachwirkungen abgeklungen waren, dauerte es ein Dreivierteljahr. Nur der Schmerz blieb. Auch Freya weigerte sich lange, die Schmerzen mit der Operation im Zusammenhang zu sehen.

Weiter mit Vanessa, die sich von ihrer Mutter bereits zum 16. Geburtstag eine Brustvergrößerung gewünscht hatte. Als ich Vanessa vier Jahre später traf, waren die Implantate gerade entfernt worden, weil der Körper sie nicht akzeptiert hatte. Doch der Schmerz war derselbe geblieben. Mit gerade einmal 20 Jahren war Vanessa aus Schmerzgründen bereits „am Verrücktwerden", wie sie sagte. Sie hoffte, dass ich ihr beim Loswerden des Schmerzes und ihrer massiven Stimmungstiefs helfen würde.

Und schließlich Marion, eine Klientin mit einem auffällig netten Äußeren. Ich wäre nie im Leben auf die Idee gekommen, dass sie irgendetwas an ihrer Figur auszusetzen haben könnte. Deshalb staunte ich umso mehr, als ich von ihrer langen Figurverbesserungsliste hörte. Von dieser erfuhr ich aber erst, als Marion mich nach ihrer ersten Schönheits-OP aufsuchte. Sie hatte sich das Fett an den Oberschenkeln und am Bauch absaugen lassen und klagte seitdem über unaushaltbare Schmerzen am ganzen Körper. Sie konnte kaum liegen, reagierte hypersensibel auf jede Berührung. Sogar die Bettdecke auf der Haut schmerzte sie. Als wir miteinander arbei-teten, bemerkte ich, dass die kompensatorische Spannung ihrer Muskeln hoch war und ihr Körper sich kaum bewegen ließ. Wir brauchten ein halbes Jahr, bis Marion wieder einigermaßen schlafen konnte und sich der Schmerz zurückzuziehen begann.

Ob Sophia, Freya, Vanessa oder Marion: Wenn Frauen auf so massive Weise gegen ihren Körper vorgehen, dass sie ihn aufschneiden, mit körperfremden Stoffen ausstopfen und Gewebe entfernen lassen, fährt dieser nicht nur ein paar „Wehwehchen“ oder Symptömchen auf. Unter Umständen kommentiert er das drastischer, nämlich mit massiveren Symptomen und oftmals mit andauerndem Schmerz.

Und das sollte nicht überraschen. So wie jede Operation problemlos und zufriedenstellend verlaufen kann, besteht auch die Möglichkeit, dass der Körper eine solche nicht akzeptiert. Selbst wenn heutzutage häufig operiert wird und wir dadurch den Eindruck gewinnen, dass ein operativer Eingriff ein Kinderspiel ist, stimmt das nicht mit der Realität des Körpers überein. Aus der Sicht des Gehirns ist eine Operation zunächst immer ein Frontalangriff auf die Unversehrtheit des Körpers, den es dann auch so bewertet und zur Heilung entsprechende Maßnahmen einleitet. Wenn diese Faktoren unberücksichtigt bleiben, kann es je nach individueller Konstellation tatsächlich zu langwierigen Symptomen führen.

Interessant ist noch etwas anderes: Frauen, die sich Fettabsaugungen unterziehen, beobachten wenige Zeit später vermehrte Fettansammlungen an anderen Körperstellen. Marion beispielsweise hat heute, zwei Jahre später, nicht nur ihre Ursprungsfigur zurück. Sie kämpft jetzt gegen das zusätzliche Gewebe an, das sich genau neben den Stellen, an denen das meiste Fett abgesaugt worden war, gebildet hatte, und klagt über ihre „verschobene Körperform".

Aus meiner Sicht ist es ein Spiel mit dem Feuer, wenn sich Frauen x-beliebig zurechtschneiden lassen und dabei ausblenden, dass einschlägige Operationen Folgestörungen haben können, die kaum reversibel sind. Und nun schauen wir uns hier noch die Seele an, die auf FMMs nicht weniger als der Körper reagiert.

Die Seele weiß nichts von der Figur

Was wir im Zuge der FMMs noch nicht berücksichtigt haben, ist die Seele. Denn: Wie fühlen sich Frauen bei all dem, wenn sie stets damit befasst sind, für den Körper neuere und spitzfindigere Verbesserungsmaßnahmen zu entwerfen? Was ist mit der Gefühls- und Emotionswelt, wenn der Körper nicht wie geplant spurt?

Vielleicht erinnern Sie sich an die australische Bodybuilderin in dem Film „Embrace", die ich eingangs erwähnte. Sie trimmte ihren Körper solange, bis sie eine allseits bewunderte Topfigur hatte. Doch sie stellte fest, dass sie mit dieser trotz großer Bewunderung kein bisschen glücklicher oder zufriedener geworden war. Und darin besteht ihre Botschaft, die sie den Frauen der Welt nahebringen will: Sie vermittelt aus ihrer eigenen Erfahrung heraus, dass die vielen Anstrengungen um die Idealfigur nicht unbedingt das Wohlbefinden im Körper erzeugen, auf das die meisten Frauen hoffen.

Auch ich habe noch nie beobachten können, dass Frauen, die rapide Gewichtsverluste erzielten, dadurch wirklich langfristig glücklicher wurden oder die Probleme mit ihrem Selbstwert lösten. Ich habe auch noch keine einzige figurbesessene Frau getroffen, aus deren tiefstem Herzen ein bleibendes Empfinden von „Ich fühle mich gut" käme. In den meisten Fällen beobachtete ich eher das Gegenteil. Frauen fühlten sich für eine Weile besser, aber auf lange Sicht frustrierter.

Das ist nicht wirklich überraschend. Wenn eine Frau sich schon als nicht gut genug wahrnimmt und sich dann noch zusätzlichen Druck bereitet, weil sie etwas nicht darf oder etwas anderes soll, kann sie sich nur noch miserabler fühlen. Die

Rechnung, dass sie sich durch das Realisieren von Verboten und Züchtigungen aller Art wirklich, echt und dauerhaft als erfüllter wahrnimmt, geht nicht auf.

Und ja: Was das ganze Verbieten, Disziplinieren, Hungern und Dürsten nach Verbesserung außerdem noch macht, ist, dass Frauen hoffen, ein besserer Mensch zu werden. Sie tun das alles, damit aus ihnen jemand wird, der auf irgendeine Weise akzeptierter und erfolgreicher ist. Das impliziert nichts anderes, als dass sie so, wie sie momentan sind, nicht genügen. Und mehr noch: Mit jedem Jojo-Effekt, jeder abgebrochenen Schlankheitsmaßnahme, jedem nicht eingehaltenen Neujahrsvorsatz rasseln Frauen erfahrungsgemäß noch mehr in die Unzufriedenheit mit sich hinein und vertiefen ihr Nicht-gut-genug-Gefühl. Sie fühlen sich aufgrund der zurückgekommenen Kilos als Versagerinnen und bestätigen das einmal verinnerlichte Wertegerüst über den Körper in seiner Negativität noch einmal mehr.

Auf den Zahn gefühlt

Nach all diesen Faktoren, die ich Ihnen zu bedenken gegeben habe, lade ich Sie jetzt wieder in die *Me-Time-Lounge* ein. Denn ich finde, dass wir hier einmal Tacheles reden sollten: Worum geht es eigentlich? Warum fallen Millionen kluge Frauen auf ein künstlich gezüchtetes Schlankheitsideal herein, ruinieren ihre Gesundheit, bereiten sich Stress, Druck und Unzufriedenheit und weigern sich beständig, den Kampf gegen den Körper aufzugeben?

Wenn Sie zu den Frauen zählen, in deren Kopf ein Idealbild von ihrem Körper sitzt, und wenn Sie diesen lieber heute als morgen an dieses anpassen möchten, sollten Sie sich einmal in einer ruhigen Minute gut überlegen, warum Ihnen dieses so über alle Maßen wichtig ist. Bringen Sie es auf den Punkt!

Auf dem Heißen Stuhl: Was erhoffen Sie sich von einer Idealfigur?

Setzen Sie sich auf den roten, weil heißen Stuhl.
Begeben Sie sich in eine innere Haltung, die Ihnen eine absolute Ehrlichkeit sich selbst gegenüber erlaubt.
Machen Sie sich vor sich selbst vollkommen „nackt".

Erstens: Hoffnungen erfassen
Welche physischen und psychischen Verbesserungen erwarten Sie sich von dem Erreichen einer Top-, Ideal- oder Optimalfigur?
Was wird dann für Sie anders, besser, idealer, optimaler sein?
Schreiben Sie diese Erwartungen so genau wie möglich auf.

Zweitens: Die Wahrheit überprüfen
Überprüfen Sie jetzt, ob das der Wahrheit entspricht.
Nehmen Sie jetzt alle Ihre Antworten her und klopfen Sie diese allesamt auf folgendes Kriterium ab:
Woher wissen Sie, dass genau das eintreten wird?
Entspricht es Ihrer eigenen Erfahrung?

Die Figur von innen formen

Wo wir losgehen

Nachdem wir uns die Herausforderungen angeschaut haben, denen eine Frau hinsichtlich ihres äußeren Erscheinungsbildes gegenübersteht und wie massiv ihr Druck sein kann, unbedingt zu brillieren, möchte ich Ihnen jetzt einen Weg zeigen, der zu einer grundlegenden Aussöhnung mit diesem Thema führt.

Der erste und initiale Schritt besteht darin, dass Sie zunächst Ihre Körperkämpfe als auch das Träumen von der Idealfigur beiseite legen. Wenn Ihnen das schwerfällt, stellen Sie sich vor, dass Sie diese für einen bestimmten Zeitraum in den Urlaub schicken. Dann haben Sie immer noch die Chance, zu ihnen zurückzukehren, falls sie Ihnen wichtiger als ein echtes Körpergefühl sind.

Doch wenn Sie das endlose Ringen um die Idealfigur satt haben und einen Weg kennenlernen möchten, wie Sie sich mit der Gestalt Ihres Körpers aussöhnen, dürfen Sie alles, was sich gegen den Körper und seine Natur richtet, hinter sich zurücklassen. Die Energie, die dadurch frei wird, werden Sie in die Aktivierung Ihrer Körperwahrnehmung stecken und mit Ihrem inneren Blick auf Ihren Körper und dessen Gestalt schauen.

Das alles machen wir unter einer neuen Voraussetzung: Sie behalten dabei die körperinterne Selbstregulation, das unentwegte Bestreben Ihres Körpers nach seiner Natürlichkeit im Auge. Vielleicht staunen Sie jetzt. Ja, so etwas geht! Sie berücksichtigen diese nämlich nicht nur, sondern Sie nutzen sie für sich aus. Während Sie sich mit der Innenwelt Ihres Körpers vertraut machen, finden Sie heraus, was er aus einer inneren Perspektive mag, was ihm bekommt, was ihn leicht und flüssig sein lässt und was er zum Wohlfühlen braucht. Indem Sie im Sinne des Körpers vorgehen, *mit ihm* im Einklang agieren, *mit seinem* Eigenempfinden harmonieren und *mit seinen* Bedürfnissen übereinstimmen, regen Sie genau diese natürliche Selbstregulation an.

Damit bewältigen Sie gleich mehrere Herausforderungen mit einem Mal: Sie lösen sich nicht nur von dem Druck, abzunehmen oder permanent etwas für Ihre Figurmodellierung tun zu müssen, sondern entlassen gleichzeitig auch das Nicht-gut-genug-Gefühl aus Ihrem Selbstwahrnehmungssystem. Sich selbst kennenlernend, entwickeln Sie ein brandneues Verhältnis zu Ihrem Körper. Sie rücken Ihr Körperbild gerade und stellen es auf solide, weil reale Füße. Und jetzt werden Sie staunen! An diesen Vorgang passt sich auch Ihre Gestalt an. Diese ist dann auch eine, die zu Ihnen gehört, die sich aus Ihrer persönlich stimmigen Konstellation ergibt und Ausdruck Ihrer Individualität ist. Sie werden eins mit Ihrem Erscheinungsbild, weil es aus Ihnen entspringt. Deshalb nenne ich den Weg, den ich hier gemeinsam mit Ihnen gehe, den „Weg zur authentischen Figur".

Erinnerungen

An dieser Stelle möchte ich Sie noch einmal an das erinnern, was ich eingangs bereits erwähnte: Die erlernte Kritiksucht an unserem Körper hat auch deshalb eine reale Chance zu gesunden, weil Sie in Ihrer frühen Kinderzeit erlebt haben, wie Sie Ihrem Körper eine Freundin waren und ein vertrautes Verhältnis zu ihm hatten. Es war für Sie das Selbstverständlichste der Welt, dass Sie sich nach seinem natürlichen Befinden und seinen aktuellen Bedürfnissen richteten. Niemals wären Sie auf die Idee gekommen, dass an Ihrer Gestalt, an Ihrem Erscheinungsbild und Ihren Proportionen etwas nicht stimmen könnte. Genauso fremd, wie Ihnen diese körperfeindlichen Gedanken waren, so wenig stellten Sie die Verbundenheit mit Ihrem Körper infrage.

Ich sage das, um Ihnen zu verdeutlichen, dass Sie auf dem Weg zur authentischen Figur und zur Aussöhnung mit Ihrem Körper nicht bei Null anfangen. Die Erinnerung an diesen natürlichen Zustand ist in Ihnen angelegt. Sobald Sie diese berühren, erwacht sie wieder und blättert sich nur allzu gern wieder auf. Die Grundlage dessen, was vor Ihnen liegt, ist also bereits vorhanden. Sie ruht *in* Ihnen und wartet nur darauf, dass Sie sie wieder zum Leben erwecken.

Sobald ich den Begriff der „authentischen Figur“ erwähne, fragen Frauen natürlich zuerst, wie das Ganze denn konkret gehen soll. Sie möchten wissen, was sie ändern, neu oder besser machen sollten und wie schnell sie Erfolge verbuchen können. Nicht wenige Frauen fühlen sich auch verunsichert und fragen sich, ob das, worauf sie sich einlassen, nicht ein weiteres leeres Versprechen auf Verbesserung ist. Schließlich haben viele von ihnen die Erfahrung gemacht, dass sich etwas zunächst verlockend und schlüssig anhört, sich dann aber, sobald es praktisch wird, schnell wieder in Luft auflöst. In vielen Frauen steckt jede Menge Misstrauen, weil sie schon viele Ansätze ausprobiert haben und immer noch nicht zufrieden mit sich sind.

Bei näherem Hinsehen liegt darin eine kostbare Wahrheit: Denn je nachdem, wie tief Ihre Aversion gegen die Gestalt Ihres Körpers oder gegen Ihr Gewicht ausfällt und je länger die Historie Ihrer Kritiksucht ist, desto wachsamer sollten Sie darauf achten, das Richtige zu tun und Ihren Körper nicht durch kopflose Maßnahmen noch weiter in die Verunsicherung zu treiben. Und ja, Sie haben recht: Es braucht mehr als ein spontanes Neujahrsversprechen oder eine Ab-morgen-mache-ich-alles-anders-Idee. Es braucht ein echtes Verständnis und handfeste innere Tools, die Ihrem Gehirn natürliche Impulse geben, anstatt es erneut herauszufordern. Außerdem hängen die nächsten Schritte auch ein ganzes Stück weit davon ab, wo Sie persönlich momentan stehen. Und das schauen wir uns einmal an.

Die klugen Frauen

Falls Sie zu den Frauen gehören, die, wenn Sie von der Rückversöhnung mit dem Körper lesen, strahlende Augen kriegen, weist das darauf hin, dass Sie Ihrem Körper sehr nahestehen. Möglicherweise haben Sie in das allgemeine Streben nach der Topfigur nie vollständig eingestimmt, konnten einen Großteil Ihrer Selbstwahrnehmung am Leben erhalten oder diese sogar zum Gradmesser Ihres Wohlbefindens machen. In dem Fall wird Ihnen das Lesen der folgenden Kapitel wie Sahne runtergehen und die Aufenthalte in der Me-Time- Lounge ein Zu-Hause-Gefühl in Ihnen erzeugen. Die Selbstreflexionen werden für Sie wie ein Kinderspiel sein, während Sie sich an den Versöhnübungen erfreuen und Ihren Körperspürsinn verfeinern. Das Körper-Versöhnritual am Ende des Buches werden Sie entweder als überflüssig empfinden oder als erneute Rückbesinnung auf Ihre Körperbewusstheit sehen. Insofern ist Ihr Weg klar gezeichnet: Sie kommen Ihrem Körper noch näher als bisher und begegnen ihm noch intimer.

Die verlorenen Frauen

Falls Sie zu den Frauen gehören, die sich im unendlichen Kampf um die Traumfigur verlaufen, verloren oder erschöpft haben: Hier ist Ihre Chance! Wenn Sie es satt haben, Kalorien zu zählen, sich mit freudlosen Workouts zu triezen, Blitzdiäten zu machen, sich in Jojos wiederzufinden und sich nichts in der Welt mehr wünschen als ein positives Verhältnis zu ihrem Körper, drehen Sie jetzt das Ruder herum und erinnern Sie sich an Ihre körperfreundlichen Zeiten zurück! Entscheidend ist Ihre Bereitschaft, sich Neuem zu öffnen, bisherige Perspektiven zur Disposition zu stellen und bewusst sich selbst zu reflektieren. Das schließt ein, dass Sie, wenn ich Sie in die *Me-Time-Lounge* oder auf den Heißen Stuhl einlade, ehrlich zu sich sind und sich „nackt" vor sich selbst machen, und zwar so nackt, wie es nackter nicht geht. Indem Sie reflektieren, wo bei Ihnen der wunde Punkt, heikle Erfahrungen oder Anfälligkeiten zur Eigenkritik liegen, wird sofort der Blick auf mögliche Lösungen frei.
Gleichzeitig werden Sie darauf aufmerksam, wo Ihre individuelle persönliche Schönheit, Ihre Ausstrahlung und Ihre ureigenen Qualitäten liegen, die Sie fernab des Null-Acht-Fünfzehn-Figurenkults pflegen. Und um diese geht es hier. Sie werden schnell erfahren, wie gut es sich anfühlt, wenn Sie mit Ihrem Körper an einem Strang ziehen.

Die Zweiflerinnen

Falls Sie zu den Frauen gehören, die daran zweifeln, ob Sie hier überhaupt richtig sind, ist für Sie dennoch nicht alles umsonst. Schauen Sie einmal, ob Sie dabei bleiben und sich dieser fremden Perspektive von einer authentischen Figur ein wenig öffnen können. Auch wenn Ihnen die bisherigen Standpunkte möglicherweise absurd, fremd, unbequem oder aus der Luft gegriffen vorkommen, kann für Sie ja vielleicht dennoch etwas „drin“ und nutzbar sein.

Lesen Sie in diesem Fall einfach weiter und schauen Sie einmal, wohin Sie das Ganze führt. Vielleicht gibt es ja trotz Ihrer Zweifel Momente, in denen Sie aufhorchen oder in denen Sie etwas im Inneren berührt. Vielleicht stoßen Sie sogar auf Erkenntnisse, die Sie weder erwartet noch gesucht haben, die aber plötzlich relevant für Sie sind.

Die Wende zur Individualität

Wo auch immer Sie starten: Wir kommen jetzt zum WIE und arbeiten uns Schritt für Schritt durch die praktischen Meilensteine hindurch. Zunächst einmal: Der Weg, den Sie hier gehen, ist ein absolut individueller, persönlicher Weg. Sie haben zwar viele Mitstreiterinnen, also Frauen, die das Buch zeitgleich in den Händen halten und sich mit ihrem Körper versöhnen, aber mit Ihren eigenen Erkundungen sind Sie allein, weil die Lösung Ihres speziellen Körperthemas und insbesondere Ihre Figurkritik niemals eine allgemeingültige, sondern immer eine individuelle sein wird. Und da fühlen sich viele Frauen, als beträten sie ein vollkommen neues Terrain. Das ist so, weil Frauen, die sich aus der Masse lösen und zu ihrer Eigenheit stehen, nicht nur auf sich selbst gestellt sind, sondern oft auch von außen eher Zweifel und Verunsicherung ernten als Zuspruch und Rückenwind. Wenn Sie beispielsweise Ihren Freundinnen, Kolleginnen und Verwandten von Ihrem neuen Ansatz erzählen, werden Sie vielleicht statt Ermutigung und Interesse eher ein müdes Lächeln ernten. Und da macht es jetzt vielleicht „Upps!“ in Ihnen. Denn das war Ihnen vielleicht nicht klar. Wenn Sie sich mit Ihrem Körper versöhnen möchten, anstatt weiterhin im globalen Kampf um die Figuroptimierung mitzuraufen, scheren Sie deutlich aus der grauen Masse aus und bringen sich in eine Lage, in der Sie die volle Verantwortung für sich selbst übernehmen. Ich übertreibe nicht, wenn ich sage, dass der Weg zur authentischen Figur einer ist, den nur die wirklich mutigen Frauen gehen können.

Machen Sie sich bewusst, dass Sie mit der Umsetzung der in diesem Buch vermittelten Praxis weit weg von aller Normenreiterei und Regelhörigkeit liegen und zu denjenigen Frauen gehören, die den Mut haben, abseits des Mainstreams für ihre innere Wirklichkeit einzustehen. Das mag sich, je nachdem, in welchem Umfeld Sie leben, ein bisschen wie „nackt“ anfühlen, weil Sie aus dem Schutz der Masse heraustreten. Aber dieses „Nacktsein“ ist ehrlich und wird sich nach einer Zeit des Vertrautmachens wie das Normalste der Welt anfühlen. Und mehr noch: Für den Fall, dass Sie sich gern mit gleichgesinnten Frauen über das Thema austauschen möchten, achten Sie sorgfältig darauf, dass diese ein positives Körperbild haben und inneren Werten ein Gewicht in ihrem Leben geben. Die Erfahrung zeigt, dass das in einer Welt, in der die Körperobsessionen toben, ein heikler Punkt sein kann.

In diesem Zusammenhang las ich kürzlich von einer Studie der Universität Waterloo, die in dem Magazin *„Body Image“* veröffentlicht wurde. Diese bestätigte, dass Menschen, die ein positives Körperbild entwickeln möchten, gut beraten sind, mit Menschen zu verkehren, die positiv über ihren Körper denken. Gleichzeitig sollten sie sich von Menschen, die ein negatives Körperbild haben oder sich permanent mit dem Abnehmen befassen, besser distanzieren. Das mag hart klingen, aber es ist wie bei jedem Drogen- oder Alkoholsüchtigen, der „clean“ bleiben möchte. Wenn es um das Verändern von Gewohnheiten oder Süchten geht, ist es essenziell, dass diese Veränderungen unter besseren Bedingungen stattfinden. In ähnlicher Weise, wie es für alkohol- oder drogenabhängige Menschen nach einem Entzug entscheidend ist, dass sie nicht wieder in das alte

Milieu zurückgehen, verhält es sich auch mit der Figurobsession. Wenn Sie Ihren körperkritischen Blick aufweichen möchten, hilft es Ihnen nicht, wenn die Menschen in Ihrem Umfeld diesen immer wieder anheizen. Im Gegenteil. Es bekommt Ihnen hundertmal besser, Menschen an Ihrer Seite zu wissen, die ein positives Verhältnis zu sich selbst und zu ihrem Körper haben. Dann wird es Ihnen leichter fallen, Ihre Wahrheit zu leben.

Zeit

Wer meine Bücher kennt, weiß, dass ich, bevor ich Veränderungen vorschlage, immer erst einmal den Ist-Zustand klarlege. Ich finde es essenziell zu wissen, von wo Sie mit Ihrer Körpersituation losgehen und welche Erwartungen Sie haben. Deshalb klären wir erst einmal, wie Sie Ihren Zeitrahmen setzen. Das empfinde ich als wichtig, weil der Trend in Sachen Körperverbesserung oftmals zu Hauruck-Aktionen neigt.

Ein Kurzbesuch in der Me-Time-Lounge: Wie viel Zeit geben Sie sich?

Finden Sie heraus, wie viel Zeit Sie Ihrem Körper für seine Regeneration, seine Neuausrichtung oder die Versöhnung geben.
Komplettieren Sie den Satz mit einer Zahl und wählen Sie die Zeitwährung, die Sie in Ihre Veränderungen investieren.
Lesen Sie den vervollständigten Satz laut vor:
„Ich möchte mir und meinem Körper ... Wochen / Monate / Jahre für unsere Versöhnung geben."

Ich glaube, Sie ahnen bereits, dass es gut wäre, wenn Sie Ihren Zeitrahmen großzügig gestalten und Ihrem Körper erst einmal eine Verschnaufpause einräumen, in der er den Kurswandel bemerkt und begreift, dass er sich wieder an seiner Natur orientieren darf. Wenn ich Ihnen empfehle, dass Sie Ihrem Körper Zeit lassen, heißt das jedoch nicht, dass sich Veränderungen erst nach einer sehr langen Zeit bemerkbar machen. Nein, nein! Das Gegenteil ist der Fall. Und das mag wie ein Paradox klingen: Sobald Sie Ihrem Körper einen genügend großen Spielraum zur Anpassung einräumen, werden Sie recht umgehend spüren, dass er sich verändert und Ihnen andere Rückmeldungen gibt. Das passiert, weil Sie sich mit dem Setzen eines großzügigen Zeitbudgets augenblicklich entspannen und dieses Gelassensein sofort vieles zum Positiven hin verändert. Doch wie zügig sich Ihr Körper äußerlich organisiert, ob er Gewicht ausgleicht, Proportionen verändert oder Symptome rückgängig macht, kann zeitlich gesehen sehr verschieden sein und je nach Körperhistorie variieren. Auch deshalb ist es gut, wenn Sie Ihrem Körper einen großzügigen zeitlichen Rahmen zur Umstellung geben.

Spieglein, Spieglein ...

Jetzt lade ich Sie zu einer ganz speziellen Übung in die *Me-Time-Lounge* ein, eine, die Ihnen hilft, Ihre Startposition noch klarer zu sehen. Machen Sie den Nackt-Spiegeltest am besten, wenn Sie absolut ungestört sind. Befolgen Sie den Ablauf bitte haargenau so, wie er beschrieben ist.

Willkommen auf dem Heißen Stuhl: Der Nackt-Spiegeltest

Erster Schritt: Ihr erster Gedanke

Stellen Sie sich mit dem Rücken vor einen Spiegel, in dem Sie Ihren ganzen Körper sehen können.
Ziehen Sie jetzt langsam Ihre Kleidung aus. Sobald Sie vollkommen nackt sind,

drehen Sie sich um, schauen Ihr Spiegelbild an und erfassen den ersten, ja wortwörtlich den allerersten Gedanken, der Ihnen in den Sinn kommt.

Schreiben Sie diesen genauso auf, wie Sie ihn gedacht haben.

Zweiter Schritt: Reflektieren Sie!

Nachdem Sie Ihren ersten spontanen Gedanken notiert und sich wieder angezogen haben, nehmen Sie sich etwas Zeit und lassen sich diesen langsam auf der Zunge zergehen.

Reflektieren Sie Folgendes: Was drückt der Gedanke aus?

Spricht er für oder gegen Ihren Körper?

Entspricht er dem, was Sie bereits über sich wissen, oder ist das Ergebnis neu für Sie?

Ich habe Frauen in der Schreibphase dieses Buches gefragt, ob sie sich dem Nackt-Spiegel-Test unterziehen und mir ihre Antwort zusenden möchten. 113 Frauen haben sich beteiligt und mich wissen lassen, wie ihr erster Gedanke vor dem Spiegel ausfiel.

Hier ist das Ergebnis: 11% der Frauen berichteten von einem positiven Eigenurteil und 5% der Antworten waren im Sinne von „okay“ oder „so-so“ neutral. Aus den Antworten der Frauen mit dem positiven Feedback las ich heraus, dass viele von ihnen erstaunt darüber waren, sich so freudvoll betrachten zu können. Zum Beispiel schrieb eine Frau: „Ach … gar nicht so schlecht für mein Alter.“ und eine andere: „Hab mich doch ganz gut gehalten …“ Die enthusiastischste Antwort von allen war: „Spitzenbody! Schnuckelig und saftig … Wer hätte das mit knapp 50 gedacht!“

84% der Frauen gaben allerdings kritische, bedenkliche, dem Körper wenig zusprechende Antworten an. Sie reichten von „Schnell wieder anziehen …“ über

„Ich fühle mich beschämt!" bis hin zu „Da kann man halt nichts machen, es ist alles zu spät." In einigen dieser Rückmeldungen kam ein schlechtes Gewissen zum Ausdruck, das irgendwie vermittelte, dass sich die Frauen in Bezug auf ihr Spiegelbild schuldig fühlten. Eigentlich wüssten sie, dass sie Positives über ihren Körper sagen sollten, aber es sei ihnen einfach nicht möglich gewesen. „Schade, dass ich ihn (den Körper) ruiniert habe", schrieb eine Frau, während es eine andere sehr drastisch ausdrückte: „Leider kann ich dich immer noch nicht leiden. Du bist zu fett!"

Der Nackt-Spiegel-Test zeigt vielleicht auch Ihnen sehr schnell, wo Sie mit Ihrem Körper stehen. Deshalb können Sie ihn in Abständen wiederholen und sehen, ob Ihr Blick in den Spiegel einer Veränderung unterliegt.

Hören Sie sich zu!

Kommen wir zu einem nächsten praktischen Schritt. Während Sie noch immer feststellen, wo Sie mit Ihrem aktuellen Verhältnis zu Ihrem Körper stehen, stelle ich Ihnen jetzt Ihre erste Körper-Versöhnübung vor, die Sie ab heute in Ihren Alltag einfließen lassen können. Sie nimmt so etwas wie eine Schlüsselfunktion ein, weil sie Bewusstheit ins Spiel bringt und diese immer mehr schärft.

Versöhnübung #1: Hören Sie sich zu!

Erster Schritt: Hören Sie sich sprechen!

Wann immer Sie über Ihren Körper sprechen, werden Sie aufmerksam auf Ihre Aussagen, Meinungen und Behauptungen, die Sie über ihn, dessen Figur oder Ihr Aussehen treffen.

Hören Sie sich selbst zu, was Sie sagen und welche Urteile in Ihren Aussagen mitschwingen.

Diese Übung ist eine Beobachtungsübung, bei der Sie nichts, aber auch gar nichts tun oder unternehmen müssen. Sie lassen die Beobachtung einfach stehen, so wie sie ist.
Für den Fall, dass Sie das bloße Stehenlassen Ihrer Aussagen schwierig finden, können Sie sich auch eine Hilfestellung geben: Sie kommentieren diese mit einem neutralen Ausdruck wie „Aha ...“, „Mmm ...“ oder „So, so“.

Zweiter Schritt: Hören Sie sich denken!
Gehen Sie dazu über, dass Sie Ihre Gedanken über Ihren Körper beobachten, also jene Urteile, die Sie nicht verbal zum Ausdruck bringen, sondern denken. Auch hier können Sie sich Hilfestellungen in Form von „Aha“, „So,so“ oder „Mmm“ geben, die abseits des Bewertens sind.
Reflektieren Sie Ihre Erkenntnisse in der Me-Time-Lounge.

Negativität nutzen

Möglicherweise sind Sie, nachdem Sie den Nackt-Spiegeltest gemacht und sich bereits einige Male sprechend und denkend wahrgenommen haben, erstaunt, was da alles zum Vorschein kommt. Vielleicht wird Ihnen erst jetzt so richtig bewusst, wie Ihr Verhältnis zu Ihrem Körper wirklich ist, wie eingefleischt Ihre Meinungen über Ihren Körper sind und wie sehr sich diese in Ihren Denk- und Sprachgebrauch eingegraben haben. Ich konnte im Laufe der Jahre einige Male miterleben, dass sich die Beziehung, die Frauen zu ihrem Körper haben, mit den vorangestellten Übungen ganz von Neuem aufrollte.

Und hier möchte ich Ihnen etwas Wichtiges sagen: Wenn Sie sich nun eingehender damit befassen, sich von Ihren Körperaversionen abzuwenden, schlagen Sie bitte nicht den Weg des sogenannten „positiven Denkens“ ein! Versuchen Sie nicht, Ihre negativ klingenden Aussagen oder Gedanken einfach ins Positive umzudrehen, in der Hoffnung, dass das alles ändern wird. Tun Sie es nicht! Wenn Sie das täten und das sogenannte Positive nicht mit Ihrem ehrlichen Körperempfinden übereinstimmt, würde Ihr Körper es entweder als Lüge entlarven oder, wenn er bereits Erfahrungen mit dem Betrogenwerden hat, als weitere Verunsicherung werten. Und das würde Ihnen die nächsten Schritte erschweren.

Der Geist der Übungen heißt: wertfreies Beobachten! Für den Fall, dass Ihr Nackt-Spiegeltest nicht negativer hätte ausfallen können und Ihre Sprach- und Denkgewohnheiten ebenso wenig ermunternd sind, stehen Sie zu diesen nackten Tatsachen! Es ist, wie es ist. Erkennen Sie diese an! Und dieses Annehmen der Realität schafft den Nährboden dafür, dass sich Veränderungen einstellen dürfen.

Darüber hinaus können Sie Ihre bisherige Kritikbereitschaft oder mögliche Körperaversionen nutzen. Drehen Sie die Perspektive, aus der Sie schauen, herum und verwenden Sie genau das, was Sie am meisten kratzt und stört, als Werkzeug. Machen Sie sich drei Dinge klar: Erstens wären Sie ohne Ihre Negativität nicht an den Punkt gelangt, an dem Sie jetzt stehen. Sie würden wohl kaum Veränderung willkommen heißen, wenn Sie nicht ständig Ihre den Körper diffamierenden Gedanken in sich trügen, und auch dieses Buch nicht in Ihren Händen halten. Zweitens steckt in den negativen Urteilen jede Menge Energie zur Veränderung. Wenn Sie so viel Energie übrighaben, dass Sie diese in Selbstkritik, Kampf, Diäten oder Hammerworkouts stecken können, sind Sie auch in der Lage, diese Energie umzuverteilen und in Körperbewusstheit und Natürlichsein zu investieren. Und drittens haben Sie einen ganzen Berg wertvoller Erfahrungen mit Ihrem Körper und Ihrer Gestalt im Gepäck, die Ihnen nun weiterhelfen. Denn nur durch diese wissen Sie genau, wovon Sie sprechen. Denken Sie an die vielen Momente, in denen Sie sich über Ihren Körper Gedanken gemacht und nachgesonnen haben, wie Sie sich besser in ihm fühlen könnten! Auch wenn diese Gedanken zu unstimmigen Aktionen geführt haben mögen, verfügen Sie dennoch über viele wertvolle Beobachtungen, die Sie jetzt für sich nutzen können. Schätzen Sie Ihr Körperwissen!

Wenn wir uns an dieser Stelle darauf einigen können, dass alles, was da ist, was in Ihnen rumort, wach ist, wühlt, schubst, Sie verunsichert oder tobt, zugunsten Ihrer Veränderung einsetzbar ist, haben Sie einen essenziellen Schritt in die richtige Richtung gesetzt. Machen Sie sich bewusst, dass Sie nur anhand Ihrer Erfahrungen bemerken konnten, dass da noch ungestillte Bedürfnisse in Ihnen schmoren und der Wunsch nach einem sich besser anfühlenden Körper in Ihnen lebt.

Wieder lade ich Sie in die *Me-Time-Lounge* ein, wo Sie Ihren Erfahrungsschatz einmal genauer beleuchten können. Dafür benötigen Sie jetzt möglicherweise etwas mehr Zeit, je nachdem, wie lang Ihre Körpergeschichte ist.

Willkommen in der Me-Time-Lounge: Welche Erfahrungen bringen Sie mit?

Schreiben Sie so ausführlich wie möglich auf, welche Erfahrungen Sie mit Ihrem Körper und seiner Verbesserung oder Optimierung gemacht haben und was dabei herausgekommen ist.
Bringen Sie Ihr gesammeltes Körperwissen auf den Punkt!

Körperbewusstsein im Jetzt

Vielleicht haben Sie sich bereits gefragt, warum ich so sehr auf das wertfreie Wahrnehmen und Reflektieren bestehe, aber auf Bewertungen, Erläuterungen und Problemfokussierung weitestgehend verzichte. Das hat einen guten Grund: All Ihre Selbstreflexionen und Erkenntnisse, die Sie einfach nur bemerken und urteilsfrei wahrnehmen, bewirken, dass Sie alte Urteile nicht mehr benutzen. Das wachsame und urteilsfreie „Bemerken, dass …“ verhindert, dass Sie wieder in die alten Denkkreisläufe einbiegen und sich für weitere blinde Verschlankungsaktionen rüsten. Außerdem schärft es Ihre Eigenwahrnehmung, denn Sie verschwenden Ihre Aufmerksamkeit nicht mit der Situationsanalyse, sondern bleiben wach für das, was im Moment in Ihrem Körperinneren passiert. Und dadurch, Sie werden es kaum glauben, beginnen sich verinnerlichte und musterhafte Eigenurteile aufzuweichen.

Genau genommen gibt es zwei profunde Mechanismen, die durch Bewusstheit zum Funktionieren kommen, und diese richten sich an Ihr Gehirn. Sicherlich erinnern Sie sich, dass die Botschaft, die Sie Ihrem Gehirn geben, die maßgebliche Rolle spielt. Erstens ist es ein Fakt, dass Ihr Gehirn allein durch das bloße wertfreie Beobachten die dazugehörige Information erhalten hat und mit den bereits bestehenden Informationen abgleicht. Sind diese natürlicher, authentischer und realer, besteht eine große Chance, dass sie in die Eigenorganisation des Körpers aufgenommen werden.

Und zweitens überschreiben Sie alte, behindernde Glaubenssätze durch neue, bewusst erlebte Erfahrungen, indem etwas Ähnliches passiert: Ihr Gehirn gleicht diese dahingehend ab, ob sie mit Ihrem Organismus „synchron" gehen und zu Ihrem ureigenen Naturell passen. Und wenn es diese Erfahrungen als kompatibel anerkennt, involviert es deren Informationsgehalt in Ihre täglichen Aktionen.

„Das Beobachten von …"

Die Kraft des Bewusstwerdens dessen, was ist, mag auf den ersten Blick wie eine schwache, wenig kraftvolle und Veränderung einleitende Maßnahme aussehen und Ihren gewohnten Handlungsdrang womöglich unbefriedigt lassen. Doch genau das Gegenteil ist der Fall! Das bloße *„Bewusstwerden, dass …"* oder das *„Beobachten von …"* setzt die Reorganisation des zentralen Nervensystems und der körperlichen Funktionen viel mehr in Gang, als es jede bewertende Aktion oder von außen aufgesetzte Maßnahme bewirken kann. Im Grunde ist das die Basis der Meditation, mit der wir uns später noch befassen werden.

Wie Neuroforscher mittlerweile durch bildgebende Verfahren belegen können, ist die Aktivierung der Aufmerksamkeitsnetzwerke im Gehirn für positive Veränderungen hin zu Entspannung und innerer Harmonie der springende Punkt.

Genau deshalb wird das Hauptmittel, mit dem ich Sie in den fünf Kapiteln des Buches ausstatten werde, Ihre gesteigerte Bewusstheit für Ihren Körper sein. Und in diesen Prozess sind Sie ja bereits eingetaucht. Diese ungeteilte Aufmerksamkeit wird ausreichen, um die Reise zurück zu Sensibilität, Körperfreude und Frieden mit sich selbst anzutreten.

Falls Sie daran zweifeln, nehmen Sie doch einfach einmal das Gegenteil her: Wenn Frauen sich ihrer selbst unbewusst sind und ihrem Eigengefühl den Rücken kehren, fehlen ihnen die inneren Orientierungshilfen, um Entscheidungen für sich und im Sinne ihres Körpers fällen zu können. In diesem Fall wären sie gewissermaßen wie ein Blatt im Wind. Und das ist ganz klar: *Blatt-im-Wind-Frauen* werden immer abhängiger von den Werten und Meinungen anderer. Ihr Körperbild speist sich aus dem, was sie im Außen gesagt bekommen, was sie sehen, hören und lesen.

Wenn Ihr Körper aber empfindungssicher ist, fühlen Sie, was für Sie richtig ist, was zu Ihnen passt und warum Sie welche Entscheidungen treffen. Sie können auf die äußeren Urteile gut und gern verzichten. Je vertrauter Sie mit Ihrem Körper sind, desto authentischer und natürlicher ist Ihr Selbstverständnis. Und desto sicherer und wohler fühlen Sie sich in Ihrer Haut.

Sieben splitternackte Tatsachen

Kommen wir jetzt zu einem nächsten Schritt. Mit den sieben „splitternackten Tatsachen" möchte ich Sie daran erinnern, dass Sie Ihr Eigengefühl für Ihren Körper am meisten steigern, wenn Sie ihn so oft wie möglich in seiner ursprünglichsten Verfassung, in seiner natürlichen Nacktheit fühlen. Ich möchte Sie dazu ermutigen, mit Ihrem bloßen Körper in Kontakt zu kommen. Wann immer Sie können, entledigen Sie ihn von allem, was sein Körperempfinden schmälert.

Vielleicht haben Sie noch nie darüber nachgedacht, dass Sie neun Monate lang splitternackt im Leib Ihrer Mutter zugebracht haben und auch nackt geboren wurden. Kleine Kinder erfreuen sich unglaublich an ihrer Nacktheit. Sie spielen mit ihren Körperteilen, springen nackt ins Wasser und genießen das Empfinden von Reizen auf ihrer puren Haut. Sie lieben ihre bloßen Körper und dessen „unverschämtes" Bewegen. Das machen sie allerdings nur solange, bis sie lernen, dass Nacktheit etwas zu Verdeckendes, ja, etwas Heikles oder sogar Anstößiges ist.

Nun zu Ihnen: Ich möchte Sie dazu animieren, sich mit Ihrer Nacktheit vertraut zu machen. Darum bitte ich Sie, weil Ihr Körpergefühl nackt am stärksten, unabgelenktesten und ja, am natürlichsten ist. Ein Toast also auf Ihre Nacktheit! Experimentieren und spielen Sie mit den sieben splitternackten Tatsachen!

1. Schauen Sie sich immer wieder nackt im Spiegel an und tun Sie das mit einem liebevollen, warmen Blick.
2. Berühren Sie Ihre nackte Haut! Duschen und waschen Sie sich mit der bloßen Hand. Cremen oder ölen Sie Ihre Haut und finden Sie heraus, welche Berührungen Ihr nackter Körper am liebsten mag.
3. Schlafen Sie nackt oder nur so leicht bekleidet wie möglich. Erlauben Sie Ihrem Körper eine unlimitierte Ausdehnung, wenn er sich in der Nacht regeneriert.
4. Bekleiden Sie sich grundsätzlich nur so sehr, wie es nötig ist. Nutzen Sie die wärmeren Temperaturen im Sommer, um Ihrem Körper ein Nacktempfinden zu geben.
5. Bewegen Sie sich in Ihrer privaten Umgebung sooft es geht geringfügig bekleidet oder nackt. Spüren Sie die Freiheit beim Bewegen, die durch Nacktheit entsteht.
6. Fühlen Sie in das Innere Ihres nackten unbekleideten Körpers sooft wie möglich hinein. Nehmen Sie unterschiedliche sensorische Qualitäten wahr!
7. Meditieren Sie nackt oder so wenig bekleidet wie möglich. Das wird Ihnen helfen, noch unabgelenkter und purer zu sein.

Wie formulierte es Osho in seinem Buch *Drei Schritte zum Erwachen:* „Bevor der Mensch sich selbst erkennen kann, muss er nackt werden, muss er sämtliche Kleider ablegen. Wir tragen nicht nur außen, sondern auch innerlich Kleider, klammheimlich. Wir meiden nicht nur äußere, sondern auch innere Nacktheit. Wir fürchten uns davor, unser nacktes Selbst zu sehen – zu erkennen, wer wir wirklich sind."

Ich empfehle Ihnen, auf einengende Kleidungsstücke, die Ihren Körper in eine andere Silhouette zwingen, zu verzichten. Wenn Sie sich am Abend entkleiden, sollten sie nirgendwo Streifen, Einkerbungen oder Spuren von zu enger Kleidung haben. Viele Frauen sind Meisterinnen in der körperlichen Freiheitsberaubung, indem sie sich einschnüren und in zu enge Kleidung zwängen.

Viele Frauen haben nur deshalb ein „Ich-bin-zu-dick"-Empfinden, weil sie sich ständig in zu enge Kleidung pferchen und sie sich dadurch „begrenzt" vorkommen. Ganz klar. Da kann kein Wohlgefühl entstehen. Das Thema der Einengung von außen spielt eine noch größere Rolle, wenn Sie einem Sitzberuf nachgehen oder häufig sitzen. Genau genommen müssten alle Menschen mit Sitzberufen nackt oder in weiten Kaftanen am Schreibtisch sitzen, damit ihr Organismus in der sowieso schon kreislauffeindlichen Haltung lebendig gehalten wird. Und noch wichtiger ist die körperliche Freiheit für den Fall, dass Sie Atem- oder Herzprobleme, Verdauungsstörungen, gynäkologische Beschwerden, Durchblutungsstörungen, Hämorrhoiden, Krampfadern oder Besenreißer an den Beinen haben.

Hier zwei Gradmesser für eine körperfreundliche Kleidung: Diese sollte Ihrem Körper freie Ausdehnung erlauben und Ihr Körpergefühl wach halten. Wenn Sie irgendeine Körperfunktion, Ihre Atmung oder Ihren Blutkreislauf einschränken oder Ihren Bauch einziehen müssen, um Ihrer Kleidung zu entsprechen, dann sortieren Sie diese schnellstens aus! Wenn Sie sich unbeschwert, frei und leicht fühlen, ist alles okay. Und gleich gibt es eine weitere Versöhnübung dazu.

Spüren Sie in Ihren bloßen unbekleideten Körper hinein!

Versöhnübung #2: Der nackte Körperscan

Am einfachsten ist es, wenn Sie nackt auf dem Bett liegen.
Sie können sich aber auch nach dem Duschen oder Baden auf den Boden legen oder die Übung am Strand, auf einer Wiese, auf der Sonnenliege liegend oder in der Sauna praktizieren.

Schließen Sie die Augen und fühlen Sie Ihren nackten Körper in seiner Gesamtheit von Kopf bis Fuß. Nehmen Sie, von den Füßen beginnend, alle Körperteile im Einzelnen wahr, so als wollten Sie gefühlsmäßig überprüfen, ob sie anwesend sind: die Zehen, die Füße, die Beine, das Becken, den Bauch, den Rücken, den Brustkorb, die Brüste, die Arme, die Hände, die Finger, den Hals, den Kopf ...
Spüren Sie, wie sich jedes einzelne Körperteil aktuell anfühlt.
Nachdem Sie in alle Körperbereiche hineingefühlt haben, verweilen Sie im Kontakt mit Ihrem nackten Körper etwa sieben Minuten.
Zunächst empfehle ich Ihnen, den Körperscan nackt und unbekleidet zu machen. Nachdem Sie schon etwas erfahren sind, können Sie jedoch dazu übergehen, ihn auch bekleidet zu praktizieren. Das kann eine äußerst interessante Erfahrung sein: Sie werden nämlich sofort bemerken, welchen Unterschied es hinsichtlich Ihres Eigengefühls macht, ob Sie sich bekleidet oder unbekleidet wahrnehmen.

Spiegelfreie Tage

Im Zuge der Meditation, um die wir uns bald kümmern werden, empfehle ich Ihnen generell, dass Sie so oft es geht Ihre Augen schließen und sich ein inneres Bild von Ihrem Körper machen. Was die Häufigkeit dieser Wahrnehmung anbelangt, sollte sie sich mit der Anzahl Ihrer Spiegelungen die Waage halten. Hier eine kleine Balanceformel: So viele Male, wie Sie sich täglich im Spiegel betrachten, genauso oft sollten Sie das innere Bild von ihrem Körper bei geschlossenen Augen erfassen. Wie innen, so außen. Genau! Ich animiere Sie dazu auch deshalb, damit die Überorientierung im Außen, das ständige Fokussieren auf Äußeres seine Einseitigkeit verliert und sich Ihr Körpergefühl schärft.

Und jetzt fordere ich Sie etwas heraus! Das muss sein und ist umso wichtiger, je mehr Sie mit Ihrem Körper in der Vergangenheit gefochten und ihn gefühlsbezogen ins Abseits geschoben haben: Ich möchte Sie dazu ermutigen, in regelmäßigen Abständen einen spiegelfreien Tag einzuschalten. Genau! Sie wählen einen beliebigen Tag aus, an dem Sie beschließen, nicht in den Spiegel, in Schaufenster oder Autoscheiben zu schauen, sondern sich einzig an Ihrem Körperempfinden auszurichten.

Wenn Sie mutig sind, nehmen Sie einen Tag pro Woche, also beispielsweise jeden Montag oder Mittwoch. Falls Ihnen das zu waghalsig ist, tasten Sie sich langsamer heran und legen den spiegelfreien Tag einmal monatlich ein, vielleicht an jedem ersten oder jedem fünfzehnten Kalendertag. Dann wissen Sie, dass Ihre Spiegel an diesem Tag nicht existieren oder Sie diese abdecken werden. Oder Sie halten es ganz spontan: Sie wachen morgens auf und fühlen, dass heute günstige Zeichen für einen spiegelfreien Tag sind. Falls Sie zu den eingefleischten Spiegelsüchtigen gehören, empfehle ich Ihnen, so wenig Spiegel wie möglich in Ihrer Umgebung zu platzieren, weil diese Sie immer wieder in die Gewohnheit des äußeren Beurteilens hineinziehen. Besser ist es, wenn Spiegel in der Innentür eines Schrankes oder noch versteckter platziert sind. Dann ist es für Sie ein bewussterer Vorgang, wenn Sie in den Spiegel schauen.

Dazu gibt es einen interessanten Erlebnisbericht der damals 28-jährigen *UCLA*-Studentin Kjerstin Gruys. Die amerikanische Soziologin beschloss, ein ganzes Jahr lang ohne Spiegel auszukommen und schrieb darüber das Buch *„Mirror, Mirrow, Off the Wall“*. Ihre Beobachtungen waren insofern interessant, als

Kjerstin nicht nur auf Make-up verzichtete, sondern sogar ihre Hochzeit ungespiegelt erlebte.

Doch nun zu Ihnen. Beim Nicht-in-den-Spiegel-Schauen bleibt es in Ihrem Fall nicht. An diesen spiegelfreien Tagen empfehle ich Ihnen, sich so aufmerksam wie möglich um Ihren Körper zu kümmern, beispielsweise den nackten Körperscan (#2) zwischenzuschalten, sich bewusst Figur umschmeichelnd zu kleiden und idealerweise auch die Waage außerhalb Ihrer Reichweite zu platzieren. Machen Sie einen Körperspürtag daraus, an dem Sie Ihren Fokus von morgens bis abends auf Ihr Empfinden richten. Und jetzt testen Sie einmal, wie weit Sie Ihren Körper mit Ihrem „inneren Auge", Ihrem Körperspürsinn, erfassen können.

Versöhnübung #3: Die Silhouetten-Skizze

Legen Sie sich so leicht bekleidet wie möglich oder idealerweise nackt auf den Rücken und schließen Sie die Augen. Stellen Sie sich vor, dass Sie Ihre äußere Gestalt noch nie zuvor in Ihrem Leben gesehen hätten und den Umriss, die Silhouette Ihres Körpers ausschließlich mit Ihrem Körperspürsinn wahrnehmen könnten. Tun Sie genau das!
Sobald Sie alle gefühlten Merkmale zum Erfassen Ihrer Gestalt beisammen haben, öffnen Sie die Augen und zeichnen Sie Ihre Gestalt. Wie ist sie? Wie gestaltet sich Ihr Körperbild, wenn Sie Ihren Körper ausschließlich fühlend erleben?

Das Passende finden

Vielleicht haben Sie es bemerkt: Sie sind schon mittendrin im Aufweichen alter Gewohnheiten, die Ihr Verhältnis zu Ihrer Figur gefärbt haben. Sicherlich ist

Ihnen dabei auch aufgefallen, dass die gewohnten Selbstbeurteilungen und Denkweisen zuerst einmal aufweichen müssen, bevor der Körper seine Chance zur Neuregulation erhält. Und ja, ich weiß. Manches kann ungewohnt und sogar komplettes Neuland für Sie sein. Doch das ist gut so, weil Sie sich dadurch neuen körperfreundlichen Erfahrungen öffnen und sich Ihr Körperbild wirklich drehen kann. Das bedeutet allerdings nicht, dass Ihnen alles, was ich Ihnen zum Ausprobieren vorschlage, gefallen und Ihrem Körper sofort zusagen muss.

Wie Sie wissen, gibt es unendlich viele Frauentypen mit jeweils individuellen Erfahrungen. Sie alle haben einen anderen Körper, der auf eine unterschiedliche Historie zurückblickt, andere Gewohnheiten und Vorlieben hat. Deshalb werden Sie auswählen müssen, welche Anregungen für Sie interessant und wegweisend sind. Bleiben Sie aufmerksam für die Momente, in denen Sie sich von etwas angesprochen fühlen und etwas mit Ihrem Körper besonders in Resonanz geht.

Vom Schein zum Sein durch Meditation

Nicht-Identifikation durch Meditation

Vielleicht haben Sie sich gefragt, was die Meditation auf dem Weg zur authentischen Figur zu suchen hat und was es Ihnen im Hinblick auf Ihre inneren Konflikte bringen soll, wenn Sie in Stille verharren und gedankenlos herumsitzen. Nicht wenige Frauen schauen mich erstaunt an, wenn ich Ihnen die Meditation als Ausstiegsstrategie aus ihren Körper-Figur-Gewichts-Gefechten empfehle.

Dafür sollten Sie zunächst Folgendes verstehen: Wenn Sie meditieren, tun Sie das zum einen, um den Blick vom Außen wegzunehmen, und zum anderen, um sich dann in einen bestimmten inneren Zustand zu versetzen. Und diesen bezeichne ich als den „Zustand der Meditation“. Obwohl sich dieser Zustand für alle Menschen unterschiedlich darstellt, eint alle dennoch eines: Dieser Zustand kennzeichnet eine innere Erfahrung, in der Sie zentriert in sich ruhen und dadurch ein anderes Körperbild entwickeln.

In diesem Kontext kommt mir eine britische Studie, die an der *Anglia-Ruskin-Universität* durchgeführt wurde, in den Sinn. In dieser belegten die Forscher, dass das Körperbild der Probanden umso positiver war, je mehr sie in der Lage waren, ihre Aufmerksamkeit in das Innere ihres Körpers zu verlegen und auf körperinnere Signale wie den Herzschlag, die Atmung, Hunger oder Durst zu hören. Außerdem arbeiteten die Wissenschaftler heraus, dass diejenigen, die den inneren Signalen ihres Körpers vertrauten, dieses positive Bild von ihrem Körper auch behielten und sich weniger mit Fragen des Körpergewichts beschäftigten.

Angesichts der Tatsache, dass so viele Frauen ein negatives Körperbild haben, sprach die Leiterin der Studie die Hoffnung aus, dass diese Zusammenhänge zwischen der interozeptiven Bewusstheit, den internen Körpersignalen und dem Körperbild zukünftig besser genutzt werden können. Durch das Anwenden meditativer Praktiken könnten Frauen nicht nur ihr Bodyimage realistischer und bejahender gestalten, sondern sich auch vom ewigen Stress über die ideale Figur verabschieden. Man könnte es auch noch einfacher sagen: Je wacher Ihr Körperbewusstsein für die im Innern ablaufenden Vorgänge ist, desto positiver ist Ihr Verhältnis zu Ihrem Körper und desto weniger spielen Gewichtsfragen eine Rolle.

Darüber hinaus bemerken Meditierende, dass sie sich mit äußeren und selbst inneren Maßgaben immer weniger identifizieren. Von all dem, was Sie sonst beschäftigt hält, seien es Gedanken, Emotionen, Sorgen, äußere Stressoren oder Probleme aller Art, bleiben sie innerhalb des Zustandes von Meditation unberührt. Und das wiederum bewirkt, dass jegliche Form der Identifikation mit diesen zumindest erst einmal während des Meditierens entfällt.

Und genau das ist für unsere Thematik von besonderem Wert: Eben weil in diesen Momenten keine Identifikation mehr stattfindet und Sie aus Ihrem gewohnten Denken, Ihren geläufigen Wahrnehmungskreisläufen, Ihren inneren Zwängen und Anfälligkeiten, Ihren Stimmungsschwankungen und Tiraden der

Selbstkritik aussteigen, lösen Sie sich in den meditativen Momenten erst einmal aus deren Macht. Und das zeigt Wirkungen: Je mehr Erfahrung Sie mit der Praxis der Meditation sammeln und Ihnen der besagte Zustand der Meditation vertrauter wird, entdecken Sie einen vollkommen neuen Zugang zu sich und Ihren Identifikationen.

Abhängigkeiten

Doch warum, werden Sie vielleicht denken, sollen Sie sich mit Äußerem nicht identifizieren? Was ist schlimm daran, wenn Ihnen etwas richtig gut gefällt, Sie es zu Ihrem Ideal machen und Ihr Leben danach ausrichten? Okay. Sehen wir uns die Identifikation mit der Figur als Beispiel an.

Meiner Beobachtung nach gibt es viele Frauen, für die eine bestimmte äußere Gestalt, eine Traum-, Top- oder Idealfigur oder andere Äußerlichkeiten absolut lebenswichtig sind. Diese Frauen haben zumeist eine sehr starke Identifikation mit Ihrer Gestalt, Ihrem äußeren Erscheinungsbild und der Wirkung, die sie auf andere haben. Oft sind es Frauen, bei denen die Zahl auf der Waage oder der Blick in den Spiegel am Morgen darüber entscheiden, wie der Tag verläuft. Es sind die Frauen, deren Stimmung durch ein Kompliment oder anerkennende Blicke anderer nach oben schnellt, durch als abwertend eingestufte Bemerkungen jedoch nach unten segelt. Es sind Frauen, die ihr seelisches Befinden komplett vom Außen, von einem Blick, einem Witz, dem Kommentar eines Kollegen, einer Verkäuferin oder Selfies abhängig machen. Das kann so weit gehen, dass sie sich über ihre Figur als Mensch definieren und von ihr ihren Selbstwert ableiten.

Oder anders: Denken Sie an Frauen, die sich wegen ihrer Figur bestimmte Aktivitäten versagen, die am liebsten einen Strandurlaub oder eine Wellnesskur buchen würden, es sich aber wegen ihrer Figur verkneifen. Ich kenne mehrere Frauen, die gern saunen oder schwimmen gehen würden, aber befürchten, aufgrund ihres fehlenden Beachbodys komische Blicke zu ernten und das nicht ertragen zu können. Mir fallen sogar Frauen ein, die Beziehungen bewusst aus dem

Weg gehen und Single bleiben, weil sie sich nicht vorstellen können, ihren Körper einem Partner nackt zu zeigen. Das sind Beispiele dafür, wie weit die Identifikationen mit dem Körper reichen und sich ins Leben hineinschleichen können.

Elenas Geschichte soll als Beispiel dafür stehen. Als wir Elenas Körperaversion, die groteske Ausmaße annahm, hinterfragten, erzählte sie mir von einem Satz ihrer Mutter, den sie noch immer im Ohr hatte: „Mit deinem Minibusen findest du nie einen Mann!" Und Elena nahm ihre Mutter beim Wort. „Das ist mein Schicksal", sagte sie. „Das bin ich: Ein lächerlicher Minibusen und ein Hinterteil wie ein Pferd."

Ihr „Hinterteil", wie Elena ihr Gesäß nannte, steckte sie deshalb in die engsten Hosen, die man sich vorstellen kann, und für ihre Brüste wählte sie kräftig unterpolsterte Push-up-BHs. Je größer die Unterpolsterung war, desto besser. Als ich Elena kennenlernte, stand sie wegen dieser BHs jedoch vor einem Riesenproblem. Sie hatte einen Mann kennengelernt, einen, den sie, wie sie sagte, gar nicht verdiente. Doch genau das bereitete ihr Sorgen. Da sie mit ihrem Partner immer intimer wurde, war es eine Frage der Zeit, dass sie Sex haben würden. Und dann würde sie sich mit ihrer Figur outen müssen. Sie zitierte die legendäre Szene im ersten Bridget-Jones-Film, als Womanizer Hugh Grant beim Näherkommen Bridgets beigefarbene Elastikunterhose entdeckte und vollkommen fasziniert von dieser war. Zunächst lachten wir, weil wir uns an diesen urkomischen Moment erinnerten. Aber zum Lachen war es nicht wirklich. Elena hatte die Szene ungezählte Male durchdacht. Was würde passieren, wenn sie ihre Push-up-BHs wegließe und ihr Partner ihre wahren, unverblümten Brüste in A-Körbchen-Größe entdeckte? Sie mochte nicht einmal daran denken, wie peinlich diese Entblößung wäre.

Den ersten Lösungsschritt, den Elena dann erwog, war nicht etwa, an ihrem Körperbild zu rütteln, um zum Aussehen ihres Körpers stehen zu können. Stattdessen erkundigte sie sich nach den Kosten für eine Brustvergrößerung und wie viel Zeit sie für die Narbenheilung einplanen müsste. Da ein Termin aber erst in mehr als zehn Wochen möglich war, spitzte sich ihr Problem zu. Solange würde sie ihren Partner

nicht hinhalten können. Also stand sie vor der Wahl: Entweder würde sie sich mit den Glaubenssätzen in ihrem Kopf und ihrer Scham befassen und diese heilen. Oder sie würde zu lügen beginnen und ihre Beziehung aufs Spiel setzen.
Wissen Sie, wofür sich Elena entschied? Für letzteres. Sie suchte regelrecht nach Gründen, ihren Freund auf Distanz zu halten, mäkelte immer mehr an ihm herum und trennte sich schließlich von ihm, da sie sich für eine Vergrößerung ihrer Brüste entschieden hatte. Und damit kommen wir zurück zur Identifikation: Elena war derartig mit ihrer Figur und ihren vorgetäuschten Brüsten identifiziert, dass es ihr wie eine unaushaltbare Blamage vorkam, deren wahre Form zu outen. Nicht einmal in der Vorstellung war es Elena möglich, für ihre körperliche Wahrheit einzustehen.

Identifikationen sitzen tief und sind deshalb nicht ohne Weiteres ablegbar. Auch wenn Elenas Geschichte eine sehr extreme ist, verdeutlicht sie, wie weit sie gehen und Lebensentscheidungen prägen können.

Das Gegenteil gibt es natürlich auch. Frauen, die als besonders attraktiv gelten und ihren Selbstwert über die Makellosigkeit ihres Körpers speisen, können ebenso über ihre Identifikation mit dieser stolpern. Während sie ein Kompliment nach dem anderen einheimsen, die Blicke anderer garantiert auf sich ziehen und auf der Welle des Beifalls schwimmen, können sie äußerst sensibel reagieren, wenn sich der Wind einmal dreht. Sobald sie nicht mehr den gewohnten Anklang finden, Komplimente wegfallen, eine andere Frau ihnen vorgezogen wird oder sie zu altern beginnen, erleben sie sich als abgelehnt, ausgesondert und wertlos. Das bloße Wegfallen gewohnter Anbetungen reflektieren sie nicht als bloßen Fakt, sondern als Beleidigung oder sogar als persönliche Niederlage.

Ich erinnere mich an eine Frau, die unter Suizidgedanken litt, weil sie nach der Geburt ihres Kindes ihre Körperform verloren hatte. Und im Extrem sehen Sie das in Topmodel-Shows im TV. Denken Sie nur an die Momente, in denen die jungen Frauen auf die Bewertung der Juroren warten, die dann mit dem Daumen nach oben oder unten über deren Schicksal entscheiden. Erhalten sie Anerkennung und Lob, brechen sie in Freudentränen aus. Werden sie kritisiert, kann das sogar für einen seelischen Zusammenbruch sorgen. Falls Sie es durchhalten, sich eine ganze Folge von „Germany's Next Topmodel" anzusehen, werden Ihnen solche Identifikationen mit dem Körper in ihrer Reinform präsentiert. Das passiert dann, wenn es um das Weiterkommen in die nächste Runde, den Einzug ins Finale oder das Küren der Siegerin geht.

Und ja: Solchen Identifikationen geht es durch Meditation an den Kragen. Nicht dass Sie mich verkehrt verstehen, sie meditieren nicht gegen diese Identifikationen oder für den Wegfall dieser. Meditationspraxis hilft Ihnen vielmehr, bei sich selbst anzukommen und so das, was Sie nicht sind, als Unechtes zu erkennen.

Mut zur Realität!

In diesem Zusammenhang komme ich noch einmal auf die drei Herausforderungen der Frau zurück, die es ihr massivst erschweren, ein natürliches Körperbild zu entwickeln und zu leben. Eine bestand darin, dass wir uns durch die flächendeckende Konfrontation mit perfekten Bodys und Superfrauen kaum von diesen lösen können. Es scheint für viele Frauen fast unmöglich zu sein, unbeeinflusst vom angeblich optimalen, öffentlichen Körperbild zu bleiben, das uns die Film- und Musikstars, die Topmodels, Promis, Trendsetter, Influencerinnen und selbst die Fotomodelle in Naturheilzeitungen und Gesundheitsmagazinen präsentieren.

Hier wird es aus der Sicht der Meditation interessant. Denn all das behält nur solange seine Macht über die Frau, wie sie damit auf irgendeine Weise identifiziert ist. Frauen werden dann anfällig für die Angebote der Körperoptimierungsindustrie, für die Auftritte der Stars und Sternchen und für den Glamour einer unechten Welt, wenn sie sich in ihrem Unterbewusstsein mit bestimmten Werten identifizieren. Erst dann können sie sich deren Einflüssen nicht mehr entziehen. Irgendwo in ihnen muss ein Verlangen, ein Sehnen nach Perfektion oder Anerkannt-und-gesehen-werden-Wollen sitzen, das unerfüllt bleibt.

Und noch ein weiterer Faktor spielt hier eine Rolle. Da eine Frau auch von ihrer Biologie her eng mit ihrem Körper verbunden ist, wird sie, was die Identifikation mit ihrem Körper betrifft, sowieso schon gefordert. Da der Körper einer Frau der Reproduktion dient, war dessen Funktionieren in früheren Kulturen enorm wichtig. Eine Frau, von der Kinder erwartet wurden, die aber keine bekam, galt als wertlos, weil sie keine Nachfahren produzierte. Also lag es nahe, dass sich die Frauen über ihren Körper und dessen Leistungen definierten. Und dies scheint heute noch im Unterbewusstsein vieler Frauen zu hocken. Ich kenne einige Klientinnen, die an ihrer Kinderlosigkeit verzweifeln, aber nicht deshalb, weil sie ohne ein Kind nicht leben könnten. Ihr größtes Leiden ist, dass sie die Erwartungen anderer nicht erfüllen, weil ihr Körper einen Makel hat.

Und genau diese Idee, dass der Körper einer Frau an seiner Nützlichkeit für andere gemessen wird, ist ein weiteres Problem, wenn es um die Nicht-Identifikation der Frau mit äußeren Maßgaben geht. Hier bringt die Meditation tatsächlich Veränderung ins Spiel. Je mehr Sie in Kontakt mit sich selbst kommen, desto klarer verabschieden Sie sich davon, Ihren Körper als Objekt zu betrachten.

Sehend werden

Und weiter geht's: Durch Meditation und den Blick nach innen werden Sie offen dafür, den Idealvorstellungen, die die Körperoptimierungsindustrie für uns Frauen entwirft, gegenüber unempfindlich zu werden. Mit „unempfindlich" meine ich nicht, dass Sie Ihre Gefühle ausschalten, sich keine Filme mehr anschauen, Magazine links liegen lassen oder das TV abschalten. Vielmehr geht es mir darum, dass Sie das, was Sie sehen, in seinem Wert für Sie einordnen können. Ich meine damit, dass Sie Fotos, Filme, Fashionshows oder Werbeshoots als Produkte ansehen, an deren Ästhetik oder künstlerischem Ausdruck Sie sich durchaus erfreuen können, so wie an einem Gemälde oder an einer Skulptur. Aber gleichzeitig verstehen Sie eben auch, dass Sie als Mensch mit diesen nichts zu tun haben. Und deshalb machen Sie diese auch nicht zu Ihrer Realität.

Und mehr noch! Je deutlicher Sie durch Innenschau einen Sinn für Ihre eigene Wahrheit entfalten, desto sicherer können Sie Echtes von Unechtem, Gekünsteltes vom Natürlichem, *Gefaktes* von Wahrem unterscheiden. Sie spüren beispielsweise sofort, dass das, was Sie im Kino, im Fernsehen, in den sozialen Netzwerken oder in Magazinen zu sehen bekommen, gestellt und inszeniert ist. Sie entwickeln ein sicheres Gespür dafür, dass die Menschen auf den großen oder den kleinen Bildschirmen nichts mit Ihrem realen Leben zu tun haben. Indem Sie immer mehr in Ihre eigene Wahrheit eintauchen, decken Sie gleichzeitig immer mehr Lügen und Illusionen auf.

Sehen wir uns einmal ein paar Beispiele an, damit Sie verstehen können, worum es im Zuge der meditativen Veränderungen geht. Wenn Sie sich beispielsweise einen Film mit superschlanken Protagonistinnen ansehen, werden Sie durch ihre meditativen Erfahrungen immer seltener auf die Idee kommen, genauso aussehen und entsprechend wirken zu wollen. Sie wissen zum einen, dass die Schauspielerinnen das Zur-Schau-Stellen studiert haben und dass sie speziell für diese Rolle gecastet wurden.

Darüber hinaus verstehen Sie, dass die Protagonisten entweder von Natur aus so schlank sind oder aber vor dem Filmdreh strengste Hunger- und Trainingsregimes durchlaufen, um vor der Kamera entsprechend zu wirken. Sie durchschauen, dass diese Frauen eine ganze Flotte aus Fitness-, Style-, Make-up-, Koch-, Massage- und Body-Verschlankungs-Profis engagiert haben und ihre Körper durch *Special Effects* zusätzlich figurfreundlich ins Licht gesetzt wurden.

Aber: All das hat mit Ihnen und Ihrer ureigenen Realität nichts zu tun. Sie erfreuen sich an dem, was Sie sehen, wissen aber gleichzeitig, dass es nicht zu Ihrer Realität gehört. Gewissermaßen ist es so: Sie fahren mit Ihrer Wahrnehmung des Ablaufenden „zweigleisig“. Das heißt, dass Sie, indem Sie Ihre eigene, echte Realität kennen, das Produkt im Außen als solches stehen lassen können.

Zweigleisiges Wahrnehmen

Und weiter geht es mit der Zweigleisigkeit: Falls Sie zu den Frauen gehören, die die Körperformen von Models direkt oder indirekt zu Ihrem Maßstab machen, können Sie sich durchaus auch weiter an einer Fashionshow, am Durchblättern der Vogue oder an Modefotografien erfreuen. Doch gleichzeitig wissen Sie, dass die dort angelegten Normen und Körpermaße nichts mit dem Organismus Ihres Körpers zu tun haben. Während Catwalkmodels wie beispielsweise die *Victoria-Secrets-Angels* zehn Tage vor großen Shows das Essen einstellen und nur noch Flüssiges zu sich nehmen, bleiben Sie von diesen Informationen unbeeindruckt. Und das bleiben Sie, weil Sie durch Ihre Erfahrungen mit Ihrer Innenwelt wissen, dass diese Maßgaben nicht zu Ihnen gehören. Durch Ihre meditativen Erfahrungen haben Sie so viel Respekt vor Ihrem „Sein" gewonnen, dass es für Sie absurd wäre, sich für das Unnatürliche zu verbiegen. Darüber hinaus wissen Sie auch, dass viele Frauen im Film- und Showgeschäft einen hohen Preis für ihr genormtes Aussehen bezahlen, unter massiven Ess- und Verdauungsstörungen leiden, Alkohol- und Drogenprobleme haben und in einem Körper leben, der nicht automatisch ein gesunder und sensibler sein muss. Sie wissen außerdem, dass deren Konfektionsgrößen nicht 38 oder 42, sondern *„xs"*, *„zero"* oder gar *„double zero"* heißen, dass Models die Größen Zwölfjähriger haben und es deshalb mit dem Körper einer erwachsenen Frau, also Ihrem Körper, keine Gemeinsamkeiten gibt. Mit einem Gefühl für die Innenschau werden solche Maßgaben vollkommen unattraktiv für Sie sein. Sie üben weder einen Sog auf Sie aus, noch werden Sie diese zu Ihren Lebenszielen machen. Sie können immer besser einordnen, was etwas bedeutet und ob es für Sie wirklich eine Relevanz hat.

Avatare erkennen

Genau das zweigleisige Wahrnehmen und das Wissen, was etwas ist, wird in der Zukunft eine immer größere Rolle spielen. Wie Sie vielleicht wissen, mischen sich die ersten digitalen, virtuellen Models in die Social-Media-Welt und auf You-

Tube ein. Sie werden von Visual-Artists als Avatare erschaffen und sehen so real aus, dass sie vom richtigen Menschen kaum zu unterscheiden sind. Mit digitalen Effekten werden sie in allen denkbaren Situationen gezeigt, sogar auf dem Catwalk laufend und mit echten Menschen verkehrend. Digital ist das alles möglich. Und nun kommt's: Diese virtuellen Models werden von realen Modehäusern gebucht! Die Kleidung der großen Marken wird ihnen nicht auf die Haut geschneidert, sondern, wie man sagt, auf den Leib *„gerendert"*. Weil das weniger aufwendig ist, man die Kosten von teuren Fotoshootings spart und die ganze Diskussion um die mangelnde Gesundheit von menschlichen Models überflüssig macht, vermute ich, dass das die Zukunft der Frau im Modelbusiness sein wird.

Da einige der virtuellen Models über eine Million Social-Media-Fans haben, ist das wirklich ein gefährlicher *Turning Point.* Nicht nur müssen sich professionelle Models zukünftig an virtuellen Models messen lassen. Vor allem wir als Verbraucherinnen müssen damit klarkommen, dass man uns *gefakte* Puppen vor die Nase setzt, die Kleidung präsentieren, die für unsere lebendigen Körper bestimmt ist.

Und es wird noch interessanter! Die Schöpfer der Avatare bemühen sich, dass die Models so natürlich wie möglich wirken. Sie bekommen kleine Makel und natürliche Merkmale wie Sommersprossen oder leichte Hautunreinheiten verpasst, damit sie uns glauben machen, dass es sich um eine lebendige Frau aus Fleisch und Blut handelt. Denselben Trend zum *Nude-Look* finden Sie auch im Bereich des professionellen Make-ups. Doch was bedeutet dieser? Die Frauen werden solange geschminkt, bis man sie *„nude"*, natürlich oder „nackt", wirken. Damit schmuggelt man uns Frauen erneut den Gedanken unter, dass unsere natürliche Nacktheit nicht ausreicht, aber eine erschminkte, künstlich gestaltete etwas Attraktives ist. Und das, liebe Leserin, ist für mich der endgültige Startschuss dazu, jeder Frau zu empfehlen, dem Schönheitskult und den künstlich erzeugten Körperobsessionen so schnell wie möglich den Rücken zuzukehren. Es ist sowieso schon verrückt, dass sich Frauen von den Normmaßen weniger Menschen gängeln und leiten lassen, doch hier ist eine klare Grenze erreicht!

Zurück zur Meditation: In einer Welt, in der wir immer weiter von unserer Natürlichkeit abrücken und Virtuelles und Künstliches die Oberhand gewinnt, kommen Frauen, die das *SDS*-Körperideal verinnerlicht haben und sich mit den lebendigen oder virtuellen Protagonisten identifizieren, gar nicht drum herum zu meditieren.

Vorausgesetzt, dass eine Frau an ihrem Körperbild ehrlichen Herzens etwas verändern und aus dem Ringen um einen Idealkörper aussteigen möchte, wird sie keine andere Wahl haben, als ihren Blick regelmäßig nach innen zu richten. Nur indem sie sich an sich selbst erinnert und zu ihrer eigenen Wahrheit findet, kann es ihr gelingen, sich dem Zugriff der Künstlichkeit zu entziehen. Und dazu ermutige ich Sie in diesem Buch: Richten Sie, so oft es geht, Ihren Blick nach innen und treten Sie in Kontakt mit sich als Mensch! Tatsächlich gehört die Meditation zu Ihrem Selbst-Versöhnungsmittel Nummer eins.

Einzug in die Stille

Hier möchte ich Ihnen eine einfache und recht kurze Meditationssequenz vorstellen, die zu den Kurzzeit-Tools oder „Espresso-Explorationen“, wie ich sie nenne, zählt. Diese finden besonders bei Frauen Anklang, weil sie flexibel anwendbar sind und eine Brücke zum Meditieren schlagen. Darauf bin ich in meinem Buch *„Der Weg des Wassers – Frauen meditieren anders“* eingegangen. Mit der Stecknadel-Stille-Meditation greife ich auf solche zurück.

Versöhnübung #4: Die Stecknadel-Stille-Meditation

Erster Schritt: Die Atempause finden

Stehen oder sitzen Sie oder lehnen Sie sich an. Schließen Sie Ihre Augen solange, wie Ihr Zeitbudget ausreicht. Das kann für einige Minuten sein, aber auch für die Dauer einer Kaffeepause oder eines Toilettengangs.
Besinnen Sie sich auf Ihre Atembewegung und atmen Sie sieben Atemzüge lang bewusst ein und aus. Dabei werden Sie feststellen, dass es nach jedem Atemzug, also nach jeder Ausatmung eine kleine Pause gibt, bevor Sie wieder Luft holen. Und dieser Pause werden Sie sich bei jedem Atemzug bewusst.

Zweiter Schritt: Die Stecknadel fallen hören

Versuchen Sie, während weiterer sieben Atemzüge in dieser kurzen Pause nach der Ausatmung so still wie möglich zu sein, so still, dass Sie das Fallen einer Stecknadel hören könnten. Spitzen Sie die Ohren so sehr, dass Sie hören könnten, wenn jemand im Umkreis von fünf Metern eine Stecknadel fallen ließe.

Mit einer solchen Übung kommen Sie, falls Sie sich im Alltagstrubel verlieren, sofort wieder bei sich an. Sogar in Stresszeiten können Sie sich so aus der Hektik herausziehen, insbesondere dann, wenn Sie geräuschempfindlich sind oder einen hohen Lärmpegel zu ertragen hatten.

Es geht also immer mehr darum, dass Sie innerlich zur Ruhe und mit sich in Kontakt kommen. Das kann allein zu Hause oder aber auch in einer Yoga-, Tai Chi- oder Meditationsgruppe sein. Sie können geplante oder spontane Auszeiten dazu nutzen oder sich bewusst Pausen setzen, in denen Sie im wahrsten Sinne des Wortes „abschalten“. Hier noch eine weitere Sequenz, die Sie ohne Mühe in Ihren Alltag einbinden können.

Versöhnübung #5: Lautlos gehen

Wann immer Sie gehen, lenken Sie Ihre Aufmerksamkeit auf Ihre Fußsohlen und nehmen Sie wahr, wie laut oder ob Sie „hörbar" gehen. Fragen Sie sich dann, ob Sie Ihre Schritte sanfter setzen und leiser, so leise wie möglich oder ganz und gar lautlos gehen können.
Lassen Sie Ihren ganzen Körper entspannt sein, während Sie leise gehen.

Mit sich allein sein

Generell empfehle ich Ihnen, dass Sie sich täglich eine Zeit schaffen, in der Sie mit sich allein sind und bei geschlossenen Augen in sich hineinhorchen. Das ist insbesondere dann wichtig, wenn Sie sich gewohnheitsmäßig stark am Außen orientieren. Je mehr Sie mit dem Außen beschäftigt sind und Ihre Aufmerksamkeit durch die äußere Welt vereinnahmt wird, desto häufiger sollten Sie sich um solche nach innen gerichteten Stillephasen in Ihrem Alltag kümmern.

Je mehr Sie für andere da sind, für Ihre Kinder, Familie, Kollegen, Chefs, Mitarbeiter oder oder oder, desto häufiger sollten Sie sich Zeiten schaffen, in denen Sie absolut allein und in Stille mit sich sind. Dieses Alleinsein ist nicht nur deshalb so wichtig, weil Sie sich von falschen Identifikationen lösen, sondern auch, weil Sie Ihre eigenen Intentionen unter dem Einfluss anderer Menschen niemals klar genug hören können. Allein sind Sie viel mehr mit sich in Kontakt.

Eine breit angelegte europäische Studie zu Gesundheit und Wohlbefinden hat das belegt. Die Initiatoren wollten wissen, wodurch Menschen sich am meisten entspannen und das stärkste Wohlgefühl erleben. Interessant war, dass auf den ersten drei Plätzen Tätigkeiten standen, die die Befragten allein ausführten. Entgegen aller Vermutungen, dass die befragten Tätigkeiten angeben würden, die sie mit Freunden oder der Familie ausführen, blieben diese kollektiven Tätigkeiten klar hinter den allein erlebten zurück.

Es ist nun einmal so: Im Beisein anderer ist es viel schwieriger, sich auf sich zu besinnen. Immerfort kommt Kommunikation und Ablenkung ins Spiel und spielt die Meinungen der anderen in den Vordergrund.

Frauen, die sich mehr auf sich und ihre ureigenen Bedürfnisse besinnen möchten, lege ich ans Herz, das nicht ausschließlich im Austausch mit anderen zu tun. Vor allem Mütter neigen dazu, sich ständig nach der Familie zu richten und ihre eigenen Bedürfnisse zu vergessen.

Als ich in diesem Zusammenhang erst kürzlich von einer Studie gelesen habe, ist mir der Mund offen stehen geblieben. In dieser ging es eigentlich um etwas ganz anderes, nämlich um die schnelle Erstversorgung von Herzinfarkten. Da kam zum Vorschein, dass Frauen sehr schnell damit sind, für ihre Partner, ihre Väter, Brüder und Söhne den Notarzt zu rufen. Doch wenn sie selbst Symptome eines Herzinfarkts haben, verzichten sie entweder darauf oder warten bis zum Schluss. Die Leiter der Studie nutzten das Ergebnis für einen Appell an die Frauen: Es sei an der Zeit, dass Frauen sich um ihre eigenen Bedürfnisse kümmerten.

Zurück zu den *Me-Time*-Momenten: Wenn Sie es nicht gewohnt sind, Ihre eigenen Bedürfnisse zu erfüllen, üben Sie sich darin!

Wo es wirklich brennt

Schauen Sie sich jetzt, nachdem wir die allgemeine Obsession mit der Figur aus einer inneren Perspektive heraus beleuchtet haben, noch einmal Ihr Brennpunkt-Thema an, jenes, das Sie zu Beginn des Buches ausgewählt haben.

Dazu machen Sie es sich am besten in der *Me-Time-Lounge* bequem.

Willkommen in der Me-Time-Lounge: Ihr Brennpunkt-Thema im Visier

Nehmen Sie Ihr Thema her und reflektieren Sie es nach dem Lesen dieses ersten Kapitels noch einmal. Selbst wenn Ihr Thema keinen Bezug zur Figur hat, kann es dennoch sein, dass es in seinem Kern von dem bisher Gesagten berührt wurde.
Also: Worin sehen Sie den Hauptkonflikt mit Ihrem Körper?
Was genau ist es, das Sie am meisten von Ihrem Körper entzweit?

2.

Ernährung in Balance – wie soll das bloß gehen?

Die Ernährungsextreme erkennen

Das Thema Ernährung beschäftigt die Frauen erfahrungsgemäß nicht weniger als die Kämpfe um eine bessere Figur. Ganz klar: In vielen Fällen werden Essgewohnheiten, Appetitwallungen oder Heißhungerattacken für die Zunahme von Körpergewicht verantwortlich gemacht. Darüber hinaus gibt es Frauen, die sich gut und gesund ernähren wollen und deshalb alles Denkbare ausprobieren, das zu einer stimmigen Ernährungsweise führt. Doch zumeist vermischen sich viele Aspekte, gerade wenn es um die Ernährung geht.

Da es auf dem Sektor des Schlankbleibens und der Figuroptimierung so viele Extreme gibt, können wir davon ausgehen, dass es sich auf dem Ernährungssektor nicht anders verhält. Einige Beispiele wie das regelmäßige Durchführen von Diäten, das Einnehmen von Abführmitteln und Appetitzüglern haben wir bereits im Kontext mit den FMMs berührt. Auch im Zuge der Ernährung haben Frauen, wenn sie sich einmal etwas in den Kopf gesetzt haben, allerhand heroische Ideen, die mit dem Wohlergehen des Körpers nur selten harmonieren. Ihr Körper wird zum Experimentierfeld und muss allerhand über sich ergehen lassen. Während ihn einige Frauen zum Müllschlucker machen und vieles in ihn reinstopfen, das er weder braucht noch verwerten kann, lassen ihn andere regelrecht verhungern.

Insofern können wir hier das bereits Erfahrene nahezu eins zu eins anwenden und gleich einmal von etwas Grundlegendem ausgehen: Wenn Sie mit Ihrem Körper ehrlichen Herzens Freundschaft schließen möchten, rege ich Sie erneut dazu an, ganz bewusst zu reflektieren, sich an der Natur Ihres Körpers zu orientieren und sich aus den großen wie kleinen Extremen herauszulösen.

Ich habe dieses Kapitel mit „Ernährung in Balance …“ überschrieben. Tatsächlich geht es um eine ausgewogene Ernährung, die sich nach dem richtet, was Ihr Körper entsprechend seines aktuellen Befindens braucht. Bevor wir uns da tiefer hineinbegeben, schauen wir uns zuerst wieder an, wie unser Genährtsein von der Natur eingerichtet ist. Denn diese wird wieder die Basis für alles sein, was folgt.

Primärbedürfnis Nahrung

Wenn ich mir das menschliche Verdauungssystem anschaue, ist es für mich wie ein großes Wunder! Dieses Wunder besteht darin, dass die Verdauung hochkomplexe Vorgänge der Verstofflichung wie mit links bewältigt und die aufgenommene Nahrung in körpereigene Substanz und in Energie umwandeln kann. Das heißt nichts anderes, als dass wir Butter, Käse, Bananen, Brokkoli, Salami, Tofu, Pizza, Karotten, Fleisch oder Brot durch den Mund, den Eingang des Verdauungstraktes, aufnehmen und innerhalb weniger Stunden verdauen. Dabei werden die wichtigen Nährstoffe aus ihnen herausgefiltert und andere Bestandteile in Körpersubstanz, zu Nerven-, Muskel- oder Knochenzellen umgebaut. Darüber hinaus wird uns Lebensenergie zur Verfügung gestellt.

Genauso verhält es sich mit den Körperflüssigkeiten. Stellen Sie sich einmal vor, wie unser Verdauungssystem es fertigbringt, Milch, Apfelschorle, Cola, Cognac, Cappuccino oder Champagner in lebenswichtige Flüssigkeiten wie Blut, Lymphe oder Hirnwasser zu verwandeln. Wenn Sie mich fragen, ist es ein Wunder, wie der Körper es im Einzelnen schafft.

Und noch etwas beeindruckt mich dabei: Unser Körper vollzieht all das normalerweise ohne großes Trara. Obwohl der Stoffwechsel mit seinen vielen Prozessen ein ziemlich komplexer und für uns kaum zu erfassender Vorgang ist, macht er die Koordination dieser Vorgänge ganz allein mit sich aus, ohne dass er unsere Einmischung braucht. Das sollten Sie sich zuerst auf der Zunge zergehen lassen. Wenn unser Körper dieses Riesenthema „Verdauung" lässig und ohne großes Theater schafft, sollte diese für uns auch unkompliziert vonstatten gehen können. Genauso hat das die Natur in uns organisiert.

Die Frage ist nun, wie wir dieses natürlich vonstatten gehende Bestücken und Betanken des Körpers bewerkstelligen. Was liegt näher, als den Blick wieder auf kleine Kinder zu werfen, also darauf, wie diese das Was und das Wie des Essens regeln. Denn Kinder verstehen weder etwas von gesunden oder schädlichen Lebensmitteln noch kennen sie sich mit Ernährungstheorien, Verboten und

Unverträglichkeiten aus. Schließlich sind sie noch an ihre Natur angeschlossen. Sie essen noch instinktiv.

Primäre Erfahrungen

Wenn ein Neugeborenes Hunger hat, macht es sich bemerkbar und verlangt nach Nahrung. Es konsumiert so viel, bis sein Hunger gestillt ist. Dann wendet es sich von der Brust der Mutter oder von der Flasche ab. Manchmal legt es auch besinnliche Pausen ein, weil es fühlt, dass die Nahrung erst „rutschen" muss, und dann trinkt es weiter. Und anders herum: Wenn es keinen Hunger hat, ist die Sache ebenfalls klar. Dann meldet es sich nicht oder verweigert die Nahrung, wenn sie ihm angeboten wird. Später, wenn das Kind festere Nahrung zu sich nimmt, verhält es sich genauso: Es fragt nach etwas zu essen, wenn es hungrig ist, und hört mit dem Essen auf, wenn es genug davon hat. Dann hält es entweder seinen Mund geschlossen oder schiebt den Teller weg. Sobald es sprechen kann, sagt es das auch, geht beim Begründen aber nicht ins Detail. Die Sache ist klar: Es mag einfach nicht mehr. Es hat genug.

Schließlich kommt noch der Appetit ins Spiel, der eine entscheidende Rolle spielt. Sobald sich ein Kind artikulieren kann, fragt es zunächst einmal genau nach dem, was ihm sein Körper signalisiert und dieser zum Erhalt seiner Funktionen, zur Gehirnreifung und zum Aufwachsen braucht. Und diesen inneren Impuls bezeichnet man als Appetit. Dementsprechend gibt es dann Phasen, in denen ein Kind besonders viel kohlenhydratreiche Nahrung verschlingt, die es kurze Zeit später stehen lässt, um nach Unmengen an Obst, Gemüse oder eiweißhaltiger Nahrung zu verlangen. Solche Phasen wechseln sich mit anderen ab, in denen es beispielsweise nur Schokolade und kurz darauf nur flüssige Nahrung will. Ich erinnere mich an meine Tochter. Als ich sie einmal fragte, worauf sie Appetit hätte, antwortete sie vollkommen sicher: „Suppe und Soße." Okay. Ich verstand. Sie brauchte Flüssiges. Und dann gab es Phasen, in denen sie nach allem griff, was Proteine enthielt. Tatsächlich waren solche Lebensabschnitte mit besonderen

Appetitwallungen immer diejenigen, in denen ihr Körper wuchs und deshalb nach bestimmten Nährstoffen verlangte.

Genauso gibt es auch Entwicklungsphasen, in denen ein Kind wesentlich mehr Salz, bestimmte Vitamine oder Mineralien im Vergleich zu anderen Zeiten braucht und es durch den Appetit zielsicher auf entsprechende Lebensmittel zeigt. Noch deutlicher wird es später in der Schulzeit, wenn das Gehirn des Kindes immens gefordert ist und aufgrund dessen bestimmte Nährstoffe in hohen Dosen braucht. Nicht selten wundern sich Eltern darüber, welch schrägen Appetit ihr Kind hat und dass dieser genauso schnell, wie er gekommen ist, auch wieder umschlagen kann.

Unsere Ernährungsgrundlagen sind von der Natur sehr klar und simpel geregelt. Der Körper signalisiert uns, wann wir hungrig und durstig sind und auf welche Lebensmittel wir Appetit haben. Wenn er keines von beiden fühlt, gibt es keinen Grund, dass er tätig wird. So einfach ist das. So simpel kann Ernährung funktionieren.

Daher können Sie hier bereits etwas Grundlegendes abspeichern: Wenn ein Mensch mit seinem natürlichen Körperempfinden verbunden ist, muss Ernährung kein Thema sein, das er zerdenken oder zensieren muss. Die Nahrungswahl geschieht instinktiv und kann auf strikte Regeln und Routinen gut und gern verzichten.

Natur pur

Doch bei all dem ahnen Sie sicherlich schon das dicke „Aber“. Denn eines ist klar: Diese einfache Vorgehensweise, wie sie uns viele kleine Kinder vorleben, ist nur solange abrufbar und wach, wie diese mit ihrem Instinkt und ihrem Körperempfinden verbunden sind. Und genau da liegt der Ursprung derjenigen Probleme, die Frauen, längst ihren Kinderschuhen entwachsen, mit ihrer Ernährung wälzen. Die meisten von ihnen haben sich von dessen natürlicher Einfachheit weit entfernt. Tatsächlich ist es für jeden Menschen eine der größten Herausforderungen, diese natürlich geregelte Nahrungsaufnahme auf dem Weg zum Erwachsenwerden beizubehalten.

Die Wahrheit ist, dass es dabei zu immens vielen Störfällen kommen kann. Genau das, was ich hier als eine gesunde Grundfunktion unseres Körpers beschrieben habe, gerät bei sehr vielen Kindern so früh aus dem Takt, dass sie ihre Ernährung nur über einen winzig kleinen Zeitraum auf natürliche Weise leben. Und manche Kinder, die von Beginn an mit der Art und Weise, wie sie ernährt werden, straucheln, können auf nichts anderes als auf die Erfahrung im Mutterleib zurückgreifen, wo ihr Ernährtsein ganz simpel geregelt war.

Tatsächlich beginnt das Aufgeben des natürlichen Nahrungsbedürfnisses bereits in unseren ersten Lebenstagen, Wochen und Monaten, und zwar zu einer Zeit, in der wir komplett abhängig davon sind, wie uns Ernährung von außen angeboten wird. Es ist beispielsweise ein beträchtlicher Unterschied, ob eine Mutter ihr Kind stillt oder ob sie es mit der Flasche nährt. Während die Qualität der Muttermilch von der künstlichen Nahrung bereits differiert, unterscheidet sich auch die orale Erfahrung des Kindes: Klar spielt es eine Rolle, ob es einen kalten Gummischnuller oder die warme Brustwarze der Mutter zwischen seinen hochsensiblen Lippen spürt. Darüber hinaus wird das Kind beim Stillen auch seelisch genährt: Die Wärme und Nähe zur Mutter, ihr Geruch, der Kontakt zu ihrer Haut und ihren weichen Brüsten, ihre Aufmerksamkeit – dies sind allesamt Faktoren, die dem Kind Sicherheit und das Gefühl von Liebe und Geborgenheit geben. Tatsächlich differenziert das Kind, von wem es gefüttert wird, ob es die Nahrung von seiner Mutter bekommt, die es liebt, oder von einer Nanny, die es betreut, oder ob es vielleicht sogar von einem Menschen gefüttert wird, dem es gar nicht am Herzen liegt.

Einer der sensibelsten Punkte liegt darin, dass sich das Kind nicht artikulieren kann. Zunächst kann es glucksen und schmatzen, wenn es zufrieden und erfreut ist, und weinen, wenn nicht. Und es hat ein paar Laute und seine Mimik zur Verfügung, durch die es signalisieren kann, wann es Nahrung braucht. Doch es liegt nicht in seinem Ermessen, ob diese Signale verstanden werden und ob sie, falls ja, auch zum gewünschten Ergebnis führen. Es ist eine Tatsache: Weil das Kind in diesen frühen Lebensmonaten so komplett abhängig von dem Was und dem Wie seiner Versorgung ist, liegen dort oftmals auch die Anfänge der Härteprobe, auf die das instinktive Verhältnis zur Nahrung gestellt wird. Bereits durch diese grundsätzlichen Bedingungen, unter denen ein Kind lebt, kann es geschehen, dass es positive und liebevolle oder aber eingeschränkte und unangenehme Erfahrungen mit der Nahrungsaufnahme macht. Diese bilden die Basis dessen, wie es Nahrungsaufnahme im Nachhinein und in späteren Jahren erfährt.

Und da haben wir noch nicht berücksichtigt, dass viele Mütter bestimmten Theorien und Regeln folgen, Essenzeiten terminieren und das Verlangen des Kindes übersehen. Insbesondere unerfahrene, ängstliche Mütter gehen hier auf Nummer sicher und füttern ihr Kind so, wie es der Kinderarzt oder die Hebamme empfehlen oder wie es im Babyratgeber geschrieben steht. Doch das bedeutet nichts anderes, als dass nicht mehr das Kind bestimmt, wann es hungrig und durstig ist, sondern die Vorstellungen anderer und ja, die Uhr. Tatsächlich gehört es zu den großen Schwachstellen des Menschen, dass er so immens lange von seinem Umfeld abhängig und dadurch die Zeitspanne groß ist, in der er von seinen Instinkten und seiner Anbindung an die Natur abgebracht werden kann. In Sachen Ernährung müssen sich sehr viele Kinder sehr früh von ihrem natürlichen Hunger- und Durstgefühl abkoppeln und sich an das anpassen, was ihre Bezugspersonen dazu meinen.

Ersatzvarianten

Einen genauso starken Einfluss auf die Ernährung haben die vielen Ersatzvarianten, die ein Kind anstelle von Nahrung angeboten bekommt. Und das können Sie sehen, wenn Sie Kinder und Eltern in Supermärkten, öffentlichen Verkehrsmitteln oder auf Spielplätzen beobachten: Wenn ein Kind Hunger hat und das für die Menschen in seinem Umfeld gerade unpassend ist, steckt man ihm schnell einen Schnuller in den Mund. Wenn sich das Kind nach der Nähe der Mutter sehnt, beachtet oder getragen werden will, bekommt es einen Keks, eine Reiswaffel oder etwas Süßes in die Hand gedrückt. Und ja. Wenn es im Buggy nicht schlafen kann und sich nach Gesellschaft sehnt, gibt's die Flasche.

All das sind Ausdrücke des Umstandes, wenn Hunger und Durst mit Ersatzvarianten gestillt werden. Und durch diese entstehen bestimmte Missverständnisse, die ein Kind verunsichern und sein Verständnis von Nahrung verdrehen: Egal, ob es Hunger hat oder sich nach Liebe, Geborgenheit und Aufmerksamkeit sehnt, bekommt es einen oralen Ersatz angeboten, der seine wahren Bedürfnisse nicht im Geringsten stillt.

Da es außer zu weinen oder zu gestikulieren aber keine Handhabe hat, um daran etwas zu ändern, fügt es sich immer mehr und verzichtet im Zuge der Anpassung an sein Umfeld darauf, seinen wahren Bedürfnissen den Vorrang einzuräumen. Auf Dauer freundet es sich mit Ersatznahrung an und lernt, dass diese ein akzeptiertes Tauschmittel ist. Auf genau diesen Umstand werden wir später noch zu sprechen kommen. Die meisten Frauen, die sich mit ihrer Nahrungsaufnahme duellieren, haben einschlägige Erfahrungen mit dem Essen als Verhandlungsmasse oder mit Ersatznahrung im Gepäck.

Und dazu addiert sich oft noch ein weiterer Faktor, der seinen Ursprung ebenfalls in den frühen Kinderjahren hat. Da ein Kind immens abhängig von seinen Bezugspersonen ist, muss es sich ein Mindestmaß an Liebe und Einvernehmen mit ihnen sichern. Das heißt, dass es über den Weg der Nahrungsaufnahme wichtige Erfahrungen mit diesen Faktoren macht. Es erfährt beispielsweise, dass es sich, wenn es dem Wollen seiner Bezugspersonen eins zu eins folgt, Liebe, Zuwendung und Geborgenheit sichert oder durch folgsames Essen einen aktiven Zugriff auf diese Qualitäten erhält. Trinkt das Kind beispielsweise fleißig und genauso viel, wie die Mutter will, lächelt sie, ist sie glücklich, streichelt es oder wiegt es liebevoll im Arm. Also speichert das Kind ab, dass es sich, wenn es nach Aufmerksamkeit sucht oder geliebt werden möchte, diese Qualitäten über die

Nahrungsaufnahme besorgt. Fürs Essen, so lernt es, erhält es Liebe, genau jene, die es dringend zum Aufwachsen braucht.

Das Gegenteil gibt es auch. Wenn ein Baby nicht trinkt und Nahrung verweigert, kann die Mutter auch abweisend reagieren. Dann ist sie angespannt, schaut besorgt aus, ängstigt oder ärgert sich und gibt auch dem Kind ein ungutes Gefühl. Während manche Mütter panisch reagieren, wenn das Kind nicht trinkt, werden andere grenzüberschreitend und versuchen, ihrem Kind die Nahrung aufzuzwingen. Und auch das verinnerlicht ein Kind sehr schnell. Es lernt, dass die Nahrungsaufnahme im Zusammenhang mit Ungeduld, Unsicherheit, Ablehnung, Enttäuschung oder mit Strafe stehen kann. Aha, speichert es ab, wenn ich nicht trinke oder esse, droht mir dies und jenes. Also trinke ich doch besser, wenn man es von mir verlangt. Also wird seine Ernährung im Folgenden mit kalkulierenden Erwägungen verbunden sein, weil ein subtiler innerer „Vertrag" geschlossen worden ist: Wenn ich viel trinke und esse, mache ich andere glücklich. Dadurch erfahre ich auch selbst schöne Momente mit ihnen, definitiv mehr im Vergleich dazu, wenn ich mich nach meinen eigenen Bedürfnissen richte. Wenn ich Letzteres tue, kann es für mich sogar unangenehm oder bitter werden. Dies alles sind Beispiele für Vorgänge, die zeigen, wie ein Kind Gefühle und Emotionen im Zusammenhang mit seiner Nahrungsaufnahme zu setzen lernt.

Fakt ist: Unser Verhältnis zu Nahrung wird maßgeblich in den ersten Lebensmonaten geprägt. Es kann positiv und liebevoll ausfallen und dem Kind ein solides Gefühl in seinem jungen Leben geben. Und es kann bereits mit vielen Ablenkungen von seiner Natur und mit einer Reihe von Missverständnissen verbunden sein. Und vielleicht konnten Sie anhand der beschriebenen Vorgänge bereits Parallelen zu Ihrem eigenen Essverhalten und Gewohnheiten erkennen.

Auf ewig Konserviertes

Wenn wir uns im Folgenden damit befassen, wie Sie Ihr persönliches Verhältnis zur Ernährung positiv, nährend und konfliktfrei gestalten können, stehen Sie einer gewissen Schwierigkeit gegenüber: Da unser Erinnerungsvermögen erst mit etwa drei, vier Jahren oder sogar später einsetzt und diese Primärerfahrungen tatsächlich aus einer Zeit rühren, die unserem Bewusstsein unzugänglich ist, können Sie mitunter nur schwer zuordnen, welchen Ursprung ihre Nahrungsaversionen, Heißhungerattacken, Foodcravings oder ihre Diätattacken haben. Sie können nur aufgrund der Stärke ihrer inneren Kämpfe vermuten, dass ihre Ernährungsgewohnheiten mit ihrer frühen Geschichte im Zusammenhang stehen.

Eines ist sicher: Wann immer Sie feststellen, dass Sie sich ernährungsbezogen in Extreme bringen, gegen etwas ankämpfen, mit schlechtem Gewissen essen, nichts genießen können oder sich maßregeln und disziplinieren, können Sie davon ausgehen, dass Sie sich von einem natürlichen, instinktiv geregelten Verhältnis zu Nahrung sehr früh verabschieden mussten. Alle ernährungsbezogenen Extreme, ganz gleich welcher Art sie sind, weisen darauf hin, dass es grundlegende Einmischungen gab. Und deshalb kann es für Sie vielleicht interessant sein, sich diese etwas näher anzusehen.

Kümmern wir uns hier zuerst einmal um die „Viel-Esserinnen", die das Gefühl für ihre natürliche Nahrungsmenge verloren haben. Sie hören zu spät mit dem Essen auf und sind nie mit ihrem Essen so richtig zufrieden. Was die möglichen frühen Prägungen angeht, ist es oftmals so, dass diese Frauen in ihren frühen Jahren für das Auf- und Vielessen Lob und Anerkennung ernteten. Sie lernten, dass sie vom Aufessen nicht nur in Bezug auf das Umfeld profitierten, sondern essend auch unangenehme Gefühle dämpfen konnten. Nicht wenige Frauen, die die Teller immer vollständig leeren, wurden in ihren Nahrungsbedürfnissen sehr früh übergangen und nutzen die Bedingungen irgendwann für sich aus. Viele von ihnen essen „emotional", was heißt, dass sie durch das Essen entweder bestimmte positive Gefühlszustände erreichen oder aber negative Gefühlszustände drosseln möchten. Wenn Frauen überproportional viel Nahrung aufnehmen, ist ganz klar, dass sie unbewusst etwas erfüllen, gut machen, vermeiden oder kompensieren wollen.

Das andere Extrem besteht in der Mangelversorgung. Frauen, die ihrem Körper Nahrung verwehren, egal ob sie eine Diät machen, fasten oder einfach aufhören zu essen, haben ebenso ihre unbewussten Gründe dafür. Viele von ihnen haben das Ernährtsein im Zusammenhang mit Liebesentzug, fehlender Aufmerksamkeit oder mit einem emotionalen Übergangenwerden erlebt. Insbesondere junge Frauen, die nicht essen, hungern nach Aufmerksamkeit und setzen ihrer Umgebung klare Zeichen, dass ihnen die seelische Nahrung fehlt. Das kann so weit gehen, dass Sie mittels Nahrungsverzicht das eigene „Sterben“ signalisieren.

Auffällig ist außerdem, dass gerade Frauen, die in einem extremen Nahrungsverhalten stecken, relativ wenig empfänglich für Veränderung sind. Unabhängig davon, ob sie vom Zu-viel-Essen oder Zu-wenig-Essen betroffen sind, fragen sie selten nach Hilfe, um eine ausgewogenere Ernährung zu erreichen. Letzteres geschieht erst, wenn sie ernsthafte Symptome oder körperliche Funktionsstörungen wahrnehmen. Diejenigen, die zu Mangelernährung tendieren, verheimlichen das Aushungern ihres Körpers solange es nur geht. Dabei kommt ihnen der Schlankheitskult und das bestehende *SDS*-Schönheitsideal zugute. Weil überschlanke Menschen in unserer Gesellschaft favorisiert werden, fallen sie weder auf noch fühlen sie sich dazu animiert, ihre Gewohnheiten zu überprüfen.

Hier erinnere ich mich an Julia, eine Klientin Mitte dreißig, die seit Jahren kaum etwas aß, ohne Magenprobleme zu bekommen. Da sie aufgrund ihrer jahrelangen Diätversuche kein Hungergefühl kannte, war der Schmerz in ihrem Magen ihr Maß. Wenn sie etwas aß, und wenn es nur drei Nüsse oder zwei Bisse in den Apfel waren, wartete sie, was ihr Magen dazu meinte. Blieb er ruhig, erlaubte sie sich einen weiteren Biss. Doch sobald er rumorte, hörte sie auf. Für Julia war das normal, wie sie sagte. Sie sei mit ihrer Ernährung zufrieden, nur die Magenschmerzen seien unangenehm. Ihr war klar, dass sie ihren beiden kleinen Töchtern kein gutes Vorbild war. Als die ältere von beiden begann, nur noch Vogelportionen zu essen und im Bett wegen zunehmender Magenschmerzen zu weinen, wusste Julia, dass sie etwas verändern musste.

Hätte ihre Tochter nicht reagiert, wäre es für Julia weiterhin das Normalste der Welt gewesen, nur minimale Mengen an Essen zu sich zu nehmen. Denn so blieb sie wenigstens schlank. In Julias Fall war deutlich zu sehen, dass Frauen, wenn Sie an Ernährungsextreme gewöhnt sind, diese so gut wie nie hinterfragen, insbesondere dann nicht, wenn sie mit dem Nahrungsverzicht verbunden sind. Dieser ist schließlich vielerorts anerkannt.

Die Ovo-Lakto-oder-ich-weiß-nicht-was-Extreme

Schlagen wir jetzt den Bogen zu Extremen, die sich nicht vordergründig um die Nahrungsmenge drehen. Ich spreche hier von extremen Nahrungspräferenzen, die sich Frauen auferlegen und die einer speziellen Theorie oder einem Ernährungskonzept folgen. Das bedeutet oftmals, dass sie sich den Verzehr bestimmter Nahrungsmittel verbieten, aber den anderer bevorzugen, dass sie Nahrung nur zu bestimmten Zeiten oder mit festgelegten Pausen zu sich nehmen oder religiöse Einschränkungen befolgen. Nahrungsbezogene Unterschiede gibt es nicht nur zwischen den Fleischessern und den Vegetariern, sie teilen sich noch in Veganer, Laktovegetarier, den Ovo-Lakto-Vegetarier, in klassischen und nicht klassischen Makrobiotiker, Rohkostfans oder, oder …

Lassen Sie mich hier so viel sagen: Im Grunde ist es so, dass jeder Mensch entsprechend seiner Fasson essen und sich einverleiben kann, was er will. Doch ich habe etwas beobachtet, das relevant ist, wenn es um die Anknüpfung an ein natürliches Verhältnis zu unserem weiblichen Körper geht. Während sich die meisten Frauen als Verfechterinnen bestimmter Nahrungspräferenzen damit auseinandersetzen, was sie essen, was sie bevorzugt aufnehmen oder was sie meiden sollten, klammern sie das WIE der Nahrungsaufnahme zumeist aus. Und dieses WIE sollten wir uns unbedingt anschauen.

Wann immer ich nämlich Menschen mit extremen Ernährungsregeln begegnet bin, habe ich beobachtet, dass die Ver- und Gebote in einer hochemotionalen und oft militanten Art und Weise gelebt, begründet und verteidigt wurden. Damit meine ich nicht, warum die Betroffenen etwas essen oder nicht, sondern WIE sie es tun und ob es in Übereinstimmung mit ihrem Körper geschieht. Im Unterbewusstsein vieler Frauen, die sich einem bestimmten Ernährungsregime unterwerfen, steht oftmals der Kampfgedanke für oder gegen etwas im Vordergrund. Sie neigen zur Polarisierung zwischen gesund oder gesundheitsfeindlich, Bio oder Nicht-Bio, gut oder schlecht, richtig oder falsch.

Vielleicht ahnen Sie es: Diese Zeigefinger sind nicht ihre eigenen. Frauen, die hier in die Extreme gehen, haben oftmals Erfahrungen mit rigiden Erziehungsmethoden im Gepäck. Sie wurden mit vielen Regeln und Sanktionen in Bezug auf ihre Ernährung behandelt. Und diese wiederholen sie jetzt sich selbst gegenüber, während sie dabei gleichzeitig ihre Selbstbestimmung demonstrieren.

Extreme vermehren sich

Es ist eine Tatsache: Frauen, die extremem Ernährungsverhalten, grenzwertigen Ernährungsregimes und fanatischen Ansichten folgen, reagieren auf ihre eigenen extremen Erfahrungen in Bezug auf Nahrung, die sie von früh an kennengelernt haben. Ihre Bedürfnisse wurden bereits sehr früh missachtet, sodass sie sich von ihrer Natur beizeiten abwenden mussten.

Viele Frauen, mit denen ich gearbeitet habe, erinnern sich sogar lebhaft daran, dass sie ihre Kinderzeit mit harschen, fast brutalen Essensregeln verbrachten, für das Nicht-Aufessen bestraft wurden oder dass ihnen Nahrungsmittel, selbst wenn sie ihnen zuwider waren, aufgezwungen wurden. Und das setzen sie als Erwachsene fort, auch wenn sie es nicht auf dieselbe Weise tun. Indem sie an starke Polarisierungen, Selbstdisziplin, Regeln und Verbote gewöhnt sind, reproduzieren sie diese, aber unter anderen Bedingungen. Hier einige Beispiele.

Natalia erinnert sich beispielsweise daran, dass sie Kohl mit Speck essen musste, dessen Geruch bis heute Brechgefühle in ihr auslöst. Sie saß lange vor ihrem Teller, bis sie einen Moment erwischte, in dem sie den zerkauten Kohl in die Hosentasche steckte. Natalia lebte in ständiger Angst, dabei entdeckt und bestraft zu werden. Soweit sie sich erinnern kann, ist ihr Verhältnis zum Thema Essen von jeher angespannt. Sie kann sich nicht daran erinnern, jemals Freude an einer Mahlzeit gefunden zu haben. Heute schwört sie auf Rohkost und pocht auf unverarbeitete Nahrung.

Oder Pia. Sie wurde mit schwerem, reichhaltigem Essen regelrecht gemästet, damit die Großmutter, die für sie kochte, zufrieden war. Pia stellt bis heute alle zufrieden, indem sie viel isst. Sie lobt das Essen selbst dann, wenn es ihr gar nicht schmeckt. Doch niemand weiß, dass sie es danach wieder erbricht. Pia hasst alle dicken Menschen und wird diesen gegenüber richtig aggressiv.

Angelika wiederum ekelte sich schon immer vor Milchspeisen. Sie erinnert sich daran, dass sie diese als Kind zwar aß, aber nur um Schwierigkeiten aus dem Weg zu gehen. Heute spürt Angelika sofort diesen Würgereiz, wenn sie Milch nur im Supermarkt sieht. Interessant ist Folgendes: Während sie ein absoluter Gegner von Milchprodukten ist, verbietet sie diese nicht nur ihren beiden Töchtern, sondern setzt sie sich mit öffentlichen Vorträgen für eine Streichung der Kuhmilch aus den Ernährungsplänen für Kinder ein.

Ganz anders Emilia: Sie erinnert sich daran, als Kind ständig hungrig gewesen zu sein. Zu den Essenszeiten gab es zwar ausreichende Portionen, doch zwischendurch durfte es nicht vorkommen, dass sich Hunger, Durst oder Appetit meldeten. Insbesondere in der Pubertät wurde ihr deshalb übel, sodass sie einmal sogar beim Schulsport kollabierte. Heute hortet Emilia Essen. Wenn ihr Kühlschrank nicht überquillt, wird sie unruhig. Und wer zum Mittagessen keine drei Gänge auf den Tisch bringt, wird von ihr als „essgestört" bezeichnet.

Als letztes Beispiel Irina, die immer dann auf Schonkost gesetzt wurde, wenn ihre

Mutter fastete. Einmal aß sie während der Fastenkur ihrer Mutter heimlich eine ganze Tüte Nougateier und wurde von der Mutter dabei ertappt. Diese verpasste ihr eine so kräftige Ohrfeige, dass Irina sich noch heute an den Schock erinnert. Interessant ist, dass Irina selbst als erwachsene Frau immer noch heimlich isst und ein besonders schlechtes Gewissen beim Verzehr von Süßem hat. Ihren Kindern gegenüber verhält sie sich besonders streng, was den Zuckerkonsum anbelangt. Dieser wird strengstens rationiert.

Dem Extrem folgt ein Extrem

Frauen, die solche oder andere Extreme von früh an erlebt haben, sind dann oftmals auch diejenigen, die später zu Extremen neigen. Und dabei fällt eines auf: Selbst wenn sie bemerken, dass mit ihrem Verhältnis zur Ernährung etwas nicht stimmt und sie sich zu einer Veränderung entschließen, begegnen sie ihrem Körper beim Aussteigen aus dem Extrem oftmals mit einem weiteren.

Wie Forscher der Fakultät für Gesundheit an der britischen York-Universität herausfanden, neigen Menschen, die in ihren Lebensgeschichten Essstörungen, häufige Diäten, obsessive Essgewohnheiten gepaart mit einem negativen Körperbild haben, später zu ähnlich obsessiven Ernährungsregimes in Bezug auf gesundes Essen. Dieser Zustand wird als *Orthorexia Nervosa* (ON) bezeichnet. Sie geben Unmengen Geld aus, um beispielsweise Bioessen zu kaufen und pochen mit neurotischer Vehemenz darauf, ausschließlich „Gesundes" und „Sauberes" zu essen. Vielleicht können Sie sehen, dass es dabei nicht vordergründig um das Was, um das Gesundsein, sondern um das Ausleben des Extrems, der Obsession, geht.

Dabei kann noch etwas anderes beobachtet werden: Frauen, die aus Ernährungsextremen im Sinne ihrer Selbsthilfe aussteigen möchten, tendieren häufig zu Crashmaßnahmen und Powerbehandlungen. Ich erinnere mich besonders gut an Kerry, eine frühere Londoner Klientin. Ihre Geschichte spricht Bände darüber, dass Extremerfahrungen oft mit Extremen beantwortet werden.

Kerry hatte sich mit dreißig Jahren einer Magenbandoperation unterzogen. Bei einem solchen Eingriff wird ein Silikonband um den oberen Teil des Magens geschlungen, um die Aufnahmemenge des Magens zu verkleinern und das Sättigungsgefühl früher eintreten zu lassen. Als ich Kerry traf, hatte sie gerade ihren zweiundvierzigsten Geburtstag gefeiert und die Zeit seit der OP mit unaushaltbaren Rücken- und Nervenschmerzen verbracht. Diese hatten genau eine Woche nach dem Einsetzen des Magenbandes begonnen, waren aber nie als Folge der Operation angesehen worden. Doch die Sache war augenscheinlich: Die Operation hatte noch massiver als Kerrys vorherige Essattacken in das natürliche Regulationssystem des Körpers eingegriffen und einen starken muskulären Schutzreflex im Körper ausgelöst. Mittlerweile hatte Kerry die ganze Palette an Schmerzmitteln ausgeschöpft und lieferte sich, wenn es gar nicht mehr anders ging, für ein paar Tage ins Krankenhaus ein. Dann gab man ihr hohe Cortisondosen und eine kurze Erholungspause. Doch das alles half nicht wirklich. Durch die Schmerzmittel klagte Kerry über Verdauungsprobleme und Bauchkrämpfe, die sie ebenfalls wieder medikamentös behandelte. Ihr Körper befand sich in einem Krieg, unter dem auch Kerrys Seele litt.

Als ich Kerry das erste Mal sah, sagte ich ihr, dass ich nicht sicher sei, ob ich ihr mit meinen Mitteln, mit Körperbewusstsein und den sanften Bewegungssequenzen der Feldenkraismethode wirklich helfen könne. Ich sei ja keine Ärztin und könne mir auch kein Urteil darüber erlauben, was das Einsetzen eines Magenbandes für den Körper bedeute.

Doch Kerry bestand darauf, Termine zu planen. Also dröselten wir die Sache auf. Der Knackpunkt war, dass Kerry sich anfangs massiv weigerte, ihre vielen Beschwerden im Zusammenhang mit der Operation zu sehen. Das wiederum war verständlich, denn wenn sie diese hinterfragte und die gesundheitlichen Konsequenzen miteinander in Zusammenhang brächte, würde sie, wie sie später gestand, an der Richtigkeit ihrer Entscheidung zweifeln. Und davor scheute sie sich. Ich erinnere mich an Kerrys panischen Blick. Nein! Sie brauste richtig auf. Sie wolle nicht wieder fett sein! Sie wolle nie wieder wegen ihres Gewichts gemobbt und ausgeschlossen werden. Sie wolle nie wieder erleben, dass sich Passagiere neben ihr im Flugzeug einen anderen Platz geben ließen. Und sie wolle beim Auspacken der Weihnachtsgeschenke weder Slimfood-Shakes noch Diätriegel finden.

Und dann kam Kerrys „Tag X", wie sie ihn nannte. „Alright...", sagte sie. „Ich bin bereit. Heute ist der Tag der Ehrlichkeit." Kerry erzählte mir, dass sie wenige Tage nach der Magenband-OP deutlich gespürt hatte, wie ihr Körper sich wehrte. „Durch ihn ging ein einziger Schrei", erinnerte sie sich. „Er heulte auf, er tobte, weinte und fluchte. Sie verstand sofort, dass hier etwas schiefgelaufen war. Klar ... Es tröstete sie zwar, dass sie sehr schnell gemäßigter aß, an Gewicht verlor, sich neue Kleidung kaufen konnte und auch selbstbewusster wurde. Doch sie lief nun mit der Schuld herum, für ihre Schmerzen und ihre seelische Verfassung verantwortlich zu sein.

In diesem Zusammenhang erinnerte sie sich an ihre Kindheit, als sie für das Nichtaufessen bestraft und mitunter sogar geschlagen wurde. Kerry sagte, dass sie eine sehr wählerische Esserin war, die genau wusste, was ihr guttat. Doch niemand in ihrer Umgebung achtete das. Sie hatte von früh an zu essen, was auf den Tisch kam, selbst wenn es ihr zuwider war. Kerry fühlte sich erleichtert, es endlich einmal ausgesprochen zu haben.

Und wissen Sie was? Kerrys Klarheit hatte wunderbare Folgen. Innerhalb der nächsten zwei Wochen reduzierte sich ihr Schmerz um die Hälfte. Allein das Bewusstwerden ihrer eigenen Wahrheit erleichterte und entspannte sie so massiv, dass es einen durchschlagenden Effekt auf ihre Schmerzen hatte! Bald hatte Kerry ihre ersten schmerzfreien Phasen. Sie konnte es kaum fassen.

Später zog sie aufs Land und suchte mich noch einmal auf, um sich von mir zu verabschieden. Als Filmregisseurin wollte sie einen Film über ihre Geschichte drehen, doch dafür würde sie noch etwas Zeit brauchen.

Kerrys Geschichte zeigt sehr deutlich, dass sich Menschen, die in ihrem Leben Erfahrungen mit Extremen gemacht haben, sich so vertraut mit diesen fühlen, dass sie diese immer wieder benutzen, ganz egal in welcher Form.

Im Großen wie im Kleinen

Halten wir hier einmal an. Vielleicht haben Sie sich gefragt, warum ich mich bisher vorwiegend um die Ernährungsextreme gekümmert und auch entsprechende Fallbeispiele ausgesucht habe. Mit diesen identifizieren Sie sich vielleicht nicht wirklich, mögen Sie denken. Bei Ihnen ist es nicht ganz so arg, bei Ihnen ist das alles viel weniger grauselig und bei weitem nicht so schlimm.

Doch wissen Sie was? Meiner Erfahrung nach ist es tatsächlich so, dass wir Vorgänge und Tendenzen an Extremen deutlicher sehen und dadurch erst die abgeschwächteren Formen erkennen können. Diese kommen natürlich leiser, verdeckter und unauffälliger daher. Doch wenn Sie von den Extremen lesen und nur einen gewissen Teil oder eine Tendenz von diesen an sich entdecken, ist der Unterschied zu ihnen nicht wirklich groß, denn aus einer Tendenz kann über Nacht leicht ein Extrem werden.

Deshalb: Schauen Sie sich die Extreme sehr, sehr gut an und nutzen Sie deren Deutlichkeit, um eine schwächere Situation in den Anfängen zu erkennen.

Und jetzt werden wir praktisch! Ich lade Sie in die *Me-Time-Lounge* ein. Dort können Sie reflektieren, von wo Sie losgehen, wenn Sie Ihr Verhältnis zum Thema Ernährung erfüllender gestalten möchten. Denn bereits mit dem Bewusstmachen dessen, was ist, können Sie verstehen, warum Ihre Beziehung zum Essen und Trinken so und nicht anders ausfällt und wo folglich Ihre Ansatzpunkte zur Veränderung liegen.

Willkommen in der Me-Time-Lounge: Das innerlich Konservierte

Schreiben Sie auf, welche grundlegenden Überzeugungen, Meinungen oder Regeln Sie zum Thema Ernährung, zum Essen und Trinken vertreten.

Welche sind Ihnen besonders wichtig? Worauf pochen, bestehen, schwören Sie? Ordnen Sie jetzt jeder von diesen Überzeugungen zu, wann und wodurch Sie sich diese angeeignet haben. Woher stammen sie?

Der Abschied von Ersatz und Kompensationen

Ein Adé an die Ersatzbefriedigung

Natürlich ist diese Versöhnung mit der eigenen Natur ein anderes Unterfangen als das Befolgen von Ernährungsplänen und Regeln, wie es auf dem Sektor der gesunden Ernährung üblich ist. Viele Frauen sagen, dass ihnen Letzteres leichter fällt. Dann wüssten sie wenigstens, was zu tun und zu lassen wäre und wie sie sich verhalten sollten. Doch genau darin liegt deren Defizit! Mit künstlich und pauschal entworfenen Ernährungsregimes lassen Sie die Individualität Ihres Körpers unberücksichtigt, sodass Sie irgendwann doch wieder an Ihrem Ausgangspunkt ankommen und nicht wissen, wie Sie Ihre Ernährung stimmiger gestalten können.

Eine Journalistin einer großen Frauenzeitschrift hat mir einmal verraten, dass sie ihre Artikel mit den richtigen Ernährungstipps im Neuen Jahr nie wirklich neu zu schreiben, sondern nur zu frisieren braucht.

Ganz klar: Ernährungsratschläge, um Gewicht zu verlieren und gesünder zu essen, sind bei Frauen zu Jahresbeginn ein Dauerbrenner und scheinen in jedem Januar genau in derselben Ferne zu liegen wie im letzten Jahr. Und das tun sie, weil die Pauschalkosmetik, die von Journalisten, Influencerinnen und Gesundheitsbloggern ausgeht, sich zum einen auf äußere Regeln bezieht und zum anderen für die große Masse erdacht ist. Folglich ist auch die Wahrscheinlichkeit hoch, dass diese Ihre persönliche Situation unberührt lassen. Es sind eher Zufallstreffer, wenn allgemein Tipps mit Ihrem Körper wirklich übereinstimmen und zu einer dauerhaften Aussöhnung führen.

Weil das so ist, gehen wir das Ernährungsthema hier individueller an. Statt dass ich Ihnen vorsetze, was Sie essen oder nicht essen, was Sie auf Ihren Einkaufszettel schreiben oder von diesem streichen sollten, setzen wir denselben Weg fort, auf dem wir uns bereits seit dem ersten Kapitel in Sachen Figur bewegen: Indem Sie Ihrem Körper immer aufmerksamer begegnen und dadurch ein Gefühl für Ihre inneren Vorgänge entwickeln, werden Sie die wahren Bedürfnisse Ihres Körpers hören und ihnen folgen können. Und das ist weitaus mehr als gut gemeinte Oberflächenkosmetik. Es ist das, was Ihr Körper wirklich braucht und mag – es entspricht seiner Natur.

Emotionales Essen im Fokus: Die neun Ersatzbefriedigungen

Jetzt komme ich zu einer Wahrheit, die vielleicht ein wenig herausfordernd klingt: Wenn Sie den ewigen Twist mit Ihrer Ernährung wirklich beenden und zu einer natürlichen Ernährungsweise zurückkehren möchten, kommen Sie nicht drum herum, dieses Gebiet zuerst auf eventuelle Ersatzbefriedigungen und Kompensationen abzuklopfen, für die Sie Nahrungsmittel und Getränke benutzen.

Möglicherweise sind Sie ja selbst schon darauf aufmerksam geworden und kennen den Unterschied zwischen einem gestressten oder entspannten Einkauf im Supermarkt, Ihre Essenswahl in einer traurigen oder guten Stimmung, das Lesen der Speisekarte nach einem erfolgreichen oder deprimierenden Geschäftsmeeting oder Ihr Essverhalten, dass Sie an den Tag legen, wenn Sie Liebeskummer haben. Ihr Befinden regelt die Auswahl Ihrer Speisen, sodass diese Ihren Gefühlszuständen entspricht. Tatsächlich höre ich von Klientinnen immer wieder, dass sie aus einem bestimmten Motiv heraus mehr und anderes essen und ihr Essverhalten so gestalten, wie es Ihr Körper gar nicht verlangt.

Sehen wir uns zunächst die neun gängigsten Varianten an, mit denen das emotionale, stimmungsabhängige Essen zusammenhängen kann.

Zur Belohnung:

Viele Frauen gönnen sich eine oftmals üppig ausfallende Belohnungsspeise, wenn sie etwas geschafft, gemeistert und bewältigt haben. Da sie ein „Belohnungsgefühl“ durch ihre eigene Anerkennung oder die Beachtung von außen vermissen, holen sie das mit dem großzügigen Zelebrieren von üppigem Essen oder ihrer Lieblingsspeise nach.

Zur Entspannung:

Essen entspannt und nicht wenige Frauen machen sich diesen Effekt bewusst oder unbewusst zunutze. Auf physischer Ebene ist das gut erklärbar, denn während des Verdauungsvorgangs ist der parasympathische Teil des Nervensystems aktiv. Deswegen fühlen sich Menschen nach einem reichhaltigen Essen entspannter und ausgeglichener. Wenn Alkohol dabei ist, vervielfacht sich der Wohlfühleffekt.

Zum Stressabbau:

Viele Frauen haben Schwierigkeiten, Stress abzubauen. Gleichzeitig wissen sie, dass sie durch bestimmte Speisen oder Getränke ihr Stresslevel senken können. Also benutzen sie Nahrung, insbesondere süße, fett- und mehlhaltige Speisen oder alkoholische Getränke zum Abbau von Stress.

Zur Reduzierung der Kopflastigkeit:

Ähnliches läuft bei der „Raus-aus-dem- Kopf“-Strategie durch Nahrungsmittel ab. Menschen, die ihren Kopf überlasten und in ihrem Denken gefangen sind, nutzen alkoholische Getränke, Mehl- oder Süßspeisen, um dieser Überlast zu entkommen. Je schwerer das Verdauungssystem arbeiten muss, desto mehr Energie wird aus dem Kopf nach unten in den Verdauungstrakt verlegt.

Zur sensorischen Befriedigung:
Von Frauen höre ich immer wieder, dass ihnen das Verzehren von Schokolade oder Süßem eine hohe sensorische Befriedigung verschafft. Viele sagen, dass sie eine taktile, berührungsbezogene Zufriedenheit vermissen, sich aber durch bestimmte kulinarische Genüsse wenigstens ersatzweise das Gefühl geben, dass ihr Sensorium befriedigt ist.

Für sexuelle Zufriedenheit:
Eine weitere Kompensationsform besteht darin, dass Frauen eine nicht zufriedenstellende Sexualität mit Essen ausgleichen. Ihr Augenmerk richtet sich auf das Zelebrieren von Gourmetfood oder das Zubereiten ausgefallener, exotischer Gerichte. Karin, eine Klientin, hat es einmal auf den Punkt gebracht: „Einen Orgasmus zu haben, ist harte Arbeit und in ein Paar Sekündchen vorbei. Ein Drei-Gänge-Menü zu verspeisen dauert länger und strengt nicht die Bohne an."

Um sich glücklich zu fühlen:
Ich habe Frauen sagen hören, dass Nahrung ihnen Glücksgefühle bringt. Sie sind felsenfest davon überzeugt, dass bestimmte Essensrituale oder das Essen von Lieblingsspeisen sie glücklich macht. „Ich brauche jetzt meine Glücksstoffe…", sagt beispielsweise Anne, eine Bekannte, wenn sie mit sich nicht im Reinen ist oder an einem Konflikt nagt. Für sie funktioniert es, auch wenn das Glück nur ein kurzlebiges ist.

Als Liebesersatz:
Nicht wenige Frauen begreifen Essen als soziales Mittel. Sie gehen mit Freunden aus, veranstalten gemeinsame Mahlzeiten, Feste oder Partys, um in Gesellschaft zu essen. So weit, so gut. Doch für Elisabeth ist das Essen mit Freunden der Ersatz dafür, dass sie mit dreißig Jahren die Liebe immer noch nicht in ihr

Leben lässt. Wenn sie sich nach der Wärme eines Menschen sehnt, ruft sie ihre Freunde an. Dann schlemmen sie beim Italiener und ihr Wunsch, zu lieben und geliebt zu werden, ist verebbt.

Aus Langeweile:

Manche Frauen erklären, dass sie aus Langeweile essen. Sie füllen damit ihre Zeit aus oder schlagen diese, wie Dorothee sagt, „mit dem Essen tot". Sie gab ohne Umschweife zu, dass sie Momente der Leere oder des Nichttuns nur schwer ertragen könne. Der Griff zu Süßem, Fettigem oder Salzigem gebe ihr das Gefühl, mit etwas beschäftigt zu sein.

Der Schlüsselschritt

Gehen wir gleich zur Praxis über und kommen zu einem Schritt, der Ihnen vielleicht schon selbst ins Auge gesprungen ist: Nachdem ich Ihnen die neun Ersatzbefriedigungen aufgezählt habe, können Sie testen, ob Sie welche bedienen und wenn ja, wie Sie sich Ihre aktuellen Bedürfnisse auf einem echten Weg erfüllen könnten.

Also: Falls Sie sich durch Nahrungsaufnahme belohnen, fragen Sie sich, wie Sie wirkliche Anerkennung oder den realen Lohn für etwas erhalten. Falls Essen Sie entspannt, suchen Sie nach Möglichkeiten, Ihren Körper auf direktem Weg zu entspannen. Falls Sie Ihr Glück im Essen oder Trinken suchen, finden Sie heraus, auf welchen Wegen Sie Erfülltsein und Freude in Ihr Leben einladen können.

Willkommen auf dem Heißen Stuhl: Emotionales Essen

Beobachten Sie sich, während Sie Ernährungsentscheidungen fällen, Nahrungsmittel einkaufen, diese zubereiten und vor allem während Sie beim Essen und Trinken sind, und erfassen Sie, welche Rolle Ihre aktuelle Gefühlslage dabei spielt.

Entscheiden, kaufen, konsumieren oder schlemmen Sie „emotional"?
Verbinden Sie Essen/ Trinken mit etwaigen Gefühlen?
Benutzen Sie Lebensmittel, um sich in eine bestimmte Stimmung zu versetzen?

Falls ja: Reflektieren Sie, wie Sie die Gefühle oder Zustände, die Sie durch Essen und Trinken ersetzen, auf direktem, echtem Wege erreichen und Ihrem Körper die wahren Lösungen für seine Bedürfnisse anbieten könnten.

Und weiter geht es! Falls Sie auf Formen der Ersatzbefriedigung gestoßen sind, bitte ich Sie jetzt, diese zur Disposition zu stellen und Ihre Erkenntnisse in Ihren Alltag hineinzutragen. Ich weiß, dass dieser Vorschlag zunächst brutal klingt und außerdem leicht missverstanden werden kann.

Es spricht überhaupt nichts dagegen, wenn Sie leckere Mahlzeiten zubereiten, sich mit Ihren Freunden zum Essen verabreden, einen schönen Tag mit einem Besuch in Ihrem Lieblingsrestaurant abschließen, nach der Arbeit einen Abstecher in den Eissalon machen oder eine Einladung mit Delikatessen und Gourmetfood genießen. Genauso wie Sie weiterhin alles zu sich nehmen können, was Sie mögen, wettere ich auch nicht gegen den Genuss.

Aber ich möchte Ihnen nahebringen, dass Sie den Link zwischen einer emotionalen, gefühlsmäßigen oder erlebnisbezogenen Befriedigung als solcher vom Essen und Trinken lösen. Kompensationen und Ersatzhandlungen lassen Sie nie dort ankommen, wo Sie eins mit sich sind und Ihre natürlichen Bedürfnisse wirklich stillen können. Ich ermutige Sie dazu, Ihr physisches und seelisches Wohlbefinden unabhängig von Ihrer oralen Befriedigung zu machen und sich darüber hinaus eins zu eins um Ihre emotionale Stabilität zu kümmern.

Wenn Ihnen dieser Ansatz fremd ist, drehen Sie das Ganze doch einmal um. Würden Sie auf Ersatzvarianten bestehen, hieße das, dass Sie Nahrungsmittel brauchen, um glücklich zu sein, dass Sie Speisen und Getränke zu ihrer sensorischen Befriedigung benötigen oder dass Vorgänge wie Stressabbau und Entspannung an Ihre Geschmacksknospen und Ihr Verdauungssystem gebunden sind. Unter anderem könnte es auch heißen, dass Sie sich nur dann in Beziehungen mit anderen wohlfühlen, wenn Speisen und Getränke eine Rolle spielen.

„Klar!", bestätigte mir Maria sofort. „Wenn Sie mir und meinem Mann den Alkohol wegnähmen, die Restaurantbesuche, Geburtstagspartys und Einladungen zu Vernissagen aus dem Kalender strichen, sähe unser Eheleben mager aus." Lena brachte es ebenfalls auf den Punkt: „Essen bietet mir die Höhepunkte meines Lebens. Davon lebe ich. Alles andere ist eigentlich nebensächlich." Und Ingrid blies gleich die Wangen auf: „Was ist denn dann vom Leben noch übrig, wenn ich nicht einmal mehr schlemmen darf!"

Diese Kommentare mögen drastisch klingen, machen aber deutlich, dass Ernährung bei vielen Menschen zu einem Unterhaltungs- oder Ablenkungsfaktor geworden ist, der, wenn er wegfällt, nicht selten eine gähnende Leere übrig lässt.

Doch es ist und bleibt eine Tatsache: Ersatzvarianten bleiben Ersatzvarianten. Und diese können nie und nimmer zu einer vollen Befriedigung und schon gar nicht zu einer natürlichen Ernährungsweise führen. Selbst wenn Sie die Glücksgefühle beim Verzehr einer Mousse au Chocolat als reale Erfahrung empfinden,

Sie Ihr Gestresstsein durch eine XXL-Pizza betäuben, mit der Flasche Wein am Abend entspannen und ein Steak Sie für Ihre harte Arbeit am Tag belohnt, werden Sie der Natur Ihres Körpers dadurch nicht näherkommen. Also: Werden Sie einfach hellhöriger dafür, was Sie mit Essen und Trinken ersetzen.

Und hier noch etwas Zukunftsmusik: Je synchroner Sie sich um die Bedürfnisse Ihres Körpers kümmern, desto unbelasteter empfinden Sie Ihre Ernährung und desto deutlicher treten wahre Empfindungsqualitäten in Ihr Leben, die Ersatzzustände und Kompensationsmomente qualitativ weit hinter sich zurücklassen. Und noch etwas anderes passiert: Wenn Sie nicht mehr kompensatorisch essen, wird es ein ganz anderes Gefühl sein, in einem schönen Restaurant zu speisen, ein Glas Wein zu genießen oder sich Schokolade zu gönnen. Warum? Weil der Genuss vom emotionalen und kompensatorischen Ballast befreit worden ist und nun ein purer sein kann.

Von außen gesteuertes Essen: Ein Marionettenleben

Nachdem Sie sich mit dem Aufgeben solcher gefühlsbezogenen Kompensationen befasst haben, schlagen wir jetzt einen Bogen und schauen uns typische äußere Fallen an, die Sie von einem natürlichen Ernährungsverhalten weglotsen.

Rufen wir uns hier noch einmal die Herausforderungen ins Gedächtnis zurück, denen Frauen in Sachen Körperbild im Allgemeinen ausgesetzt sind: Die größten äußeren Herausforderungen gingen vom allgemein akzeptierten Rollenverständnis einschließlich des *SDS*-Körperbildes aus, das durch alle denkbaren Sprachrohre verbreitet wird und es Frauen immens erschwert, ihrem Eigengefühl zu vertrauen. Auf gewisse Weise ist es nicht übertrieben, wenn ich die Lage vieler Frauen mit einer Marionette vergleiche, die an den Fäden der Außenwelt hängt. Und so ist das auch mit dem Essen.

Zu essen und zu trinken ist heute ein ganz normales gesellschaftliches Ereignis. Zu allen denkbaren Anlässen wird geschlemmt und gespeist, ganz unabhängig davon, ob wir Hunger haben oder nicht. Insbesondere alkoholische Getränke, die in die Eigenregulation des Körpers eingreifen und immens schnell Gewicht aufbauen, werden zum Anstoßen und Zuprosten zu allen erdenklichen Anlässen serviert. Und das ist das Verrückte: Obwohl man uns Frauen permanent das schlanke Körperbild vorsetzt, werden wir in unserer Esskultur beständig zum Essen und Trinken animiert. Obwohl die Werbung voll ist mit Schlankheitsratschlägen und Abnehmtricks, hält sie uns die cremigsten Schokoküsse, den besten Champagner und die fettigsten Knabbereien permanent vor die Nase.

Da fällt mir Theresa, eine Klientin ein, die das mal auf den Punkt gebracht hat. Sie gehört zu den Frauen, die sich beruflich oft in Schale werfen müssen, was nichts anderes heißt, als enge Abendroben zu tragen. Das wiederum bedeutet, dass sie ihren Bauch chronisch eingezogen hält und bei Anlässen möglichst wenig isst und trinkt. Doch ihr Job besteht darin, Kontakte zu knüpfen und das geht nun mal am besten am Buffet. Sie war sauer: „Das ist wie eine Farce!", rief sie. „Auf der einen Seite kritisiert man mich, wenn ich in einem Kleid zu rund aussehe. Und gleichzeitig werde ich regelmäßig zu Fressfesten geschickt." Stimmt. Der Druck von außen, schlank zu sein und Idealmaße zu haben, verträgt sich überhaupt nicht mit unserer Esskultur, die uns ständig zum übermäßigem Essen animiert.

Sicherlich ahnen Sie, nachdem wir auf die inneren Kompensationen eingegangen sind, was jetzt in Bezug auf die äußeren Einflüsse folgt: Wenn Sie mit Ihrem Körper in Sachen Ernährung zu Ihrer ureigenen Autonomie zurückkehren möchten, stünde jetzt an, dass Sie sich auch von den äußeren Abhängigkeiten und Animationen lösen. Und dabei gehen wir in zwei Schritten vor: Den ersten kennen Sie bereits und je nachdem, wie intensiv Sie in die vorherigen Versöhnübungen eingestiegen sind, wissen Sie schon, wie er funktioniert: Sie üben sich in Bewusstheit, fahren die „Antennen" Ihrer Selbstwahrnehmung so weit wie möglich aus und werden darauf aufmerksam, wann Sie mit Ihrer Ernährung an den Marionettenfäden der Außenwelt hängen.

Darüber hinaus ermutige ich Sie, dass Sie sich von denen lösen und sich immer unabhängiger von deren Einflüssen machen. Vertrauen Sie zunehmend Ihrem Körper, denn dieser weiß von Natur aus, wie Ernährung am besten funktioniert.

Auf Autonomiekurs

Vielleicht kennen Sie ja folgende Szenarien: Sie betreten ein Restaurant, haben eigentlich Appetit auf etwas Leichtes, bestellen dann aber nach dem Lesen der Speisekarte den Schweinebraten mit Klößen. Sie wollen in der Patisserie einen Kaffee trinken, sehen dann aber die Auslage und bestellen wie fremdgesteuert ein Stück Apfelstrudel mit warmer Vanillesoße und Sahne. Eigentlich haben Sie überhaupt nicht an Essen gedacht, da fährt Ihnen der Geruch von Pizza, Döner oder Brathähnchen in die Nase und schon sind alle Widerstände zwecklos. Dem Duft frisch gebackener Waffeln auf dem Weihnachtsmarkt sind Sie sowieso erlegen und beim Geruch von gerösteten Mandeln können Sie schon gar nicht widerstehen.

Und auch zu Hause passiert es, dass Ihr Körper nicht zu Wort kommt: Sie essen nicht, wonach Ihnen wirklich zumute ist, sondern was Sie in Ihrem Kühlschrank finden, was vorgekocht wurde oder eingefrostet in der Kühltruhe liegt. Ähnlich ist es, wenn Sie in Gemeinschaft essen. Weil die anderen mehr und anderes konsumieren, pfeifen auch Sie auf Ihren Körper und greifen wahllos zu. Und da haben wir noch nicht an die Buffetstürmer und die Umsonst-Esser gedacht. Erstere greifen am Buffet solange zu, bis die Magenwände kreischen, während sich die Umsonst-Esser benehmen, als hätten sie wochenlang unter einer Hungersnot gelitten. Wenn Sie auf Empfängen, Festen oder Geburtstagspartys beobachten, wie sich Menschen am Buffet verhalten, werden Sie sofort verstehen, was ich mit dem von außen gesteuerten Essen meine.

Zurück zum Ausgangspunkt: Weil viele Frauen gewissermaßen wie eine Marionette an den Fäden der Außenwelt hängen und sich nur schwer von diesen lossagen können, schauen wir uns einmal an, wie es ginge, diese Fäden beherzt zu kappen und ihnen mit Souveränität zu begegnen.

Doch bevor das greifen kann, sollten Sie Ihre persönlichen Autonomiekiller kennen.

Willkommen in der Me-Time-Lounge: Ihre Autonomiekiller

Reflektieren Sie, ob es Anlässe, Gelegenheiten, Momente, Regelmäßigkeiten gibt, in denen Ihre Ernährungsweise von außen und nicht aus Ihren eigenen Intentionen gelenkt wird.
Schreiben Sie mindestens 10 Stricke, ja, 10 Autonomiekiller auf!

Die Sinne beleben

Vielleicht fragen Sie sich schon die ganze Zeit, wie Sie denn stattdessen entscheiden sollen, wenn Sie nicht mehr an den Marionettenfäden baumeln. Das Wort Ausblenden trifft es ganz gut, denn unsere Sinne spielen dabei die Hauptrolle und wir können diese Information genau dort lassen, wo sie ist.

Verändern wir die Perspektive: Betrachten wir einen Großteil der Animationen als Vorgänge, die Sie einzig durch Ihren Sehsinn erreichen. Vielleicht haben Sie vorhin, als ich Ihnen die Marionettenfäden aufgezeigt habe, erkannt, ob Sie mehr auf visuelle, optische oder eher auf geruchsbezogene Reize angesprungen sind.

Falls Sie eine visuelle Anfälligkeit haben, bedenken Sie Folgendes: Nicht jeder Mensch spricht auf denselben optischen Reiz an. Nicht jedem wird der Mund wässerig, wenn er eine Salamipizza, einen überbacken Camembert, ein Tofuschnitzel, einen Champagnertrüffel oder eine Sahnetorte sieht. Was Sie sehen und wovon Sie sich angezogen fühlen, ist an Ihren persönlich geprägten Sehsinn gebunden. Wenn Sie aber grundsätzlich Ihrem Sehsinn folgen und ihm die Autorität über Ihre Ernährung überlassen, bleiben Sie nicht nur automatisch im Außen verhaftet, sondern Sie machen äußere Angebote zur Maßgabe für Ihre Ernährung, obwohl diese eindeutig eine interne Angelegenheit Ihres Körpers ist.

Deshalb schlage ich vor, dass Sie Ihrem Sehsinn regelmäßig eine Auszeit geben. Ich möchte Sie dazu animieren, dass Sie Ihre Augen immer häufiger schließen, Ihren Blick einfach einklappen und Ihrer Innenwelt zuwenden. Das haben Sie im Zuge der Meditation im ersten Kapitel bereits praktiziert. Es geschah unter anderem auch im Zusammenhang mit dem Erfühlen Ihrer authentischen Figur. Und ja, die Wahrnehmung Ihres Körpers und Ihrer Gestalt bei geschlossenen Augen war eine andere als die gewohnte. Warum? Weil sie aus Ihrem Eigengefühl heraus entstand. Das Ausgleichen des Sehsinns ist meiner Erfahrung nach der ausschlaggebende Punkt dafür, dass Sie Ihrem Körper mit seinen wirklichen Bedürfnissen näherkommen. Erst wenn Sie all Ihre Sinne, den Hör-, Geruchs-, Geschmacks-, Tastsinn genauso wach und verfügbar wie Ihren Sehsinn haben, bekommt eine natürliche Ernährungsweise eine wirkliche Chance.

Nutzen wir den Moment für eine ganz simple Übung. Unter Ausschaltung Ihres Sehsinns untersuchen Sie, welche innere Erfahrung Sie mit den Grundgefühlen von Hunger und Durst verbinden.

Willkommen in der Me-Time-Lounge: Hungergefühle und Durstigkeiten

Hungergefühle:

Liegen, sitzen oder stehen Sie und schließen Sie die Augen.
Stellen Sie sich jetzt vor, wie es sich anfühlt, wenn Sie hungrig sind.
Sobald dieses Gefühl in Ihrer Vorstellung präsent ist, beschreiben Sie so genau wie möglich, wie es sich in Ihrem Körper bemerkbar macht.
Wo spüren Sie es? Wie fühlt es sich an?

Durstigkeiten:
Empfinden Sie bei geschlossenen Augen so genau wie möglich nach, wie es sich anfühlt, wenn sich in Ihrem Körper das Empfinden von Durst bemerkbar macht.
Wo spüren Sie es? Wie fühlt es sich an?

Sättigungsfreuden:
Nehmen Sie bei geschlossenen Augen wahr, wie Sie in Ihrer Vorstellung ein vollständiges Sättigungsgefühl empfinden.
Wo spüren Sie es?
Wie geht dieses in Ihre Wahrnehmung ein?

Sehen ist maskulin

Es gibt noch zwei weitere triftige Gründe den Sehsinn so oft es geht auszuschalten: Der eine ist, dass seine Dominanz die Kraft hat, unsere Aufmerksamkeit von den anderen Sinnesfunktionen abzuziehen, sodass uns diese immer weniger zur Verfügung stehen. Sie verkümmern und werden unsensibel und schwach. Tatsächlich haben Sinnesforscher herausgefunden, dass visuell ausgerichtete Menschen einen geringeren Geschmacks- und Geruchssinn haben. Es kommt also nicht von ungefähr, wenn ich Ihnen immer wieder empfehle, Ihre Augen zu schließen und stattdessen Ihr „inneres Auge“ in Form Ihrer Körperwahrnehmung zu schärfen.

In Bezug auf Ihre Ernährung macht das einen riesen Unterschied! Sie schärfen damit nicht nur die Wahrnehmung Ihrer Hunger- und Durstgefühle, sondern klären auch Ihren Appetit. Mit einer ausbalancierten Sichtweise und geschärften Sinnen werden Sie unabhängiger von äußeren Angeboten, die Sie von Ihrem Körper mit seinen Bedürfnissen entfernen.

Schließlich gibt es noch einen Punkt, den ich Ihnen nahebringen möchte, einen, der für uns Frauen wichtig ist! Der Sehsinn ist eine maskuline Sinnesfunktion, weil sie nach außen fokussiert und Ihre Aufmerksamkeit von innen nach außen lenkt. Und genau dort bleibt sie hängen und bewirkt, dass sich viele Frauen ausschließlich am Außen, an Äußerem und Äußerlichkeiten orientieren. Wenn ich sage „maskulin", ist das nicht notwendigerweise dem Mann als solchem zugeordnet. Männer und Frauen tragen beide maskuline und feminine Qualitäten in sich. Nur ist die Überbetonung des Sehsinns mit der maskulinen Tendenz der nach Außen-Orientierung, des Nach-draußen-Strebens und beständigen Tuns mit der Außenwelt verbunden, was tendenziell eher eine Domäne des Mannes ist.

Zurück zur Orientierung im Außen: Wenn eine Frau sich auf den Sehsinn konzentriert und das über größere Zeiträume unterstützt, entfernt sie sich sukzessive von ihrer Femininität. Wenn sie in der Außenorientierung hängen bleibt, schränkt sie ihr Eigenempfinden ein und schwächt ihre Sinne. Deshalb sollten Sie für eine ausgeglichene Sinneswelt sorgen und mit dieser verbunden bleiben. Wenn Ihre Sinne ausgewogen und wach sind, werden Sie sich leichter von äußeren visuellen Animationen lösen und auf Ihren Körper mit seinen wahren Bedürfnissen hören.

Ernährung von innen „hören"!

Ich empfehle Ihnen, immer mehr auf Ihren Körper zu „hören" und treibe es hier einmal auf die Spitze: Ich schlage Ihnen vor, Ihre ernährungsbezogenen Entscheidungen zu erlauschen, und zwar von innen. Statt zu sehen, was Sie essen und trinken, horchen Sie in sich hinein!

Dazu Folgendes: Unsere Hörfunktion ist eine feminine Qualität, die im Gegensatz zum maskulinen Sehen nach innen gerichtet ist. Sie entspricht einer der wunderbarsten femininen Eigenschaften, der Rezeptivität, die Sie gern auch mit Empfänglichkeit oder Empfangsbereitschaft übersetzen können. Weil uns diese natürlich beim Kennenlernen des Körpers mit seinem Innenleben entgegenkommt, sollten wir genau diese Fähigkeit des In-sich-hinein-Hörens, des inneren

Erlauschens ebenfalls zur Ernährungsregulation benutzen. Der Vorgang ist derselbe: Aufmerksam empfangen wir Nahrung, nehmen wir etwas auf, verleiben wir uns etwas ein. Die Ernährung nimmt also einen ähnlichen Weg ins Körperinnere, nur dass sie über den Mund und nicht über die Ohren läuft.

Ich hatte ja angekündigt, dass ich es auf die Spitze treibe: Wir kommen jetzt beim Erlauschen Ihrer Nahrungsbedürfnisse an. Auch wenn das für Sie crazy, paradox oder ich weiß nicht wie klingt, versuchen Sie sich dem einmal zu öffnen. Also, wenn Sie sich nicht sicher sind, ob Sie Hunger, Durst oder einen echten Appetit haben, schließen Sie für einen kurzen Moment die Augen, hören Sie in Ihren Körper hinein und erfassen Sie dessen Nahrungsbedürfnisse. Erhören Sie diese. Spitzen Sie Ihre „inneren Ohren"!

Lauschen und horchen Sie in sich hinein! Wenn Sie zu den visuell orientierten Menschen gehören und von sich wissen, dass Sie sich von äußeren Nahrungsanimationen beeinflusst fühlen, probieren Sie Folgendes: Wenn es Ihnen das nächste Mal passiert, dass Sie ein Nahrungsmittel, sagen wir eine Tafel Schokolade Ihrer Lieblingssorte, magisch anzieht, hören Sie einmal hin, wer es ist, der am Hebel der Entscheidung sitzt und Sie zum Zugreifen bringt: Ihr echtes Hunger- oder Appetitgefühl, das Ihnen etwas flüstert? Oder die Schokolade, die Sie ruft? Horchen Sie gut hin! Wie ist es? Erliegen Sie den sirenischen Rufen der Schokolade oder verlangt Ihr Körper danach?

Es mag sein, dass Sie nicht sofort eine klare Antwort erhalten und Sie anfangs aus der Gewohnheit heraus dem Visuellen im Außen folgen. Doch je öfter Sie Ihrem Sehsinn seine Dominanz entziehen und je mehr Übung Sie mit dem Nach-innen-Lauschen haben, desto klarer werden Sie spüren, welche Nahrungsentscheidungen für Sie die richtigen sind.

Essen im Moment

Und damit kommen wir bei einem essenziellen Punkt in Sachen Ernährung an: Mit der Intention, sich bewusst und körperfreundlich zu ernähren, geschieht es automatisch, dass Sie aktualisiert und aus Ihren wahren Bedürfnissen heraus essen und trinken. Und das macht Sie nicht nur gegenüber Regeln, Ge- und Verboten, sondern auch gegenüber den von außen animierten Angeboten immun. Sie befreien Ihren Körper von jeglichen Vorgaben und lassen ihn entscheiden, was er wie, wann und in welcher Menge will.

Dazu fällt mir ein Artikel ein, der in einem Onlineblog diskutiert wurde. Es ging darum, ob es gesünder sei, drei große oder fünf kleinere Mahlzeiten täglich zu sich zu nehmen. Schließlich wurde eine Studie herangezogen, die ergeben habe, dass diejenigen Menschen, die mehr als drei Mahlzeiten am Tag zu sich nähmen, tendenziell mehr Fettansammlungen im Körper hätten. Drei Mahlzeiten seien also gesünder. Nur wenige Tage später las ich von einer anderen Studie, die begründete, warum fünf kleinere Mahlzeiten für den Körper viel besser seien. Die Leiter der Studie argumentierten genauso einleuchtend wie die anderen, nur dass das Ergebnis ein anderes war. Und dann stellen Sie sich einmal einen regelhörigen Verbraucher vor!

Der einzige Weg, herauszufinden, was Ihr eigener Körper will und braucht, besteht darin, dass Sie ihn im Moment wahrnehmen. Die Historie unserer Körper und unsere sich ständig verändernden Lebenssituationen lassen einfach nicht zu, dass wir ein und denselben Routinen folgen, und schon gar nicht denen, die andere für uns entworfen haben. An einem Tag verlangt Ihr Körper vielleicht nach drei Mahlzeiten, an einem anderen nach fünf. Und dann wiederum mag er nur zweimal täglich essen, während Ihnen, wenn Sie eine Grippe haben, vielleicht überhaupt nicht nach Essen zumute ist.

Mark Twain soll einmal gesagt haben: „Hüten Sie sich vor Gesundheitsratgebern. Sie könnten ein Fehldruck sein."

Hören Sie Ihrem Körper immer wieder zu. Lauschen Sie in ihn hinein! Er ist der Einzige, der Ihnen gültige Antworten geben kann.

Momentgerechte Ernährung: Sieben Tage Essen im NOW

Wenn wir nun den Körper mit seinen sich wandelnden und aktuellen Bedürfnissen immer häufiger in den Mittelpunkt rücken und alles Gesetzte und Routinierte in den Hintergrund treten lassen, entsteht daraus natürlich die Frage, wie, ja wie wir es dann mit der Ernährung konkret anstellen? Vor allem: Wie soll das in einem busy Alltag, den viele Frauen haben, aussehen? Da machen wir etwas Außergewöhnliches, wir nehmen uns eine Frau zum Vorbild, die schwanger ist. Unabhängig davon, ob Sie Mutter sind oder nicht, wissen Sie sicherlich, dass eine Schwangerschaft eine Ausnahmesituation darstellt, während der viele Frauen sich wesentlich intensiver mit ihrem Körper befassen. Das liegt in der Natur der Sache, denn sie lauschen in sich hinein, nehmen den Kontakt zu ihrem Kind auf und beobachten jede Bewegung in ihrem Bauch. Schwangere Frauen sind mit ihrer Natürlichkeit sehr eng verbunden und geben den Bedürfnissen des Körpers zumeist freizügiger nach als sonst. Und das schließt ein, dass sie ihrem Appetit folgen. Dieser ist – vielleicht erinnern Sie sich an die Kinder – ein natürlicher Ausdruck dessen, welche Nährstoffe der Körper braucht, was Mutter und Kind in der Schwangerschaft benötigen und wie hoch ihr Energieumsatz ist. Dadurch essen schwangere Frauen mitunter die merkwürdigsten Dinge, die sie sonst niemals kombinieren oder wählen würden.

Und das ist ganz klar: Es hängt damit zusammen, dass das Kind in ihrem Leib, welches mit ihrem Kreislauf eins zu eins verbunden ist, ihrem Organismus Nährstoffe entzieht und die entsprechenden Tanks wieder aufgefüllt werden müssen. Und da wird es interessant! Obwohl Frauen sich ihre merkwürdigen Appetitanwandlungen oft selbst nicht erklären können, hinterfragen sie diese kaum. Sie wissen, dass ihr Körper in einer Ausnahmesituation ist und damit ist alles gut. Er wird schon wissen, warum er das so und nicht anders will. Und so greifen sie ins Saure-Gurken-Glas, essen ein Fischgericht und danach Schokolade, kombinieren Beerenobst mit Sauerrahm oder beginnen bereits beim Frühstück, sich auf Saures zu stürzen.

An dieser „schwangeren" Ernährungsweise können Sie sich orientieren, wenn Sie sich auf eine ernährungsbezogene Balance zubewegen. Auch wenn Sie nicht für einen anderen Menschen „mitessen" und „mittrinken", ist der Umstand derselbe: Sie essen nämlich grundsätzlich „für andere mit". Sie essen für Ihre Organe, Ihre Eingeweide, Ihre Knochen, für Ihr Herz, Ihre Muskeln, ja, für all Ihre Zellen und für Ihre Energievorräte mit! Und diese haben dasselbe Recht wie ein Embryo. Machen Sie sich klar, dass das, was Ihr Appetit meldet, aus dem Bedarf Ihrer eigenen Materie und Ihrem Energiebedarf entspringt und deshalb den Vorrang hat. Also experimentieren Sie von jetzt an ein wenig und werfen Sie alle festgesetzten Regeln und Routinen über Bord. Benehmen Sie sich ein wenig „schwangerer"! Experimentieren Sie an sieben aufeinanderfolgenden Tagen damit!

Versöhnübung #6: Sieben Tage schwangeres Ernähren

Versuchen Sie sich für sieben Tage einmal in die ernährungsbezogene Freiheit einer schwangeren Frau hineinzuversetzen, unabhängig davon, ob Sie bereits eine Schwangerschaft erlebt haben oder nicht. Geben Sie Ihre Ernährung frei, genau so, als wären Sie in einem Ausnahmezustand, in dem Sie sich nicht zügeln mögen. Beobachten Sie, ob und wie sich in diesem Zuge Ihr Essverhalten verändert. Notieren Sie Ihre Erkenntnisse in der Me-Time-Lounge!

Fünf Inspirationen für eine Ernährung im Hier und Jetzt

Werden wir jetzt konkreter, denn die Frauen, mit denen ich arbeite, fragen natürlich nach Anhaltspunkten, wie sie das in ihrem Alltag organisieren können. Denn eines ist klar: Wenn Sie an Ihren Gewohnheiten sägen, bleibt immer weniger übrig, an dem Sie sich festhalten können. Wenn das Körpergefühl aber noch unsicher oder noch gar nicht abrufbar ist, kann es sein, dass dieses Ihnen nur verschwommene Antworten schickt.

Deshalb habe ich Ihnen eine Handvoll Tipps zusammengestellt, mit denen Sie experimentieren können. Diese mögen nicht für jede von Ihnen das Nonplusultra sein, doch sie können als Eckpfeiler dienen, damit Sie das aktualisierte, körperfreundliche Essen im Hier und Jetzt allmählich kennenlernen.

1. Essen und trinken Sie auf aktualisierte Weise!

Nehmen Sie das Essen und Trinken im Hier und Jetzt wortwörtlich: Entscheiden Sie sooft, Sie können und so zeitnah wie möglich, was Ihr Körper braucht. Planen Sie so wenig wie möglich im Voraus. Antizipieren Sie immer seltener, was Sie Ihrem Körper später, morgen oder am Wochenende anbieten werden. Je öfter Sie dieses „aktuelle Essen" praktizieren, desto mehr lösen Sie eine innere Kettenreaktion aus, die zukünftig ganz von selbst anspringen wird: Je öfter Sie Ihrem Körper geben, wonach er aktuell verlangt, desto mehr aktivieren Sie Ihre eigene innere Selbstregulation. Und je mehr sich diese ermutigt fühlt, desto leichter und natürlicher werden Ihnen Ihre *Ad-hoc*-Entscheidungen fallen.

2. Fragen Sie Ihren Körper!

Wenn Sie Altes weglassen und Neues erkunden, ist es sinnvoll, das Ergebnis offen zu lassen. Anstatt neue Schlussfolgerungen abzuleiten, stellen Sie Fragen. Fragen Sie Ihren Körper, was er zu Ihren Gewohnheiten meint: Profitiert er wirklich von einem üppigen Frühstück? Macht es ihn tatsächlich zufrieden, wenn Sie spät abends die schwerste Mahlzeit zu sich nehmen? Fühlt er sich wohl, wenn Sie das Mittagessen auslassen, weil Sie keine Zeit haben oder es Ihnen beim Schlankbleiben hilft? Fragen Sie Ihren Körper, wie er sich den Start in den Tag vorstellt, welche Mahlzeit ihn in der Nacht ruhig schlafen lässt oder wie viel Fleisch, Gemüse oder Obst er verzehren will.

3. Fragen Sie Ihre Zellen!

Fragen Sie diese, was sie zu ihrer Erneuerung brauchen und ob sie das, was Sie ihnen anbieten, wirklich verwerten können. Und werden Sie konkreter: Fragen Sie Ihre Zellen, wie viel Zucker sie brauchen, nach wie viel Flüssigkeit sie dürsten oder wie viel grüne, chlorophyllhaltige Nahrungsmittel sie mögen. Erkundigen Sie sich, ob sie sich wirklich mithilfe von Braten, Schinken, Döner oder einem Steak oder was Sie auch immer essen, am besten erneuern.

4. Üben Sie sich im situativen Bewusstwerden!

Nehmen Sie, wenn Sie können, allen Ernst, alle erhobenen Zeigefinger aus dem Thema Ernährung heraus. Sie müssen aus Ihrer Nahrung weder eine Wissenschaft machen, noch vorbildlich und perfekt sein. Begegnen Sie Ihrem Körper mit Bewusstheit und Freundlichkeit. Und ja: Falls Sie Ihrem Körper noch nicht so ganz folgen können und dann doch das Vorgekochte, das Eingefrostete, das im Supermarkt Rufende oder das im Schaufenster Winkende gegessen haben, ist das kein Problem. Wesentlich wichtiger ist, dass Ihr Bewusstsein darüber wächst. Wichtiger ist, dass Sie *„bemerken, dass …“* oder *„bemerken, wie …“*.

6. Beobachten Sie Veränderung!

Beobachten Sie, wie sich Ihre Ernährungsbedürfnisse parallel zu anderen Beanspruchungen, zu Stress, zu körperlichen, seelischen oder mentalen Belastungen, dem Wetter oder klimatischen Bedingungen verändern. Erfassen Sie, wie Ihr Körper auf diese reagiert. Aus diesen Beobachtungen können Sie sagenhaft viel lernen, denn Sie sehen, wie Ihr Körper mit allen Veränderungen in Ihrem Leben mitgeht und Ihre aktuelle Versorgung unterstützt.

Ich weiß, dass Frauen, die eine Familie managen, sowieso schon unter der Mehrfachbelastung stöhnen. Und dann sollen Sie noch solche aufwendigen Beobachtungen machen? Hier können Sie ganz entspannt bleiben. Wie schnell und offenherzig Sie das Neue in Ihr Leben lassen, entscheiden Sie ja selbst. Es spricht nichts dagegen, wenn Sie langsam beginnen, die vielen Anregungen nach und nach in ihr Bewusstsein zu holen, sodass diese sich erst einmal setzen können.

Es ist doch wunderbar, wenn Sie Ihren Körper überhaupt erst einmal als stimmberechtigtes Wesen annehmen und sich ganz sacht mit dem In-sich-Hineinhören befassen. Und es wäre sogar okay, wenn es Ihnen momentan komplett aussichtslos erscheint, die Hier-und-Jetzt-Ernährung unter Ihren konkreten Bedingungen anzuwenden. Wie auch immer es ist: Dort, wo Sie jetzt sind, dort gehen Sie los!

Vielleicht treten positive Veränderungen sogar schneller und auf ganz andere Weise ein, als Sie annehmen? Vielleicht beginnt Ihr Körper schneller zu flüstern, als Sie es je erwartet haben? Vielleicht übernimmt er auch sofort das Ruder und Sie lächeln in zwei Wochen bereits, wenn Sie sich an Ihre vergangenen Ernährungseskapaden erinnern. Da Sie an etwas Natürliches anknüpfen, statt an etwas, das Sie sich von außen übergestülpt haben, arbeitet Ihr Körper im Hintergrund viel eifriger an seinem Ausgleich. Und diese Veränderungen werden Sie definitiv spüren. Also: Halten Sie sich für Veränderungen offen!

Bewusst, natürlich und stressfrei essen

Ernährung im Gleichgewicht

Wenn es um die „richtige" Ernährung geht, also eine, die sich an der natürlichen Funktionsweise des individuellen Körpers orientiert, nehmen wir auch weiterhin die Rückführung zu dessen Eigenregulation als Maßgabe. Wir erkennen an, dass Ernährung ein Vorgang ist, in den wir uns nicht permanent einmischen müssen, weil die hauseigene Regulation des Körpers normalerweise den Ton angibt. Lassen Sie uns jetzt in dieser Richtung weitergehen.

Wenn ich sage, dass wir weitergehen, heißt das auch, dass Sie schon ein sehr großes Stück geschafft haben! Ja, das haben Sie! Sie haben neue Sichtweisen und Impulse kennengelernt, die bereits in Ihrem Unterbewusstsein herumgraben und dabei sind, sich in Ihr Empfinden zu mischen. Darüber hinaus Sie sind dazu übergegangen, Ihrem Körper immer aufmerksamer zuzuhören. Sie wissen vielleicht schon ganz gut, was es mit der emotionalen, kompensatorischen Ernährung auf sich hat und spüren, dass Sie in Ihrem Alltag bewusster werden, öfter aufhorchen und Zusammenhänge erkennen. Vielleicht haben Sie schon ein Gefühl dafür bekommen, dass alles wesentlich einfacher wird, wenn Sie Ihren Körper zu Wort kommen lassen, und entdecken sogar die Anzeichen dafür, dass sich dadurch eine gewisse Selbstverständlichkeit in Ihre Ernährungsweise schleicht. Und ja: Vielleicht haben Sie auch schon etwaige Marionettenfäden, an denen die Außenwelt Sie zieht, entdeckt oder sich sogar von einigen gelöst, die Ihnen zu straff geworden sind. Ja, haah! Wer hätte das gedacht! Egal welche Veränderung Sie feststellen, all das sind Schritte, die in die richtige Richtung gehen!

Stressvolle Widersprüche

Obwohl wir bereits allerhand Wichtiges besprochen haben, gibt es noch einen weiteren essenziellen Punkt, der uns von einer natürlichen Ernährung trennen kann und das ist der Dauerbrenner Stress. Es gehört fast schon zum Allgemeinwissen, dass Stress der größte Krankmacher der Moderne ist und bei der Entstehung vieler Erkrankungen eine Rolle spielt. Und das tut er nicht zuletzt deshalb, weil er den Körper aus dem hormonellen und funktionellen Gleichgewicht bringt und das Wirksamwerden seiner Selbstregulationskräfte schwächt.

Wenn wir Stress also hier in Verbindung mit der Ernährung anschauen, wird eines klar: Wenn Sie dem Stress einen großen Platz in Ihrem Alltag einräumen, aber Ihren Körper gleichzeitig an seine natürlichen Selbstregulationskräfte anschließen möchten, wird sich das nicht miteinander vertragen, denn Sie gehen gegenläufig vor. Auf der einen Seite legen Sie die körperinterne Regulation durch dauernde Stressreaktionen lahm und auf der anderen erwarten Sie, dass der Körper diese geltend macht. Das kann nicht klappen. Das ist das eine.

Das andere ist, dass Frauen durch dauerhaften Stress all das unterminieren, was wir hier bisher über Körpernähe, Aufmerksamkeit und ein gesteigertes Bewusstsein für innere Vorgänge herausgearbeitet haben. Wenn Sie beispielsweise in Ihrem Alltag wie ums Überleben kämpfen, kaum Zeit für ein paar ruhige Momente bleibt und der Kalender vor Terminen nur so überquillt, entgehen Ihnen automatisch die sensorischen Signale, die aus Ihrem Inneren kommen, also genau jene, die auch für eine bewusste Ernährung wichtig sind. Mit Stress im Gepäck reduzieren sich die Chancen eines natürlichen Genährtseins drastisch.

Dies ist vielen Frauen gar nicht so klar. Wenn ich nämlich einen Blick in die Praxis werfe, begegne ich eher Frauen, die täglich herumhasten und sich einen Tagesplan aufhalsen, zu dessen Erfüllung eigentlich zwei Personen alle Hände voll zu tun hätten. Sie erschöpfen sich, retten sich von Wochenende zu Wochenende und sehen sich selbst als letztes Glied in der Kette. Und das ist paradox: Wenn ich mir die Kommentare von Frauen zum Thema Stress anhöre, kommt zwar eindeutig heraus, dass sie alle nach Stressfreiheit streben und sich nichts sehnlicher als ein entschleunigtes Leben wünschen. Doch gleichzeitig halten sie es kaum für realistisch, dass ein solches jemals eintreten wird. Es scheint, als wären sie zum Stresshaben verdammt und kämen einfach nicht drum herum, irgendeiner Form von Stress zu unterliegen, sei er mentaler, seelischer oder physischer Art.

Ich beobachte häufig, dass Stress für Frauen zwar eine Bürde, aber dennoch eine Legitimation ist, die ihnen so etwas wie ein Wertigkeitssiegel verpasst. Erst wenn sie über Stress klagen und sich den Schweiß von der Stirn wischen können, so scheint es, fühlen sie sich nützlich und gebraucht. Jemandem gegenüber, der keinen Stress hat und das auch noch von sich sagt, begegnen Frauen hingegen mit Argwohn. Was? Eine Frau, die keinen Stress hat? Da ist eine, die stressfrei lebt? Ist ja merkwürdig! Mit der stimmt etwas nicht. Tatsächlich braucht es in unserer gestressten, schnelligkeitsverliebten Zeit viel Mut und Selbstvertrauen, ungestresst zu leben und das auch noch zuzugeben. Weil all diese Faktoren jede Menge Fallen offenhalten, in die wir leicht stürzen können, schauen wir uns diese im Kontext mit der Ernährung jetzt genauer an.

Dickmacher Stress

Kommen wir gleich zu einer Tatsache: Je mehr Forschungen es gibt, die sich um das große Thema der Gewichtsregulation kümmern, desto klarer wird, dass die meisten Gewichtszunahmen nicht vordergründig dadurch entstehen, was und wie viel Frauen essen, wann und in welchen Rhythmen sie das tun. Die meisten Polster, gegen die Frauen kämpfen, entstehen, weil sie sich aufgrund ihrer Rolle als Mehrfachmanagerin (Mutter, Berufstätige, Haushaltsfee, Familienfürsorgerin usw.) Dauerstress aussetzen und dadurch höchst anfällig für das emotionale, kompensatorische Essen, für das Stressessen sind.

Dieser Zusammenhang lässt sich leicht erklären: Im Stressmodus gefangen, befindet sich der Körper in einer Art Dauergefahr. Aus neurobiologischer Sicht ist das einleuchtend: Wenn sich unser vegetatives Nervensystem im Stressmodus befindet, gleicht das einem Zustand der Lebensbedrohung, der den bekannten Kampf- oder Fluchtreflex auslöst. Dies ist von Natur aus so eingerichtet, damit sich der Organismus sofort auf das Bewältigen von Gefahrensituationen einstellen kann. Gleichzeitig verlegt sich das Gehirn auf die Absicherung der lebenswichtigen Funktionen wie den Herzschlag, die Atmung, die Grundspannung der Muskulatur und die Ausschüttung der Stresshormone, allesamt Reaktionen, die uns verteidigungs-, angriffs- oder fluchtbereit machen. Und logisch! Dabei vernachlässigt es „nebensächliche“ Funktionen, zu denen auch die Verdauung gehört. Während der Organisation von Flucht- und Angriffsreaktionen spielen weder die Nahrungsaufnahme noch die Verdauungsvorgänge eine Rolle. Für solche Nebensächlichkeiten ist in der Gefahrensituationen überhaupt keine Zeit. Also verdauen Frauen die unter Stress aufgenommene Nahrung wesentlich schlechter und bauen folglich überflüssige Kilos auf.

Darüber hinaus gibt es noch eine Form der Stressreaktion, denn nicht alle Menschen tendieren im Stressgeschehen zu Angriff oder Flucht. Es gibt auch die *„Freeze“*-Version, das körperliche Einfrieren bis hin zur Bewegungslähmung. Diese entsteht ursprünglich aus der unbewussten Hoffnung, vom Angreifer übersehen zu werden und sich weder wehren noch flüchten zu brauchen, wenn sie sich in der Gefahrensituation „einfrieren“ und tot stellen. Auch hier haben Verdauungsvorgänge keinen Raum. Im Gegenteil. Die inneren Funktionen werden ebenfalls „eingefroren“, während die Energie in das Halten einer hohen Muskelspannung fließt, die für das „Totstellen“ maßgeblich ist. Und auch hier kann ich die Parallele zu einigen Frauen sehen, wie sie sich in taffen Stresszeiten organisieren. Sie überleben irgendwie, werden immer angespannter, energieloser und bewegungsärmer und wirken mitunter wie gelähmt. Und da beginnen sie zu essen, aber der tot gestellte Körper kann nicht viel Energie verwerten.

Ob „fight“, „flight“ oder „freeze“, die körperlichen Reaktionen stehen oftmals im Gegensatz zur Nahrungsmenge und dem hochkalorischen Food, zu dem Frauen sich unter Stress hingezogen fühlen. Das ist die eine Seite. Und die andere kennen Sie schon. Der andere Grund, warum Frauen unter Stress mehr essen und infolgedessen Gewicht aufbauen, besteht darin, dass sie ihrem Gehirn als der verantwortlichen Stelle für die Überlebenssicherung permanent die Botschaft übermitteln, der Körper müsse sich Polster und Vorräte für weitere Ausnahmezustände schaffen. Und dabei unterscheidet das Gehirn nicht, ob es sich um physischen, mentalen oder seelischen Stress handelt.

Wie Sie sehen, kommen beim Thema Stress und Ernährung viele verschiedene Faktoren zusammen, derer sich Frauen oftmals nicht bewusst sind.

Stress, Mehrfachbelastung und Kampf

Hier kommt mir eine Studie aus Schweden in den Sinn, die sich mit dem Zusammenhang zwischen dauerhaft grenzwertigem Stress und Gewichtszunahme bei Frauen befasst. Die Leiter der Studie arbeiteten heraus, dass Frauen, die in ihrem

Beruf unter hohen und dauerhaften Maximalbelastungen stehen, tendenziell Gewicht aufbauen. Diese Reaktion fanden die Forscher bei den männlichen Probanden nicht. Diesen Umstand schrieben sie schließlich der Mehrfachbelastung berufstätiger Frauen mit gleichzeitigen Grenzbelastungen zu.

Die wenigsten berufstätigen Frauen kommen nach Arbeitsschluss nach Hause und können sich ausruhen, abschalten und sich regenerieren. Die meisten treten nach der Arbeit einen zweiten, dritten oder vierten Job an, wenn sie sich um Kinder, Haushalt und die Familienorganisation kümmern. Also wird der Organismus dauerhaft im Notstandsmodus gehalten. Folglich baut er Gewicht auf und wappnet die Frauen für weitere Gefechte. Und dies deckt sich auch damit, wie die Leiter der schwedischen Studie die Ergebnisse interpretierten. Die Studie ist eine der wenigen, in der Forscher einschlägige Ergebnisse nicht der fehlenden Belastbarkeit der Frau gegenüber dem Mann zuschreiben, sondern nach den tatsächlichen Gründen für den Gewichtszuwachs bei Frauen suchen.

Hier kommt ein weiterer Faktor ins Spiel: Das Kämpfen, Zubeißen und Sich-Verteidigen-Müssen, wie es auf den verantwortungsvolleren Ebenen in der Arbeitswelt oft üblich ist, gehört ja nicht wirklich zu den typisch femininen Qualitäten. Wenn eine Frau ihre Femininität lebt, fühlt sie sich in den Kampfarenen eher unwohl und versucht, ihre Ziele mit anderen, kampflosen oder auf Überzeugungskraft beruhenden Mitteln durchzusetzen. Wenn sie aber ständig ums Überleben kämpfen, sich durchsetzen oder gegenhalten muss, arbeitet sie fernab ihrer Natur. Und genau das bereitet vielen Frauen noch viel größeren Stress als die üblichen Stressoren, die sie bereits fordern.

Aufgrund der Mischung aus dem „Nicht-kämpfen-Wollen", aber dann doch „Kämpfen-Müssen" fühlen sie sich angespannt. Sie gewöhnen sich nicht wirklich daran, permanent zu kämpfen und knabbern auch länger an Streitereien und Niederlagen. Diese geben Frauen ein ungutes Gefühl, das sie oft „wegessen" und mit dem Verzehr von reichhaltigen Nahrungsmitteln, Süßem und Alkoholischem auszugleichen versuchen. Ich glaube, Sie sehen genauso wie ich, dass das kompensatorische Essen bei Frauen vor allem mit Stressreaktionen im Kontext steht.

Und das ist keine Theorie, sondern deckt sich auch mit den Erkenntnissen von Neurobiologen, die noch auf eine andere Form der Stressreaktion gestoßen sind. Diese ist typischer für Frauen und wurde ursprünglich von der kalifornischen Professorin für Psychologie, Shelley E. Taylor als „*Tend-and-Befriend-Reflex*“ eingeführt. Dieser besteht darin, dass Frauen sich in Stresssituationen eher zurückziehen, sich Gleichgesinnte suchen oder sich unter den Schutz der Gemeinschaft stellen. Dieser Reflex, der seine Wurzeln in der Funktion der Nachwuchssicherung hat, scheint zunächst ein gesünderer zu sein, weil das Kampfgebaren wegfällt. Doch auch diese Reaktion auf Stress hat ihre zwei Seiten: Frauen, die Stress mit Rückzug begegnen, tendieren oft dazu, ihn im wahrsten Sinne des Wortes in sich „hineinzufressen“. Und damit tun sie sich, ihrer Verdauung und ihrem Eigengespür keinen Gefallen.

Unabhängig davon, ob die Frau „einfriert“, kämpft, flüchtet, sich verteidigt oder zurückzieht, all diese Reaktionen greifen auf Dauer in die Selbstregulation ihres Körpers ein. Sie bringen die Verdauung durcheinander und vermindern die Chance, dass sich die Ernährung auf ihre Natürlichkeit besinnt. Entstehende Dysregulationen münden nicht nur in unverhältnismäßig hohen Gewichtszunahmen, sondern können auch zu Reizdarmsyndromen, Problemen mit der Magenschleimhaut oder Darmentzündungen führen, um nur einige zu nennen.

Ingrids Geschichte

Und es kann noch turbulenter im Körper werden! Da sich nicht wenige Frauen in stressigen Zeiten aufgrund ihrer Gewichtszunahme einer Diät unterziehen oder fasten, greifen sie nicht nur noch massiver in ihren Stoffwechsel ein, sondern kurbeln auch ie Überlebensreflexe im Körper an. Der Jojo-Effekt schlägt noch gnadenloser zu, als er es nach Dürrezeiten sowieso schon tut. Unter Stress stehende und gleichzeitig fastende Frauen irritieren die Selbstregulation des Körpers so stark, dass sie so viel Gewicht aufbauen, wie sie es sich selbst kaum erklären können.

So ging es auch Ingrid, die mich aufsuchte, weil sie ihre jahrelangen Kopfschmerzen loswerden wollte. Um schnell an mögliche Ressourcen anzuknüpfen, fragte ich sie, wann sie sich zum letzten Mal so richtig wohl in ihrem Körper gefühlt hatte. Sie musste nicht lange überlegen. Vor 25 Jahren, wusste sie sofort. Es war definitiv vor ihrer Hochzeit, bevor der sogenannte Ernst des Lebens begann. „Das war eine andere Zeit", blickte sie zurück. Sie erinnerte sich daran, wie frei und wohl sie sich in ihrem Leben als Studentin gefühlt hatte. Sie fuhr in den Ferien per Anhalter quer durch Europa, blieb, wo sie bleiben wollte, und dachte kaum über Sicherheit, Erfolg und Konsequenzen nach. Sie mochte ihren Körper und konnte sich auf ihn verlassen. „Er strotzte vor Leben", erinnerte sie sich. Tränen traten in ihre Augen. „Damals hatte diese unsinnige Anspannung in mir ...", sie klopfte sich auf die Brust „ - der Stress, der niemals endet ... und der Druck in meinem Kopf ... überhaupt keinen Platz."

Doch diese Schonzeit, wie Ingrid sie nannte, war irgendwann vorbei. Plötzlich war alles anders. Sie fand sich im Hamsterrad wieder und begann unter der Last der Verantwortung, der Verpflichtungen und Kreditvereinbarungen zu leiden. Anfangs geschah es punktuell. Später litt sie Tag und Nacht. Das war auch die Zeit, in der Ingrid ihren eigenen Worten nach begann, „komplett verrückt" zu essen, und dem versuchte sie mit regelmäßigen Fastenkuren gegenzusteuern. Dadurch ging ihr Körper erst richtig auf die Barrikaden, wie sie sagte, und wartete jedes Mal mit Jojo-Reaktionen auf. Innerhalb von zwei Jahren nahm sie neun Kilogramm zu. Und mit diesem „Rettungsring", wie Ingrid es formulierte, schottete sie sich von ihrer Natur, vom Hinterfragen und Nachbohren, vom Erinnern an Träume und von einem lebendigen Leben ab. Damit rettete sie ihre Ehe, wie sie sagte, denn ihr ewiges Anzweifeln hatte für regelmäßigen Unfrieden gesorgt.

Dass ich diese Geschichte hier aufschreibe, hat noch einen anderen Grund. Neben dem Gewichtsanstieg dröhnte Ingrid immer häufiger der Kopf, während ihr Verdauungssystem „sowieso eine Katastrophe" war, wie sie sagte. Verstopfung und Durchfall lösten einander ab und gingen jeweils in solche Extreme, dass sich die Beschwerden nur mit Medikamenten lindern ließen. Trotz verschiedener Therapieversuche fand sie nicht mehr zu ihrer Normalität zurück. Erst als ihr Mann sich scheiden ließ und ihr vorwarf, eine andere Ingrid geheiratet zu haben als eine „übergewichtige Kuh", wachte sie auf. Aus der Sicht der Körperbewusstheit war es ganz klar: Zuerst musste es Ingrids Dauerstress an den Kragen gehen, denn ihre Mischung aus Stress-, Überforderungs- und Frustessen und den Fastenkuren hatte Extreme erreicht, die ihren Körper komplett verwirrten. Das ist das eine. Und weil jede Sache zwei Seiten hat, nutzten wir die andere: Wir knüpften sofort an Ingrids frühere positive Erfahrungen mit ihrem Körper an. Denn in Ingrids Geschichte bot sich dieser Aspekt nahezu an. Da sie über lebendige Erinnerungen daran verfügte, wie wohl und natürlich sie sich in ihrem Körper fühlen konnte, fiel es ihr unerwartet leicht, an diese gefühlsmäßig wieder anzuknüpfen. Sie hatte etwas Greifbares in ihrer körperlichen Erinnerung, auf dem nun ihr Augenmerk lag.

Die sechs grundlegenden Entstressungsmaßnahmen

Falls Sie sich in diesem Abschnitt wiedererkannt haben, ein ähnliches Stresspensum verzeichnen und vielleicht dabei Fastenkuren oder Diäten durchziehen, werden Sie unbedingt aktiv! Lassen Sie FMMs auf der Stelle und hinterfragen Sie Ihre Stressgewohnheiten so schnell, wie es geht. Entlarven Sie außerdem das stressbezogene kompensatorische Essen und Trinken, weil es Ihrer Intention, sich natürlich und aktualisiert zu ernähren, im Wege steht. Damit wir Ihrem Körper hier unter die Arme greifen und auch seine Natürlichkeit im Auge behalten, möchte ich Ihnen sechs grundlegende Tipps geben, die die Selbstregulation Ihres Körpers unterstützen.

1. Stressoren erkennen

Immer wieder höre ich von Frauen, dass ihnen Stress auslösende Faktoren gar nicht bewusst sind, dass sie kaum merken, in welchen Momenten Sie in den Stressmodus umschalten und wie sich dieser manifestiert. Sie spüren die Konsequenzen, also Hast, Eile, Zeitdruck, das Gefühl des Getriebenseins, den Druck im Kopf oder horchen sogar erst dann auf, wenn sie nicht mehr können, wenn ihre Batterien leer sind oder sich der Körper beschwert. Doch die Stressoren als Wurzeln des Ganzen, die den Organismus zum Umschalten auf den beschriebenen Notzustand bringen, lassen sie außer Acht.

Und mehr noch: Wenn sie handfeste Stressoren erkennen, sehen sie diese als etwas ganz Normales an. Das ist tatsächlich eine weibliche Spezialität! Frauen gewöhnen sich an so vieles, selbst dann, wenn es ihnen offensichtlich schadet, die Energie entzieht oder sogar die Gesundheit raubt. Es tut mir mitunter fast weh, wenn ich miterlebe, wie sehr sich manche Frauen im Zuge von Alltagsstress misshandeln und verbiegen.

Deshalb: Suchen Sie Ihr Leben auf mögliche Stressoren und Engesituationen ab. Und nein! Einen Vollzeitjob mit drei schulpflichtigen Kindern unter einen Hut zu kriegen, für den Haushalt verantwortlich zu sein und als Adresse für jedermanns Probleme zu gelten, ist kein Pensum, das Stressfreiheit genügend Spielräume lässt.

2. „Pro-Stress" verstehen

Wenn Frauen merken, dass es nicht mehr geht, versuchen Sie den Stressreaktionen oft lindernde Maßnahmen entgegenzusetzen: Sie versuchen, ruhiger zu atmen, eine Entspannungsübung zu machen oder sich willentlich auszubremsen. Das mag bei kleinen Herausforderungen wirken, aber wenn der Stress so richtig im Körper tobt, ist das, was mit „Anti-Stress" überschrieben wird, überhaupt keine kluge Strategie! Und das ist es nicht, weil Sie das „große Rad Organismus" in einer tobenden Stressreaktion nicht ohne Weiteres anhalten können. Ich weiß, dass Entsprechendes in Antistresskursen vermittelt wird. Doch mit dem Gegenarbeiten bringen Sie sich möglicherweise noch mehr in die Bredouille, als Sie es sowieso schon sind. Wenn Sie gegen eine Reaktion vorgehen, die, zur Erinnerung, eine ganz natürliche ist und Ihrem Organismus hilft, Extrem- oder Gefahrensituationen zu bewältigen, bremsen Sie ihn mit Maßnahmen der Gegensteuerung regelrecht aus. Sie kritisieren ihn nicht nur dafür, dass er das Normale tut, sondern stören ihn auch noch dabei. Das kann nicht funktionieren und ist es ein Grund dafür, dass gut gemeinte Entstressungsmaßnahmen kaum greifen, sondern mitunter alles noch schlimmer machen.

3. Spitzenstress verstehen

Eben weil Stressreaktionen, wenn sie einmal in Gang gesetzt sind, nicht sofort ausbremsbar sind, empfehle ich in einem solchen Fall, Ihre Bewusstheit zum Zuge kommen zu lassen: Statt gegen den Stress zu arbeiten, sagen Sie erst einmal „Ja" zu ihm. Das tun Sie, weil Sie wissen, dass er eine natürliche Reaktion auf die gegebenen Umstände ist. Sie zeigen Ihrem Körper, dass sie *mit* ihm sind, dass Sie ihn verstehen. Und das ist ein hervorragender Beginn!
Ganz praktisch ginge das so: Anstatt die Reaktion Ihres Körpers wegzuatmen, das Empfinden innerer Hast zu drosseln oder die Muskeln zum Entspannen zu überreden, nicken Sie Ihrem Körper gedanklich oder hörbar zu: „Okay. Ich habe dich verstanden!" Sie können ihn auch kurz streicheln, umarmen oder mit ihm sprechen. Und dabei geschieht ein Wunder: Mit diesem Verständnis schaltet Ihr Körper recht zügig auf ein niedrigeres Stresslevel um. Sobald sich die Stressspitzen gesenkt haben, können Sie bewusst einen Gang herunterschalten und sich um Ihr Wohlbefinden kümmern.

4. Auf Null runterfahren

Das Problem mit Dauerstress resultiert nicht nur daraus, dass Frauen Herausforderungen, Mehrfachanforderungen oder mehrere Aufgaben zur selben Zeit auf dem Tablett haben. Was viele Frauen nicht berücksichtigen, ist, dass sie die entstandene Erregung des Organismus in ruhigeren Zeiten vollständig auf Null, ja auf den Grundzustand herunterfahren müssen. Diese evolutionäre Reaktion, die ja aus dem Tierreich stammt, lassen sie zumeist außer Acht. Wenn ein Tier nämlich gekämpft hat, zieht es sich solange zurück, bis es wieder bei vollen Kräften ist. Das bedeutet, dass es mitunter vier, fünf oder acht Stunden schläft. Und genau das haben viele Frauen vergessen. Selbst wenn sie sich am Abend vor den Fernseher legen und sich von dort ins Bett hangeln, ist ihre Stressreaktion am nächsten Morgen noch lange nicht abgeklungen. Sie starten also am nächsten Morgen nicht von Null, sondern jeden weiteren Morgen mit einem minimal höheren Stressniveau in den Tag. So steigt Ihr Stresslevel kontinuierlich an und Sie haben das Gefühl, aus dem Sich-gestresst-Fühlen nicht mehr herauszufinden. Deshalb sollte ein Großteil der Aufmerksamkeit dahin gehen, Stressreaktionen auf den Nullpunkt herunterzufahren, bevor es in die nächste Runde geht.

5. In stressfreien Zeiten üben

Viel besser ist es natürlich, wenn massive Stresssituationen gar nicht erst entstehen, wenn Sie vorbeugen und Stressoren den Nährboden entziehen. Gleichzeitig gibt es eine immens große Auswahl an Übungen, Techniken und Methoden, die Ihnen helfen können, Ihre Resilienz zu erhöhen. Falls Sie solche nutzen, sollten Sie diese in stressfreien Zeiten, in Ihren entspannteren, gemächlicheren und ruhigeren Phasen praktizieren. Das zeigt größere Effekte, weil Ihr Nervensystem dann ungestresst und deshalb aufnahmefähiger ist. Und ja, ich weiß, das scheint unlogisch. Doch versetzen Sie sich einmal in die Lage Ihres Gehirns! Indem es während der Stressreaktionen mit der Organisation Ihres Selbstschutzes befasst ist, kann es sich in stressfreien Zeiten erst wirklich mit den gesetzten Impulsen befassen und ungestört verdauen. Erst dann fallen die Reize auf fruchtbareren Boden.

6. Aktiv meditieren

Und schließlich empfehle ich Ihnen, im Zuge der Stressreduktion zu meditieren. Dabei ist es gut, wenn Sie verschiedene Meditationstechniken auf deren Wirkung auf Ihr Nervensystem hin prüfen. Nicht alle Methoden der Innenschau sind für jeden Menschen gleichermaßen effektiv, wenn Stressreaktionen in ihrem Körper toben. Besonders Frauen haben oftmals einen sehr anderen Zugang zu Meditation. Deshalb testen Sie verschiedene Methoden und Übungen, ja, auch aktivere, an Bewegung gebundene Meditationstechniken. Sie finden eine beträchtliche Anzahl an Übungen im Netz. Dazu zählen Tanz- und Bewegungsmeditationen, die *aktiven Osho-Meditationen*, Whirling, Atemtechniken oder Sequenzen, die einen stimmlichen Ausdruck einbeziehen.

Entstressung ganz praktisch

Wie gesagt, Dauerstress ist für viele Frauen so normal, dass sie sich gar nicht mehr wirklich daran stoßen oder ernsthaft auf die Idee kämen, ihn zu hinterfragen. Deshalb bitte ich Sie jetzt auf den Heißen Stuhl. Schauen Sie Ihrer persönlichen Stress-Realität ins Auge und filtern Sie heraus, wo Ihre Stressoren liegen.

P. S.: Falls Sie zu den Frauen zählen, die ein stressfreies Leben haben, sind Sie jetzt vom Nachbohren befreit.

Willkommen auf dem Heißen Stuhl: Ihrer Stressrealität ins Auge geschaut

Begeben Sie sich gedanklich in Ihren Alltag hinein und kristallisieren Sie alle Stressoren heraus, die für Erschöpfung, Energieverluste und Hektik in Ihrem Alltag sorgen.
Denken Sie an die großen und an die kleinen, die offensichtlichen und die verdeckten, an die harten Nüsse und die haarfeinen Stressörchen.
Lassen Sie nichts aus!

Der kleine große Stress

Wenn wir an Stress denken, assoziieren wir damit zumeist Situationen, die uns in Hektik, Hast und Kopflosigkeit versetzen, uns Druck bereiten, uns mit Verpflichtungen überhäufen, ein hohes Arbeitspensum erzeugen und uns enge Deadlines setzen. Und ja, diese Aspekte können es tatsächlich in sich haben. Doch dann gibt es noch die kleinen, feinen Stressoren, die Frauen gern übersehen, aber aus der Sicht des Körpers oftmals die bedenklicheren sind.

Wie Ihr Körper nämlich auf Stressoren reagiert, entspricht oft nicht dem, wie Ihr Verstand deren Stärke einschätzt. Nicht wenige Frauen meinen, dass große Stressoren auch den größten Stress erzeugen und die kleineren den leichter manövrierbaren. Das ist nicht automatisch so! Wie ein kleiner Stein im Schuh Sie zur Verzweiflung treiben kann, bringt ein einziger Tropfen das Fass zum Überlaufen. Wie Frauen Stress also einschätzen, muss nicht immer dem entsprechen, wie er wirklich ist und was er bewirkt. Tatsächlich bin ich einigen Frauen begegnet, die von sich behaupteten, in ihrem Leben gar keinen Stress zu haben, weil sie nicht berufstätig sind, einem Halbtagsjob nachgehen, die Kinder aus dem Haus sind oder sie sich über die Jahre Spielräume geschaffen haben, um ihr Leben in Ruhe zu organisieren. Und dennoch haben sie dieselben Baustellen, kämpfen mit ihrer Ernährung, mit ihrer Unausgewogenheit oder ihrem Gewicht.

Da wird es interessant. Wann immer ich das bemerkte, stellte ich fest, dass die Frauen dennoch einer Form von Stress unterlagen, nur dass diese in anderen Verkleidungen steckte. Und da spielt das „Talent" vieler Frauen hinein, sich selbst hinters Licht zu führen und sich Positives vorzugaukeln, während es eigentlich hinten und vorne nicht stimmt. Ich erinnere mich an Gabriele, deren Geschichte Bände spricht.

Gabriele suchte mich auf, nachdem sie ihren vierzigsten Geburtstag gefeiert hatte. Sie wollte ihr neues Jahrzehnt etwas besser beginnen und ihre Schlafstörungen kurieren. Da sie gehört hatte, dass diese ganz gut mit Meditation zu beeinflussen

seien, hoffte sie, dass ich ihr helfen würde. Auf meine Fragen hin versicherte sie, dass Stress in ihrem Leben kein Thema sei, sie alles in Ruhe mache und zu Hause alles gelassen laufe. Ich wurde allerdings stutzig, als sie mir erzählte, dass sie erst kürzlich Medikamente gegen einen zu hohen Blutdruck verordnet bekommen hatte, seit Jahren Verdauungsmittel nahm und in der Nacht kaum mehr als vier Stunden schlief. Okay. Also fragte ich weiter. Gabriele hatte tatsächlich einen ruhigen Tag, weil ihre zwölfjährige Tochter bis zum späten Nachmittag in der Schule war.
Doch es gab ein großes Aber. Dies bestand in den Abenden, die ein „gewisser Knackpunkt" waren, wie Gabriele es ausdrückte. Dann kam ihr Mann nach Hause, der in einer verantwortungsvollen Position arbeitete und dazu politische Verantwortung übernahm. Seine Verfassung bestimmte dann, wie das gemeinsame Abendessen verlief. Das Essen stand pünktlich um 19 Uhr auf dem Tisch und begann mit einem Frage-und-Antwort-Spiel. Zumeist sollte die Tochter erzählen, wie es in der Schule gelaufen war. Diese war oft nicht sehr gesprächig. Deshalb gab es immer dann, wenn irgendetwas nicht geklappt hatte, Streit. Da die Tochter zunehmend schlechte Noten hatte und an jedem Nachmittag Nachhilfestunden brauchte, war die Stimmung immer öfter gespannt. Gabrielle litt darunter, tat alles, um den häuslichen Frieden zu retten und verteidigte ihre Tochter. Das führte zu noch massiveren Streitereien. Nicht selten endete die Mahlzeit in Tränen und Frust. Gabriele atmete auf, wenn ihr Mann in seinem Büro verschwand. „Es ist ja nur diese eine Stunde, die ich umschiffen muss", sagte Gabriele, „aber sonst ist alles okay." Sie habe im Vergleich zu anderen Frauen ein gutes Leben. Schließlich ermögliche es ihr Mann, dass sie sich um ihre Tochter kümmern könne und sie sei finanziell abgesichert.

Da berührte Gabriele einen Punkt, den ich von Frauen immer wieder höre. Sie fügen sich im Austausch für finanzielle Sicherheit in Bedingungen, die ihnen nicht bekommen. Lange machen sie eine gute Miene zum bösen Spiel, weil sie nicht auf eigenen Füßen stehen, finanziell abhängig sind oder nicht den Mut haben, daran zu rütteln.

Wir werden uns mit solchen „Handelsabkommen“ zwischen Mann und Frau noch befassen, wenn es um Sex als Verhandlungsmasse geht, doch so viel schon hier: Wenn Frauen sich selbst belügen, ist es oft der Körper, der Warnsignale sendet und den Startschuss zum Aktivwerden gibt. Denn es war offensichtlich: Wie sollte Gabriele bei einem solchen Tagesausklang ruhig und zufrieden schlafen? Wie sollte sie sich am Tag entspannen und ihr Herz gleichmäßig schlagen, wenn der Abend wie ein Damoklesschwert über ihr hing? Wie konnte ihre Verdauung gut arbeiten, wenn sie die üppigste Mahlzeit des Tages am Abend unter Streit, Meinungsverschiedenheiten und Diskussionen zu sich nahm?

Es sind also nicht nur die großen, schnell erkennbaren Stressoren, die den Körper und seine Intaktheit stören. Es sind die kleinen oder üblichen Stressigkeiten, die an der Seele von Frauen nagen. Und da ist noch was: Frauen verarbeiten Unstimmigkeiten, Konflikte und Dauerzwist anders und tendenziell körperbetonter als Männer. Es geht ihnen im wahrsten Sinne des Wortes früher an die Nieren, wenn etwas nicht stimmt. Es schlägt ihnen direkter auf den Magen, wenn Wahrheiten unausgesprochen bleiben. Und es bereitet ihnen schneller Bauchschmerzen, wenn dicke Luft zu Hause herrscht. Und das wiederum hat auch etwas damit zu tun, dass sie die Konflikte oftmals im Zusammenhang mit Nahrungsaufnahme, am Esstisch, bei Feiern, unter Alkoholeinfluss oder bei gemeinsamen Mahlzeiten austragen.

Und nun zu Ihnen: Überprüfen Sie, ob Sie zu den Frauen gehören, für die es normal ist, handfeste Stressoren zu verniedlichen und letzten Endes sogar zu verteidigen. Schauen Sie genau hin und stellen Sie fest, ob Sie es erlauben, dass diese Ihnen wortwörtlich die Suppe versalzen, den Appetit verderben oder das Essen vergällen. Aus Erfahrung weiß ich, dass die heruntergespielten und negierten Stressoren meistens diejenigen sind, die uns Frauen die meiste Kraft entziehen.

Stress als Erschöpfer

Schauen wir uns ein weiteres Beispiel an, das für viele Frauen, die sich für ihre Familie aufopfern und ihre Energie gegen Sicherheit eintauschen, so typisch ist.

Ich kenne Rosemarie seit Langem. Für mich war sie immer eine Lebenskünstlerin, die einfach tat, was sich ihr anbot, sich durch Herausforderungen eher ermutigt fühlte und eine Leichtigkeit hatte, um die ihre Freundinnen sie beneideten. Sie mochte ihren Körper, machte aber um diesen nie so viel „Theater", wie sie sagte, und liebte große Eisbecher, Erdbeerkuchen und süßen Kakao. Ihr Job als Buchillustratorin machte ihr Spaß und als sie den Schritt in die Selbstständigkeit schaffte, bekam ihr das noch einmal mehr. Schließlich fand sie auch noch den Mann ihrer Träume und schenkte bald Zwillingen das Leben. „Manchmal werden Träume wahr", schrieb mir Rosi damals, als sie heiratete. Sie selbst könne kaum glauben, dass sie so glücklich sei.

Dann verloren wir uns aus den Augen. Wir waren beide beschäftigt und es blieb bei einer Geburtstags-SMS. Doch als ich Rosi wiedertraf, die Zwillinge wurden gerade vier, erkannte ich sie kaum wieder. Rosi wog etwa zehn Kilo weniger, hatte Augenringe und wirkte ausgelaugt. „Ich bin seit der Geburt der Kids chronisch ausgepowert", begrüßte sie mich. Und dann, als wir bei einer Tasse Kaffee saßen, erzählte sie mehr. Rosi hatte nach der Geburt ihrer Kinder sofort weitergearbeitet, doch alles nicht so richtig unter einen Hut bekommen. Freilich. Sie hatte sich einen Kundenstamm aufgebaut und war bekannt in der Branche. Viele Frauen kennen diesen Zwiespalt, der sich auftut, wenn sie sich zwischen Familiengründung und Beruf entscheiden müssen. Aber Rosi sah das als eine Art Übergang. Ach wo! Sie würde es schon irgendwie schaffen.

Und dann, erinnerte sich Rosi, ging alles schleichend, bis sie an einem Morgen aufwachte und nicht aufstehen, sondern liegen bleiben wollte, ein Empfinden, das für sie vollkommen untypisch war. Sie verstand es als Warnzeichen und sah, dass sie sich mittlerweile für das gesamte „Familienschiff" verantwortlich fühlte: für die Kinder, den Haushalt, den Hund, die organisatorischen Belange und ihr drittes Kind, wie sie

ihren Mann bezeichnete. Und konnte ihr Mann sie nicht unterstützen? Er war doch immer ein Befürworter der Emanzipation gewesen. Rosi winkte ab. Er war kurz nach der Geburt der Kinder in den Außendienst versetzt worden, sodass er erst am Abend nach Hause kam und die Kinder kaum noch sah. Er schlief abends noch früher ein als Rosi, die daraus einen Witz machte: „Na ja ... Je früher er einschläft, desto besser für mich. Dann kann ich mich wenigstens an den Schreibtisch setzen und meine Arbeit tun." Sie arbeitete oft bis nach Mitternacht, fiel dann todmüde ins Bett und nahm nur im Nebel wahr, wie ihr Mann früh das Haus verließ.
Und Ihr Körper? Wie kam es, dass sie nur noch aus Haut und Knochen bestand? Rosi winkte ab. Sie konnte sich kaum daran erinnern, wann sie zum letzten Mal eine entspannte Mahlzeit zu sich genommen hatte. Irgendwann hatte sie vergessen zu essen und Appetit nahm sie sowieso keinen mehr wahr. „Es ist okay", sagte sie. Dann wurde sie still. „Es muss ... Es muss okay sein...", flüsterte sie. Und dann rückte sie mit der Wahrheit heraus. Ihr Körper zwang sie, ihr „Okay" zu hinterfragen: Sie hatte in ihrer Brust einen Knoten getastet. Die erste Aufgabe, die ihre Gynäkologin ihr mitgegeben hatte, hieß: rapide Stressreduktion.

Atmosphärisches Essen

Vielleicht können Sie jetzt noch deutlicher sehen, dass es nicht immer die primäre Rolle spielt, wie viele Kalorien Ihr Essen hat, wie viel Mineralwasser Sie trinken, wovon Sie viel oder wenig essen, wie viel Gramm Fett Sie beim Sporttreiben verbrennen oder ob jedes Lebensmittel Bioqualität hat, vegan oder frei von allergenen Stoffen ist. solange Stress die Hauptrolle in Ihrem Leben spielt und dieser Ihren Organismus dauerhaft in Notzustände drängt, haben Sie nur einen sehr begrenzten Zugang zu Ihrem Stoffwechsel und folglich auch zu einer natürlichen Ernährungsweise.

Bevor wir uns im folgenden Kapitel weiter mit dem Bewusstwerden und mit den Effekten der Innenschau auf Ihre Ernährung befassen, möchte ich Ihnen noch eine Körper-Versöhnübung vorstellen. Wenn Sie sich deren drei Kernworte merken, haben Sie in hektischen Zeiten neben den oben genannten sieben Entstressungsmaßnahmen brauchbare Werkzeuge in der Hand.

Versöhnübung #7: Essen Sie stressfrei, freundlich und bewusst!

Stressfrei:
Warten Sie mit dem Essen solange, bis Sie sich von Stress, Eile, Hektik, Druck, Getriebensein oder emotionalem Durcheinander gelöst und zu einer grundsätzlichen Ruhe gefunden haben.

Freundlich:
Sorgen Sie für eine freundliche Atmosphäre beim Essen oder Trinken.
Nehmen Sie nie Nahrung zu sich, während Sie streiten, kritisieren, diskutieren oder in destruktiven Gesprächen sind.
Warten Sie, bis sich die Situation beruhigt hat.

Bewusst:
Wann immer Sie essen, seien Sie anwesend, aufmerksam und „da".
Essen Sie nie nebenbei, während Sie sich auf etwas anderes konzentrieren, fernsehen, SMS-Nachrichten schreiben, posten, twittern, instagrammen und ja, in irgendeinen Bildschirm schauen.

Ernährungsharmonie durch Bewusstheit und Innenschau

Bewusstheit und die Natur des Körpers

Nach all dem Gesagten vermute ich, dass Sie bereits ein grundsätzliches Verständnis dafür entwickelt haben, warum es sinnvoll ist, dass Sie Ihren Körper in die Fragen der Ernährung immer öfter einbeziehen und ihm mehr und mehr die Autorität überlassen. Bei allem ist mir bewusst, dass dies für Sie, je nachdem wie Sie zu Ihrem Körper und Ihrer Ernährung aktuell stehen, eine große Veränderung bedeuten kann.

Vielleicht fragen Sie sich auch, wie Sie das alles in die Praxis umsetzen können. Es klingt fast utopisch, sich über all diese verschiedenen Aspekte Klarheit zu verschaffen und sie im *„Real Life"* anzuwenden. Natürlich gibt es eine Realität, Ihre Realität, und diese kann momentan so aussehen, dass Sie kaum Spielräume für Experimente und Veränderungen haben. Wenn Sie eine Meisterin der Mehrfachbelastungen, die Managerin Ihrer Familie oder eine alleinerziehende Mutter sind, mögen Sie sowohl meine Vorschläge, wie Ernährung gehen kann oder auch meine Radikalität, Stress auf den Leib zu rücken, vielleicht sogar als unbrauchbar abhaken. Wenn Sie sich als Selbstständige oder im Studium von Wochenende zu Wochenende hangeln und kaum ein paar ruhige Minuten für sich selbst haben, werden Sie vielleicht nicht einmal die Versöhnübungen testen mögen.

Wenn Sie eine solche Tendenz in sich wahrnehmen, erinnern Sie sich unbedingt an die Grundausrichtung dieses Buches. Ich rüste Sie hier mit zwei sehr anderen Ansätzen aus als die, von denen Sie in gewöhnlichen Selbstoptimierungskursen hören: Zum einen sind Sie dabei, sich an die bereits angelegte, in Ihnen wohnende Natürlichkeit Ihres Körpers anzuschließen, und zum anderen gehen Sie auf der Basis der Bewusstheit vor. Diese beiden Aspekte haben eine vollkommen andere Wirkungsweise als übliche Ernährungsprogramme, weil sie im Inneren des Organismus ansetzen und sich deshalb anders in Ihr Leben schlängeln.

Zur Natürlichkeit: Wenn Sie sich an der natürlichen Ausstattung Ihres Körpers orientieren, baut Ihr gesamtes Vorgehen darauf auf, dass es in Ihrem Organismus bereits einen Nährboden gibt. Und deshalb müssen Sie keine Funktionen vollkommen neu installieren, erlernen oder Ihrem Körper von Grund auf beibringen. Statt ihn einem körperfernen Konzept unterzuordnen, docken Sie sich allmählich wieder an dessen Grundausstattung an und befreien Ihre Natur von der Last des Falschen und Unnatürlichen, unter der sie vielleicht gelitten hat. Und was Ihre wachsende Bewusstheit anbelangt, verhält es sich ähnlich. Wenn der Prozess des Wachsamseins einmal in Gang gesetzt ist und Früchte trägt, wird er sich immer selbstverständlicher entrollen. Das bewusste Im-Kontaktsein mit dem Körper vertieft sich, weil auch das eine natürliche, in uns angelegte Qualität ist.

Damit ist eine weitere gute Nachricht verbunden: Beide Vorgänge, das Anknüpfen an Ihre Natur und das Bewusstwerden, befruchten einander. Der Prozess des Bewusstwerdens bringt Sie automatisch Ihrer Natur näher, weil Sie diese als „inneren Maßstab" heranziehen. Und anders herum: Wenn Sie in Kontakt mit Ihrer Natur kommen, schulen Sie sich automatisch immer mehr im Wahrnehmen und Beobachten, weil Ihre Natur auch deutlicher „spricht". Schließlich tauchen Sie durch dieses Wechselspiel immer mehr in die Tiefen Ihres Organismus ein und werden sich immer mehr der Tatsache bewusst, dass es in Ihrem Inneren auch einen Platz gibt, an dem es stiller wird, an dem Sie ganz und gar zur Ruhe kommen. Und das ist der Bereich, den Sie durch die Meditation berühren.

Die Freiheit des Beobachtens

Vielleicht können Sie mittlerweile sehen, dass sich bestimmte Vorgänge immerzu wiederholen. Und genauso ist es hier. Das sogenannte Bewusstwerden spielt eine Schlüsselrolle, wenn Veränderung eintreten soll.

Mit dem Vorgang des Bewusstwerdens und Sich-nach-innen-Richtens sind oftmals Missverständnisse verbunden. Ich erlebe es des Öfteren, dass Menschen meinen, sie müssten nun im Zuge des Bewusstwerdens jeden Schritt, den sie tun, und jede Entscheidung, die Sie treffen, analysieren oder durchdenken. Sie müssten von nun an ihr Leben lang eine Art Denkgymnastik betreiben, damit sie das, was im sogenannten Hier und Jetzt geschieht, ja nicht verpassen. Doch das ginge an dem Vorgang des Bewussterwerdens definitiv vorbei.

Ich verstehe, woher diese Idee kommt. In unserem westlichen Verständnis gibt es im Gegensatz zu fernöstlichen Traditionen keine „innere Kultur", die das Bewusstsein oder Meditation als etwas Grundlegendes anerkannt und deshalb einen entsprechenden Wortschatz entwickelt hat. Alle Begriffe, die wir aus der Welt des Bewusstseins und der Meditation verwenden, sind zumeist mehrfach übersetzte. Und deshalb kommen sie dem ursprünglichen Inhalt und ihrer wahren Bedeutung nur noch in etwa nahe. Und das kreiert mitunter Missverständnisse.

Sehen wir uns ein Beispiel an. Mit dem Einzug der *Mindfulness*- oder Achtsamkeitsmeditation, die in den Siebziger Jahren von dem amerikanischen Molekularbiologen John Kabat-Zinn auf Grundlage der Vipassana-Meditation entwickelt wurde, verbreitete sich das Wort *„mindful"* als Begriff für achtsam oder aufmerksam. Der Begriff stammt von Gautama Buddha, der ihn vor über 2500 Jahren verwendete. Der Begriff *„mind-ful"* lädt uns geradezu dazu ein, auf *„full of mind"* zu schließen und anzunehmen, dass wir alles überlegt und *gedankenvoll* machen sollten. Aber das geht an der Sache ganz und gar vorbei. Buddha beschrieb ursprünglich einen Zustand der erhöhten Aufmerksamkeit, der Wachheit, des absoluten Da-Seins im Hier und Jetzt.

Ein weiterer Grundsatz in der Mindfulness-Meditation lautet, dass wir bestimmte Vorgänge in- und außerhalb von uns urteilsfrei wahrnehmen sollten. Das ist genau das, was Bewusstheit auszeichnet. Aber unser ewig in der Analyse trainierter Verstand reißt sich das Unkommentiertsein blitzschnell unter den Nagel und beginnt, darüber nachzudenken: „Ach ja ...", sagen die inneren Stimmen, „ich soll ja nicht beurteilen!" oder „Ich soll ja nicht werten!", auf jeden Fall „Ich soll ja nicht." Und daraus entsteht schnell ein Konflikt. Wenn das der Prozess des Bewussterwerdens wäre, würden Sie sich damit ja nichts anderes als verrückt machen.

Aus derselben Tradition stammt das englische Wort *„watching"*. Es wird bei Achtsamkeitsübungen oder Meditationsanleitungen benutzt wie *„watch your breath…"* oder *„watch your heart beat …"* Ins Deutsche wird *„watching"* mit Beobachten oder Betrachten übersetzt. Doch wenn wir etwas beobachten, verbindet der Verstand es damit, dass wir etwas Bestimmtes stärker ins Visier nehmen und unseren Blick daran heften. In der Welt des Bewusstwerdens aber geht es beim sogenannten *„Watchen"* um eine aus der Distanz vorgenommene Beobachtung, ohne sich herausgestellt um den Inhalt, das Beobachtete, das *„Gewatchte"* zu kümmern.

Zurück zu Ihnen und Ihrem Sinn fürs Praktikable: Wenn Sie sich nun immer mehr im Bewusstwerden üben und dieses insbesondere in so komplexe Gebiete wie die Ernährung einfließen lassen, sollten Sie verstehen, dass es nicht darum geht, jeden Bissen, den Sie zu sich nehmen, hundertmal zu überlegen oder jeden Schluck, den Sie trinken, zu zensieren. Ich möchte Ihnen hier zeigen, was es mit dem urteilsfreien Wahrnehmen auf sich hat: Es gibt mehrere Stufen der Bewusstwerdung und diese stelle ich Ihnen vor. Wenn es um das „Bewusstwerden" geht, sollten wir die objektbezogene Bewusstheit vom übergreifenden globalen Bewusstsein unterscheiden.

1. Die objektbezogene Bewusstheit

Der Anfang allen Bewusstwerdens ist ein was- oder objektbezogener Prozess. Sie werden aufmerksamer sich selbst und Ihrer Umgebung gegenüber. Durch Ihre gesteigerte Aufmerksamkeit fällt Ihnen auf, was Sie tun, wie Sie reagieren, was womit zusammenhängt und auch welche Vorgänge wodurch gefördert oder verhindert werden. Diese erkenntnisreichen Abläufe sind gewissermaßen aha-geprägte Prozesse, die oft von wertvollen *„Lightbulb*-Momenten", wie ich sie gern nenne, begleitet werden: „Aha …, so ist das!", „Aha, das hängt damit zusammen. Interessant! Wow! Cool! So, so … Mmm … Aha."

In Bezug auf Ihre Ernährungsweise ginge dieser Prozess wie folgt vonstatten: Aha, immer, wenn ich dies oder jenes esse, fühlt sich mein Körper leicht und beschwingt an. Wenn ich spät abends esse, liege ich lange im Bett wach und

fühle, dass mich meine Verdauung vom Schlafen abhält. Oder: Wenn ich mich miserabel, allein gelassen oder unzufrieden fühle, greife ich zu bestimmten Nahrungsmitteln, während mir der Sinn nach diesen niemals steht, wenn ich gelassen, froh und heiter bin. Aha. Mmm. So, so.
Einzig aufgrund solcher erkenntnisschwangeren Prozesse des Beobachtens können Sie vieles verändern, sich von Gewohnheiten lösen, das Natürliche vom Unnatürlichen unterscheiden oder immer passendere Alternativen entwickeln. Durch diese Vorgänge der Selbstreflexion werden Sie immer hellhöriger und machen es Ihrem Körper immer einfacher, seine Selbstregulation auszuleben.

2. Das übergreifende Bewusstsein:
Und dann gibt es noch ein Bewusst-Sein, das keinen was-bezogenen Fokus hat. Dieses bezieht sich auf einen Allgemeinzustand der Aufmerksamkeit, der über ein objekt- oder inhaltsbezogenes Bewusstwerden weit hinaus geht. Sie fokussieren nicht auf den Inhalt von etwas, sondern lassen sich auf die Inhalte des Beobachteten überhaupt nicht ein. Anstatt sich mit diesen thematisch zu befassen, bleiben Sie im Draußen. Anstatt verstehen zu wollen, nehmen Sie eine bloße Beobachterrolle ein. Ja genau, Sie bleiben „watchend".
Auch dieses übergreifende Bewusst-Sein führt zu Einsichten und Aha-Momenten. Doch diese sind größer und weiter, weil existenziellerer Natur und sie spielen sich auf einer wort- und begrifflosen Ebene ab.

Zurück zum Ausgangspunkt: Es geht also im großen Bild gesehen nicht darum, dass Sie unter dem Deckmantel der Selbstreflexion immer mehr überdenken und analysieren, sondern dass Sie immer mehr *„beobachtend sind"*. Auf dem kontroversen Gebiet der Ernährung dürfte Sie das enorm entspannen. Und noch etwas! Beide Bewusstseinslevel entwickeln Sie am besten durch die Meditation.

Meditation als Mittel der Wahl

Vielleicht erinnern Sie sich aus dem ersten Kapitel daran, dass das Erfahren des „Zustandes der Meditation" der springende Punkt ist. Innerhalb dieses Zustandes der Stille und der der Nichtidentifikation mit inneren und äußeren Zuständen sind Sie tatsächlich die bloße Beobachtende. Und genau das bekommt Frauen auf dem Gebiet der Ernährung besonders gut! Denn das, was ihnen da am meisten die Beine stellt, sind die vielen Beurteilungen und Bewertungen, die in ihren Köpfen sitzen. Diese können nur verblassen, wenn wir sie nicht immer wieder mit Energie speisen, sondern sie beobachten, in der Distanz stehen lassen und immer weniger benutzen. Dabei habe ich im Laufe der Jahre nicht nur an mir, sondern auch an Kursteilnehmern und Klienten etwas sehr Wertvolles beobachten können: Meditierende Frauen berichten oft davon, dass sie, ohne explizit etwas dafür zu tun, allein durch ihre Innenschau ein vollkommen neues Verhältnis zu ihrer Ernährung entwickelt haben. Sie essen nicht nur anders, in anderen Rhythmen, zu anderen Zeiten und auf bewusstere Art und Weise. Sie fühlen sich auch enger mit Ihren Nahrungsbedürfnissen verbunden und greifen instinktiv zu anderen Speisen oder Getränken. Tatsächlich mag es wie ein Paradox klingen: Obwohl sich die Meditation nicht thematisch mit was-bezogenen Prozessen, also auch nicht mit der Ernährung befasst, ist sie dennoch das Mittel, durch das Sie immer mehr Feinheiten im Inneren Ihres Organismus erfassen können.

Im Grunde ist das ganz einfach zu erklären: Je öfter Sie die Erfahrung der Stille in sich gemacht haben, desto aufmerksamer können Sie in sich hinein lauschen und desto feiner wird Ihr Gespür für sich selbst. Sie erhalten auf empfindungsbezogener Ebene immer mehr „verwertbare", wenn auch wortlose Informationen. Genau das ist ein willkommener Nebeneffekt von Meditation.

Meditation und innere Information

Nutzen wir diese Erkenntnisse und wenden sie auf drei ernährungsbezogene Themen an.

Beispiel eins: Vielleicht erinnern Sie sich. Ich hatte Sie zu Beginn des Kapitels gefragt, ob Sie emotional oder kompensatorisch essen, also ob Sie bestimmte Gefühle über die Nahrungsaufnahme auszugleichen oder herzustellen versuchen. Diese Frage stelle ich auch Klientinnen. Einige von ihnen zucken erst einmal mit den Schultern und sagen mir, dass sie diese Frage gar nicht so leicht beantworten können. Es falle ihnen schwer zu unterscheiden, ob sie aus Gewohnheit, des Appetits halber oder als Ersatzhandlung essen. Selbst wenn sie ihren Körper fragten, bleibe eine Antwort aus. Mit meditativen Erfahrungen wird das Erfassen genau solcher Differenzierungen immer einfacher, obwohl Sie sich beim Meditieren inhaltlich gar nicht damit befassen.

Beispiel zwei: Nehmen wir jetzt einmal das von außen gesteuerte, marionettenähnliche Essen her, das wir ebenso besprochen haben. Hier kommt dasselbe zum Tragen. Ohne dass Sie nachzugrübeln brauchen, ob es die Schokolade ist, die Sie beim Einkauf im Supermarkt magisch anzieht oder das Sonderangebot, das Sie verführt: Sie werden solche Rufe von außen im Zuge Ihrer Meditationserfahrungen zwar weiterhin bemerken. Doch Sie filtern immer mehr auf rein gefühlsmäßiger Ebene heraus, ob Sie etwas entscheiden, was für Sie nicht stimmig ist. Und genauso wie Sie das immer klarer spüren, bleibt es in Ihnen ruhig und „windstill", wenn alles für Sie passt.

Beispiel drei: Hier noch einmal zurück zum Thema Stress, dass wir uns angeschaut haben. Der springende Punkt ist ja der, dass wir immer erst mit Maßnahmen reagieren, wenn wir über die Stränge geschlagen haben, obwohl es intelligenter gewesen wäre, den Moment zu erfassen, in dem der Stress entsteht. Viele Klientinnen schlagen sich gerade mit diesen inneren Vorwürfen herum. Auch da helfen Ihnen meditative Erfahrungen weiter.

Ganz von selbst werden Sie wacher für solche Momente, in denen Sie von still auf hektisch, von entspannt auf angespannt, von gelassen auf gejagt umschalten. Genauso wie Sie spüren, dass Sie im Stress vergessen, etwas zu trinken, werden Sie sofort hellwach, wenn Sie zu einem vor Fett triefenden, gezuckerten Donut greifen, nur weil sie frustriert und erschöpft sind. Und auch die stressbedingten Heißhungerattacken oder nächtlichen Kühlschrankbesuche relativieren sich. Das sollte doch wie eine Sinfonie in Ihren Ohren klingen, oder etwa nicht?

Schieben wir gleich eine Meditationsübung ein, die Sie im In-sich-Hineinhorchen schult. Wiederholt geht es um ein betontes Ausatmen, wie Sie es von der Stecknadel-Stille-Meditation kennen – nur ohne Stecknadel.

Versöhnübung #8: Die Atempause zählen und beobachten

Erster Schritt: Die Atempause zählen

Liegen oder sitzen Sie bequem und schließen Sie die Augen.
Besinnen Sie sich auf Ihre Atmung und atmen Sie immer bewusster aus.
Dabei werden Sie feststellen, dass es nach jeder Ausatmung eine kleine Pause gibt.
Und nun zählen Sie, idealerweise im Rhythmus Ihres Herzschlages,
wie lang die Atempause ist. Eins - zwei - drei ...
Machen Sie das mindestens sieben Atemzüge lang.
Stellen Sie fest, ob sich die Länge der Atempause nach der Ausatmung verändert
oder ob sie gleichbleibt.

Zweiter Schritt: Die Atempause beobachten

Atmen Sie, wie Sie immer atmen, und beobachten Sie für mindestens sieben
Atemzüge die Pause, die nach der Ausatmung entsteht.

Fünf Brücken zum Hier und Jetzt

Ich weiß aus eigener Erfahrung, dass der Prozess des inneren Bewusstwerdens möglicherweise nicht für jede von Ihnen einfach ist. Da ich selbst durch so viele verschiedene Phasen gegangen bin und immer noch hinzulerne, weiß ich in etwa, welche Stolpersteine es dabei gibt. Deshalb möchte ich Ihnen einige Tipps geben, die gewissermaßen eine Brückenfunktion haben und die Sie mit in Ihre Bewusstheits- und Meditationspraxis einfließen lassen können.

1. Das Schnattern des Verstandes sehen

Anfangs nämlich, wenn die Selbstreflexionen noch unsicher, Ihre Gedanken aber übereifrig und hyperaktiv sind, fällt es Ihnen möglicherweise schwer, die inneren Beobachtungen einfach nur geschehen zu lassen. Ihr Verstand wird sich sofort einmischen wollen, sobald er seine Chance gekommen sieht. Und das scheint zumeist im Doppelpack zu passieren: Je mehr stille Momente Sie mit sich erleben, desto mehr wird Ihr Verstand versuchen, seine Wichtigkeit zu beweisen. Für den Fall, dass Sie genau das bemerken, sorgen Sie sich nicht! Entscheidend sind Ihre stillen Momente. Solange Sie diese mit sich selbst haben, ist alles gut, ganz egal was Ihr Verstand Ihnen zu verklickern versucht.

2. Hellhörigkeiten verstehen

Ein weiterer Punkt ist, dass Sie mit zunehmender Meditationserfahrung und gesteigerter Bewusstheit empfindungsfähiger werden und folglich immer mehr in sich wahrnehmen und bemerken. Je mehr Sie registrieren, desto klarer wird Ihnen natürlich auch, was noch nicht stimmt, wie oft Sie gegen Ihren Körper ins Feld ziehen oder wie stark die Macht Ihrer Gewohnheiten ist. Je nachdem, wie massiv Sie Ihren Körper früher missachtet und wie viel Sie ihm zugemutet haben, kann es im Zuge der Meditation tatsächlich passieren, dass Sie sich im Vergleich zu vorher, als Sie sich noch nicht um eine verstärkte Achtsamkeit gekümmert haben, jetzt sogar unrichtiger und verkehrter fühlen.

Doch das ist ganz klar! Je mehr Sie nach innen einkehren, desto hellhöriger werden Sie für sich selbst. Das, was Sie nun „zusätzlich" wahrnehmen, war vorher auch schon da. Nur haben Sie es nicht bemerkt.
Deshalb: Tadeln Sie sich nicht, wenn Sie an sich Ungereimtheiten spüren. Im Gegenteil! Klopfen Sie sich auf die Schulter, wenn Sie auf etwas aufmerksam werden, das nicht zu Ihnen und Ihrer Natur gehört. Erkennen Sie sich dafür an!

3. Schuldlos sein

Dieses Auf-die-Schulter-Klopfen hat auch noch einen tieferen Sinn. Sie erkennen dadurch nämlich Ihr Bemühen an, dass Sie wach genug waren, das Alte oder Destruktive zu erkennen. Ihre Angewohnheiten sind ja, wenn Sie näher hinschauen, allesamt vergangene Antworten auf vergangene Situationen. Sie waren die einzigen Lösungen, die Sie einst unter Ihren damaligen konkreten Lebensbedingungen finden konnten. Wären Ihnen andere möglich gewesen, hätten Sie diese angewandt. Hätten Sie anders reagieren können, wäre es passiert. Ihre Reaktionen haben sich erhalten, weil Ihr Leben nun einmal so und nicht anders spielte.
Das Ganze betone ich, weil Frauen prädestiniert dafür sind, im Zuge ihres Bewusstwerdens bei sich die Schuld zu suchen und sich diese dann selbst in die Schuhe zu schieben. Einmal abgesehen von der Tatsache, dass Schuldzuweisungen noch nie jemandem wirklich geholfen haben, heißt Bewusstwerden nicht, sich selbst zu kritisieren oder sich erneut auf die „Ich-bin-nicht-gut-genug"-Schiene zu begeben.

Bewusster zu werden ist immer damit verbunden, dass Sie sich selbst immer mehr als den Menschen anerkennen, der Sie sind. Immer mehr öffnen Sie sich selbst gegenüber Ihr Herz!

Versöhnübung #9: Herzensenergie-Meditation

Sie können sitzen oder liegen. Wichtig ist, dass Sie sich in Ihrer Position wohlfühlen.
Stellen Sie sich einen Timer auf 7 Minuten oder eine andere beliebige Zeit.
Sie können aber auch ohne Zeitvorgabe meditieren.

Legen Sie die linke Hand locker auf Ihr Herz, während Sie die rechte auf Ihrem Nabel ruhen lassen. Spüren Sie die Berührungsflächen Ihrer beiden Hände auf dem Körper und nehmen Sie die Atembewegung wahr, die dort fühlbar ist.
Möglicherweise können Sie sogar Ihren Herzschlag spüren.

Verbinden Sie sich mit Ihrer Herzensenergie und fühlen Sie sich immer tiefer in das Innere Ihres Herzens ein.
Verweilen Sie solange, bis der Timer tönt oder aber solange, wie Sie möchten.

4. Verbote fallen lassen

Noch immer sind wir beim Bewusstwerden, beim „Bemerken, dass …“ und bei den Effekten von Meditation auf Ihre Beziehung zum Thema Ernährung. Wenn Sie sich beispielsweise dabei beobachten, dass Sie sich ernährungsbezogen für etwas entscheiden, obwohl Sie wissen, dass es Ihnen nicht guttut, Ihnen nicht bekommt oder Sie sogar wissen, dass Sie es nachher bereuen werden, entstehen schnell innere Kämpfe. „Soll ich? Oder soll ich nicht?“, „Soll ich mir jetzt wieder in den Rücken fallen? Oder schaffe ich es, dies nicht zu tun?“ oder „Eigentlich wollte ich … Eigentlich müsste ich es doch schon besser wissen…!“ Die Vielfalt von Gedanken kann groß sein, wenn sich alte Gewohnheiten über das richtige und verkehrte, das gesunde und ungesunde Essen, über alle Verbote und Regeln durchzusetzen versuchen. Diese sind eng mit Gewissensbissen verzahnt, die in den Köpfen vieler Frauen nisten.

Dazu sage ich Ihnen eines: Verbieten Sie sich nichts! Lassen Sie im Prozess des Bewusstwerdens alle Verbote, Gewissensbisse und erhobenen inneren Zeigefinger fallen! Geben Sie sich stattdessen etwas Zeit, bis Ihr Gehirn die neuen Informationen verarbeitet hat, sich die neuen Impulse in Ihnen gesetzt haben und bis die Gewohnheiten, die Ihrem Körper wirklich schaden, ihre Kraft verlieren. Das passiert nicht von heute auf morgen! Ihr Gehirn hat entsprechende neuronale Verknüpfungen hergestellt, die es gewohnheitsmäßig erst einmal noch weiter bedient. Was also tun?

Ich persönlich plädiere dafür, allem, was in Ihnen nach Ausführung ruft und drängt, zunächst einmal nachzugeben und zu sehen, was passiert. Machen Sie es, aber addieren Sie so viel Bewusstheit wie möglich hinzu. Denn: Was sollten Sie denn sonst machen? Wenn Sie sich das Süße verbieten, steigt Ihr Appetit darauf noch mehr an. Wenn Sie auf Pizza verzichten und diese mit einem Salatteller ersetzen wollen, weht Ihnen der Pizzaduft vom Italiener noch viel tiefer in die Nase. Wenn Sie beschließen, Mineralwasser statt Cola zu trinken, sehen Sie überall nur noch Cola trinkende Menschen. Wenn Sie sich vornehmen, auf das Glas Rotwein am Abend zu verzichten, denken Sie an nichts anderes als an den guten Tropfen. Und wenn Sie die Kartoffelchips mit Macht aus Ihrem Denken verbannen, steuert Ihr Einkaufswagen wie von selbst auf das Regal mit den Knabbereien zu. Also erlauben Sie! Erlauben Sie bewusst!

5. Neue Muster verhindern

Und noch ein Stolperstein kann Ihnen beim Bewusstwerden in den Weg kommen: Wenn die alten Gewohnheiten nämlich verblassen, fragen Sie sich möglicherweise, was nun? Was, wenn das Alte nicht mehr greift? An diesem Punkt scheiden sich die Geister: Viele Verfechter von Selbstoptimierungsmaßnahmen empfehlen nämlich, anstelle alter Gewohnheiten neue und bessere zu setzen. Doch vielleicht ahnen Sie es bereits: Dafür kann ich aus der Sicht der Natürlichkeit des Körpers nicht plädieren. Würden Sie alte mit neuen, vielleicht besser klingenden Gewohnheiten ersetzen, widerspräche das der Freiheit Ihres Organismus und würde Sie früher oder später genauso von seinen Bedürfnissen ablenken.

Wenn Sie Ihre Ernährungsregulation immer mehr Ihrer Natur überlassen möchten, wäre es naheliegend, wenn Sie Ihrem Körper vertrauen und ihm das Steuer übergeben. Erinnern Sie sich daran, wie es die Kinder machen! Sie begegnen jeder Situation unvorbelastet und gewissermaßen „nackt".

Der Körper weiß ganz genau, was er wann, wovon und in welcher Menge braucht. Und damit hat er instinktiv recht: Unser Leben mit seinen ständig neuen Situationen, Beanspruchungen und Herausforderungen ändert sich zu schnell, als dass Ihr Körper immerfort Appetit auf dieselben Nahrungsmittel anmeldet, zu einer bestimmten Uhrzeit immer denselben Hunger hat oder nach derselben Menge Flüssigkeit verlangt.

Also: Geben Sie Ihrem Innenleben seine Freiheit zurück!

Zurück zum Brennpunkt-Thema

Sicherlich stimmen Sie mir zu, dass wir hier zum Thema Ernährung noch vieles diskutieren könnten. Doch das würde den Rahmen des Buches sprengen. Wenn Sie für sich abspeichern, dass die Ernährung eine Funktion ist, die Ihr Körper eigentlich ganz von selbst regeln kann, wissen Sie, wohin der Weg führt. Und falls Sie sich verirren, dann erinnern Sie sich an schwangere Frauen oder an Kinder, die etwas zum ersten Mal tun. Sie wissen, wie das Essen und Trinken in der Balance funktioniert.

Schließen wir dieses Kapitel jetzt mit einem frischen Blick auf Ihr Brennpunkt-Thema ab.

Willkommen in der Me-Time-Lounge: Ihr Brennpunkt-Thema im Visier

Nehmen Sie Ihr Thema erneut her und reflektieren Sie es nach dem Lesen dieses zweiten Kapitels erneut.
Selbst wenn Ihr Thema keine Beziehung zu Ernährung, Genährtsein, Essen und Trinken hat, wäre es dennoch möglich, dass es in seinem Kern von dem bisher Gesagten berührt wurde.
Also: Würden Sie Ihr Thema jetzt immer noch genauso formulieren wie zu Beginn? Oder hat es sich verändert?

3.

Eine natürliche Sexualität – ein Buch mit sieben Siegeln?

Von Lust, Fake, Frust und anderen Missverständnissen

Natur pur

Nachdem wir uns mit den Themen Figur und Ernährung auf der Grundlage unserer Natürlichkeit befasst haben, widmen wir uns jetzt einem Gebiet, das vielen Frauen nicht weniger Bauchschmerzen bereitet: ihre Sexualität. Ich sag's gleich einmal direkt: Die Sexualität ist eines der gestörtesten Gebiete hinsichtlich des Körperempfindens der Frau. Es ist so überfrachtet mit Missverständnissen, Beschämungen, Perversionen, Extremen und Tabus, dass ich überlegen musste, womit ich am besten anfangen soll. Doch als ich den roten Faden des Buches aufnahm, wurde sofort alles klar: Wenn wir auf die Versöhnung mit unserem Körper zusteuern und dabei unsere Natur als Maßstab nehmen, ist es offensichtlich, wo unsere Lösungen liegen. Die Frage lautet ja nicht, welche Form der Sexualität für unseren Körper die einzig richtige ist, sondern zunächst einmal, wie es die Natur in uns eingerichtet hat. Und daraus folgt, wie jede Frau ihre Natur ausleben kann.

Diesen Ansatz werden Sie möglicherweise so gut wie nirgendwo finden. Denn in den letzten Jahren ist selbst die Sexualität in die Hände der Selbstverbesserungsexperten, Möchte-gern-Coaches und Webinar-Gurus gefallen. Viele dieser Ratgeber kommen dadurch zustande, dass sich Menschen plötzlich in einem Wochenendseminar zum Experten ernennen, nach reißerischen Themen Ausschau halten und sich vom Thema Sex eine gute Einnahmequelle erhoffen. Klar, mit einem Sexthema punkten sie immer. „Sex sells", sagt man im Englischen. Und damit ist das ganze Erotik-Gedöns in den Fokus vieler Frauen gerückt.

Das Ganze hat auch etwas Gutes, weil die Sexualität dadurch immer weniger mit vorgehaltener Hand besprochen wird und auch die weibliche Sexualität von Vorurteilen befreit wird. Dennoch geben Erotiktipps, lustbezogene Selbsthilfeprogramme oder Schritt-für-Schritt-Anleitungen zum weiblichen Orgasmus den Frauen in den seltensten Fällen das Gefühl, die Autorität über ihre sexuelle Wahrheit zu haben. Das liegt daran, dass die Tipps von außen kommen, Techniken,

Positionen oder Sextoys empfehlen, Erotik künstlich inszenieren, die Vorstellungswelt und Fantasien bedienen und so die Gedankenwelt zum Herstellen von Erregung benutzen. Doch das geht an den Frauen vorbei, die mit sich und ihrem Körper wirklich ins Reine kommen wollen. Sie möchten sich gemeint fühlen und ihren Körper nicht auf ein bloßes Erregungsmittel reduzieren.

Weil die weibliche Sexualität ein heißes Eisen ist und es immer mehr empfindungsbereite Frauen gibt, die einen natürlichen und sich organisch anfühlenden Weg suchen, liegt nichts näher, als dass wir wieder unseren Körper mit seiner Natürlichkeit zu Wort kommen lassen. Also zurück zur Natur! Genau dieser gehen wir jetzt auf den Grund.

Natürliche Sexualität

Wieder kehren wir zum Ursprung der körperlichen Funktionen zurück und schauen uns an, wie sich die Sexualfunktion bei uns Menschen entwickelt, wie dies natürlich geschieht und wo die Verdrehungen und Missverständnisse ihren Anfang nehmen. Wie Sie vielleicht schon vermuten, müssen wir wieder weit in unsere Geschichte als Mensch zurückgehen. Obwohl die Sexualität, so glaubt man, ein „erwachsenes Thema" ist, liegen deren Grundlagen in unseren frühen Lebensjahren.

Ein Kind wird zunächst in einem weiblichen oder männlichen Körper geboren, den es, je älter es wird, Schritt für Schritt entdeckt. Es erforscht seine Finger, seine Arme, seine Beine, seine Füße, seinen Mund, seine Ohren, bis es irgendwann sein Geschlechtsorgan findet und sich mit ihm vertraut machen will. Und da beginnt für viele Kinder bereits der Konflikt. Nicht wenige Eltern, Großeltern, Geschwister oder Nannys sind nämlich nicht davon begeistert, wenn es diesen Moment enthusiastisch begrüßt und mit seinem Penis oder seiner Vulva selbstvergessen spielt. Sie ziehen ihm die Hand weg, kommentieren die Selbstberührung möglicherweise mit einem verachtendem Blick, einem „Das macht man nicht!" oder „Das ist pfui" oder „Igitt" oder geben dem Kind sogar einen Klaps auf die Hand.

Das Kind horcht auf. Was? Wieso? Warum? Ist das nicht gut? Durch die Reaktion der Erwachsenen kommt es auf die Idee, dass es etwas Schlechtes tut, wenn es diesen Körperteil berührt. Je nachdem wie übergriffig etwaige Verbote sind, verinnerlicht es, dass die Geschlechtsorgane besondere Körperareale sind, die sich von den anderen unterscheiden. Und wissen Sie was? Bereits hier können die Weichen für die spätere Sexualität gestellt werden. Schon so früh kann sich das Verhältnis eines Menschen zu seinem Sein als geschlechtlicher Mensch drehen.

Wenn ein Kind dann älter ist, seine Geschlechtsorgane immer lustvoller berührt oder später masturbiert, kann Ähnliches passieren. Falls es Sanktionen gibt, fallen diese noch beschämender oder restriktiver aus, weil es plötzlich nicht mehr nur um einen Körperteil, sondern um die Lust an diesem geht. Das Kind versteht nun gar nichts mehr. Es weiß, dass Freude und Frohsinn im Allgemeinen bejahte Qualitäten sind, aber es soll verstehen, dass das Lusthaben am Geschlecht zu den No-Gos zählt. Diesen Widerspruch kann es beim besten Willen nicht verstehen. Schließlich verinnerlicht es, dass körperliche Lust etwas Heikles oder sogar Schlechtes ist.

Wieder bauen alle danach folgenden Erfahrungen auf diesen ersten Erlebnissen auf. Ich glaube, dass Sie diesen Part mittlerweile ganz gut sehen können: Wenn die Ausbildung einer menschlichen Funktion bereits in ihren Grundlagen vom Natürlichen abweicht, können all die Funktionen, die auf dieser basieren oder mit ihr zusammenhängen, ebenso wenig zu ihrer Reife gelangen. Das ist keine Theorie, sondern eine physiologische Wahrheit, die beispielsweise der Wissenschaftler Dr. Moshe Feldenkrais, der Begründer der Feldenkraismethode, in seinen Büchern ausführlich beschrieben hat.

Und es gibt noch eine andere Konsequenz, die unser Unterbewusstsein betrifft: Es ist ein Fakt, dass ein positives Verhältnis zu unseren Sexualorganen die Grundlage eines zufriedenen Sexuallebens als erwachsener Mensch darstellt. Wenn ein Kind von früh auf lernt, dass bestimmte Bereiche seines Körpers ausgesparte, verbotene Areale sind, graben sich diese Bewertungen in sein Unterbewusstsein ein und melden sich mitunter erst dann wieder, wenn die Funktion benutzt wird, also viele, viele Jahre danach.

Beispielsweise kenne ich einige Klientinnen, die sich daran erinnern, sich von jeher mit einem schlechten Gewissen oder der Angst, erwischt zu werden, intim berührt oder masturbiert haben. Schließlich berichten sie von massiven Problemen im Zuge sexueller Begegnungen und fühlen sich mit ihrer Sexualität nie rundherum wohl und frei. Unsere deutschen Begriffe sagen es ja auch: Wir Frauen haben einen Schambereich, einen Schamhügel und Schamlippen, allesamt körperliche Areale, für die wir uns offenbar schämen sollten. Und die Begriffe Geschlecht oder Geschlechtsteile sagen uns im Generellen, dass da untenrum etwas schlecht ist. Eine italienische Bekannte machte mich einmal darauf aufmerksam, als sie Deutsch lernte. „Warum ist das Geschlecht schlecht?", fragte sie mich. Das ist eine Frage, die auch gut und gern von einem Kind stammen könnte.

Tatsächlich stellen sich Weichen für die Grundlagen der Sexualität sehr früh. Es macht einen deutlichen Unterschied, ob ein Mensch seinen Körper einschließlich seiner Sexualorgane liebt und ihn dementsprechend frei benutzt oder ob er ihn mit schlechten, peinlich besetzten und beschämenden Zonen erlebt.

Das „Toilettentraining"

Ein weiterer Aspekt, den wir uns unbedingt ansehen müssen, ist das sogenannte Toilettentraining, das um das zweite Lebensjahr herum eingeläutet wird. Das Kind steht nun vor der Aufgabe, den Übergang zur selbstgesteuerten Ausscheidung meistern zu müssen. Und dieser Vorgang wird so gut wie nie thematisiert. Das sollte er aber, denn er kann einen immensen Einfluss auf die sexuelle Entwicklung eines Menschen nehmen. Spätere Probleme, die den Intimbereich betreffen, hängen oft mit diesem physisch anspruchsvollen Umstellungsvorgang zusammen. Denn Eltern, Bezugspersonen, Pädagogen oder Ärzte haben oft unterschiedliche Meinungen darüber, wann und wie ein Kind „sauber" werden sollte und vor allem, mit welchem Einfühlungsvermögen sie diesen Vorgang begleiten. Fakt ist, dass er nicht bei allen Kindern glatt verläuft, und dass es eine ganze Weile dauert, bis er vollzogen ist. Da sich ein Kind über lange Zeiträume mit diesen Funktionen befasst, ist der Raum für Eingriffsmöglichkeiten von außen entsprechend groß.

Fragen wir auch hier wieder, wie es denn natürlich wäre. Und das wäre es, wenn die Bezugspersonen bemerkten, dass das Kind nicht mehr siebenmal am Tag die Windeln voll hat, sondern von allein Abstände lässt. Das bedeutet, dass seine Blasen- und Darmfunktion gereift ist und es der Startschuss dafür sein kann, dass sie ihm einen Topf anbieten oder es des Öfteren auf die Toilette setzen. Wenn das „Sauberwerden“ auf natürliche Weise vonstatten gehen soll, setzt das voraus, dass die Bezugspersonen des Kindes gewissermaßen spüren, wann das Kind bereit zum Wechsel ist. Es kann eine Zeit dauern, bis ein Kind sein „erstes Mal“ erlebt und vor allem, bis es beide Funktionen, das Urinieren und den Stuhlgang, umschalten kann. Während es manche Kinder schaffen, den Stuhlgang unabhängig zu verrichten, kommen sie aber mit dem Urinieren noch nicht klar. Sie nässen ein. Andere Kinder sind zunächst in der Lage, sich tagsüber zu melden, wenn sie „mal müssen“, bemerken es aber in der Nacht noch nicht. Und manche Kinder werden relativ flott „sauber“, wie man sagt, fallen aber später wieder zurück. Das hängt mit Erkrankungen, Wachstumsphasen oder mit Lebensveränderungen zusammen. Die „Sauberwerdezeit“ ist also nie eine Zeit, die homogen verläuft. Und das ist der Punkt!

Eben weil sie unstetig ist, lässt sie viel Spielraum für Erwartungen, Bewertungen, Druck oder erzieherische Maßnahmen offen. Je nachdem wie diese ausfallen, geben sie dem Kind weitere Informationen über seinen Intimbereich, der im Fall einer Vorbelastung wieder nicht das macht, was er soll. Wieder ist das „Untenherum“ ein Platz der Besorgnis.

Ich habe von nicht wenigen Klientinnen gehört, dass sie lange auf dem Topf sitzengelassen, fürs Einnässen bestraft oder bloßgestellt wurden oder, weil es den Eltern zu lange dauerte, sogar in ärztlicher Behandlung waren. Während negative

Erlebnisse bei Männern später oft zu Erektions- oder Urinierstörungen führen, äußern sich diese bei Frauen darin, dass sie sich mit ihrem Intimbereich grundsätzlich unwohl fühlen und ihn nie richtig entspannen können. Viele von ihnen haben Schwierigkeiten, die Beine zu öffnen, leger zu sitzen und ihre Hüftgelenksmuskeln locker zu lassen. Sie halten ihre Beine lieber aneinandergepresst oder übereinandergeschlagen, nehmen beim Gehen eine schmale Spurbreite ein oder bewegen sich x-beinig und steif. Das rührt noch aus der Zeit, als sie die Kontrolle über ihre Ausscheidung noch nicht innehatten und es nur mit eng zusammengekniffenen Beinen schafften.

Die Auswirkungen davon sollten Sie nicht unterschätzen. Besonders Frauen, die hier negative Erfahrungen gemacht haben, begegnen auch ihrer Menstruation, die ja eine weitere Form der Ausscheidung ist, mit Widerstand und Angst. Später haben sie Probleme, sich ihrer Sexualität entspannt zu öffnen und berichten häufig von schwierigen Geburten.

Willkommen auf dem Heißen Stuhl: Ist Ihr Geschlecht gut oder schlecht?

Eine kurze Übung zur Selbstreflexion. Kreuzen Sie an, wie Sie es spontan empfinden.

Ist die Beziehung zu Ihrer Vulva ...

0 positiv 0 wohlwollend 0 entspannt 0 natürlich 0 unvoreingenommen

0 frei 0 negativ 0 kritisch 0 mit Scham besetzt 0 angespannt 0 belastet

0 ablehnend?

Nacktheit

Beide bisher benannten Knackpunkte, die Selbstberührung und die selbstgesteuerten Ausscheidungsfunktionen, beeinflussen, wie sich das Verhältnis des Kindes zu seiner Nacktheit als solches entwickelt. Für ein kleines Kind ist es vollkommen normal, dass es sich auch anderen gegenüber unbekleidet zeigt. Es findet nichts Schlimmes daran, nackt zu spielen und sich zu frei bewegen. Doch viele Kinder erfahren bereits sehr früh, dass Nacktheit etwas Delikates oder Peinliches ist. Und das geht mit ganz einfachen Geschehnissen los: Manche Kinder sehen ihre Eltern nie nackt und wenn es zufällig passiert, erschrecken diese, drehen sich weg oder halten sich das Handtuch oder die Hände vor ihre Genitalien.

Schnell beginnen typische geschlechtsspezifische Differenzierungen. Bei vielen Mädchen wird das Thema Nacktheit offensichtlich, wenn sie am Strand oder im Schwimmbad sind. Mitunter laufen bereits anderthalbjährige Mädchen im Bikini umher und dürfen sich nicht mehr nackt zeigen. Mütter argumentieren damit, dass es immer mehr Pädophile gibt, die sich selbst am Anblick kleiner Mädchen aufgeilen. Dennoch ändert es nichts an der Tatsache, dass Mädchen enorm früh die Botschaft erhalten, dass nicht nur bestimmte Körperteile einer Sonderregelung unterliegen, sondern Nacktsein etwas Unnormales ist. Und dann passiert das, was durch die Sprache bereits vorbereitet wurde: Mädchen assoziieren mit den Geschlechtsmerkmalen tatsächlich etwas Schlechtes, während der Schambereich zu einem Körperareal wird, für den sie sich schämen. Schließlich dauert es nicht lange, bis sie sich selbst das Handtuch vor den Körper halten und sich für ihre Nacktheit genieren.

Und natürlich fragen Kinder. Wenn ein Mädchen in diesem Alter nicht schon vollkommen verbogen ist, wird es die Warum-Frage stellen: Warum muss es die beiden Hautflecken, die man ja noch nicht einmal als Brustwarzen bezeichnen kann, verstecken? Und warum muss das Mädchen diese bedecken und die Jungen nicht, obwohl sie genauso aussehen? Und da wird es dann wirklich peinlich. Denn wie soll das erklärt werden, ohne den Körper in Misskredit zu bringen?

Weil das eben so ist? Weil das alle so machen? Weil an den beiden Punkten später einmal Brüste wachsen, um die sich so viele Obsessionen ranken werden?

All das sind Faktoren, die das Verhältnis eines Mädchens zu seiner Nacktheit prägen. Und je nachdem wie es diese erlebt, gestaltet sich das Verhältnis zu seinem Leib. Und da kommen wir zu einer weiteren nackten Wahrheit: Wenn dieses im Kindesalter bereits negativ geprägt ist, verbessert es sich nur in den seltensten Fällen, wenn das Mädchen älter wird. Aus dem beschämten Mädchen wird eine schamvolle Frau, die sich nie vollkommen wohl mit ihrer Identität als sexuelles Wesen fühlen wird, es sei denn, sie kümmert sich bewusst darum. Die Beziehung zur eigenen Nacktheit ist einer der Indikatoren dafür, wie groß der Spielraum für die Entdeckung der eigenen Geschlechtlichkeit von früh an war.

Die nackte Wahrheit

Und natürlich haben Sie auch Ihre eigene Geschichte dazu. Vielleicht erinnern Sie sich daran, welche Atmosphäre bei Ihnen zu Hause geherrscht hat, wie Nacktheit gehandhabt wurde, ob es etwas Natürliches oder Heikles war, sich nackt zu zeigen, oder ob man locker oder angespannt damit umgegangen ist. Dadurch haben Sie Ihr persönliches Verhältnis zu ihrem Nacktsein, zu Ihrem entblößten Körper und zu sich als geschlechtlicher Mensch entwickelt.

Und schließlich sind Sie mit diesen Aspekten beim Lesen des Buches bereits in Berührung gekommen: Ich hatte Sie im Nackt-Spiegel-Test gefragt, was Ihr allererster spontaner Gedanke war, als Sie Ihren bloßen Körper im Spiegel ansahen. Mit der *Versöhnübung #2,* dem „Nackten Körperscan", ging es weiter, als Sie von innen heraus mit Ihrem entkleideten Körper gefühlsmäßig in Kontakt kamen. Beides waren bereits Situationen, in denen Sie spüren konnten, wie Ihr persönliches Verhältnis zu Ihrer Nacktheit geprägt ist.

Weil das Verhältnis zu Ihrem bloßen Körper einen großen Einfluss darauf hat, wie Sie sich als sexuelles Wesen empfinden, machen wir doch gleich eine Bestandsaufnahme auf dem Heißen Stuhl.

Willkommen auf dem Heißen Stuhl: Splitternackt

Beantworten Sie drei Fragen und lassen Sie sich dazu viel Zeit in der Me-Time-Lounge!

1. Wie war Ihr Verhältnis zu Ihrem nackten Körper als Kind?

2. Wie war dieses in der Pubertät, also zwischen 12 und 18 Jahren?

3. Wie ist Ihr Verhältnis zu Ihrer Nacktheit heute?

Wenn Ihre Antworten positiv sind und Sie ein natürliches Verhältnis zu Ihrem nackten Körper haben, können Sie jetzt recht locker weiterlesen. Für den Fall aber, dass Ihre Selbstreflexionen nur wenig befriedigend oder vielleicht sogar deprimierend ausgefallen sind, liegt jetzt ein wenig „innere Arbeit“ vor Ihnen. Keine Sorge, Sie haben durch diese die Chance, Ihrem Körper in dessen Nacktheit näherzukommen. Dafür können Sie sowohl die bereits bekannten Versöhnübungen benutzen als auch den Nackt-Spiegel-Test wiederholen. Praktizieren Sie letzteren so oft Sie mögen und beobachten Sie, wie sich Ihr erster Gedanke zu drehen beginnt. Sie werden sehen, wie schnell sich Unsicherheiten legen und Sie Ihrer Nacktheit näherkommen.

In dem Moment, in dem Sie die erste Veränderung Ihres Empfindens bemerken, können Sie darauf vertrauen, dass dies immer weitergeht. Das ist so, weil unsere Nacktheit etwas Natürliches ist und Sie sich mit dieser wieder anfreunden können. Bedenken Sie auch, dass Sie nackt geboren wurden und sich an Ihrem nackten Körper in den ersten Monaten Ihres Lebens sensorisch orientiert haben.

Die Geschlechtsreife

Gehen wir jetzt einen Schritt weiter in der Frauwerdung und der Entwicklung der weiblichen Sexualität. Denn bei Mädchen setzt zwischen dem 10. und 16. Lebensjahr die Geschlechtsreife ein. Heute menstruieren Mädchen wesentlich früher, als es noch vor etwa dreißig, vierzig Jahren der Fall war. Das durchschnittliche Alter liegt heute zwischen 12 und 13 Jahren.

Das ist ein einschneidender Moment! Die Art, in der ein Mädchen seine Geschlechtsreife empfängt, wirkt sich auf seine Beziehung zu seinem Körper, auf seine Identität als weibliches Wesen und nicht zuletzt auf sein sexuelles Empfinden aus. Der Tag X, an dem ein Mädchen zum allerersten Mal blutet, ist ein Einschnitt, der einen immensen Wendepunkt in seinem Leben darstellt. Deshalb hat man diesen in alten Kulturen mit Initiationsritualen gefeiert und das Mädchen in den Kreis der Frauen aufgenommen. Leider ist diese Geste mit dem Patriarchat in den Hintergrund getreten und in unserer maskulin ausgerichteten Gesellschaft so gut wie verschwunden. Auch wenn einzelne Mütter diesen Tag mit ihren Töchtern im Privaten begehen, ist der allgemeine Trend eher der, dass das Einsetzen der Menstruation ein kaum beachtetes, mit Peinlichkeit belastetes oder totgeschwiegenes Thema ist. Albernerweise feiern wir jedes neue Geburtsjahr. Doch wir feiern nicht, wenn ein Mädchen einen vollkommen neuen Lebensabschnitt beginnt, von nun an Leben schöpfen kann und sich auf den Weg zur Frau begibt.

Es geht hier nicht nur darum, dass dieser neue Abschnitt nicht gewürdigt wird. Vielmehr müssen wir uns genauer ansehen, wie ein Mädchen diese immense Veränderung in seinem Leben emotional reflektiert. Ein Mädchen kann sich nämlich überaus glücklich schätzen, wenn es diesen Übergang als etwas Positives erlebt. Ich weiß von einigen Frauen, die beispielsweise mit gynäkologischen Problemen kämpfen, dass es bei ihnen genau andersherum war. Sie erinnern sich daran, dass die erste Menstruation bei ihnen zu Hause unkommentiert blieb, mit negativen Bemerkungen oder unsensiblen Aufklärungssprüchen verbunden war.

Außerdem spielt es eine Rolle, ob ein Mädchen auf die erste Blutung vorbereitet wurde, ob es versteht, was in ihm vor sich geht und weiß, welche hygienischen Maßnahmen es vorzunehmen hat. Es macht enorm viel aus, ob es von der Menstruation kalt erwischt wurde, es sich vor dieser fürchtet, weil es plötzlich blutet oder in Panik verfällt, weil es nicht weiß, was es damit zu machen hat.

Dana beispielsweise, eine junge Klientin, die sich mit Unterleibskrämpfen und Rückenschmerzen an mich wandte, erzählte, dass sie damals dachte, sie wäre todsterbenskrank und müsste verbluten. Sie wusste zwar, dass sie irgendwann menstruieren würde, war aber auf die Blutmenge, die beim Handballspielen plötzlich aus ihr herausbrach, nicht vorbereitet. Panisch rief sie ihre Freundin an und fragte, was sie damit machen sollte. Ihre Mutter hätte nur über das „Zeug" gesprochen und ihre Großmutter war knallrot geworden.

Regina bekam ihre Regelblutung ebenfalls ganz unerwartet. Sie ging in den Drogeriemarkt, um sich Tampons zu kaufen. Die Verkäuferin an der Kasse sah sie mitleidig an: „Mensch, hat es dich auch schon erwischt? Du bist doch noch so jung!" Es klang, als wäre Regina unheilbar krank. Sie hat die Worte noch immer im Kopf.

Für Monika war es insofern eine traumatische Erfahrung, weil ihre erste Menstruation während einer Klassenfahrt einsetzte. Sie hatte keine Binden dabei und steckte sich Taschentücher in den Slip. Diese verrutschten, sodass das Blut an ihrer Hose zu sehen war. Ein Mitschüler sah es und trompetete es heraus. Alle sahen auf Monikas Hose. Diese schämte sich zu Tode und heulte sich in der Toilette die Augen aus.

Es ist ein einschneidender Moment, wenn ein Mädchen zum ersten Mal blutet und das auch deshalb, weil Blut in unserer Gesellschaft zu den Tabus gehört und eher mit Krankheit und Verletzung assoziiert wird als mit unserer Natur. Und deshalb überrascht es auch nicht, dass Frauen, die ihren Menstruationsbeginn als etwas Negatives erlebt haben, das regelmäßige Bluten ablehnen und ihm nichts Positives abgewinnen können.

Das „Untenherum"

Wenn ein Mädchen seine Menstruation als etwas Negatives erlebt, beeinflusst das seine Eigenwahrnehmung als sexuelles Wesen. Sein Körper wird, weil sich in ihm das Normalste der Welt abspielt, er seiner biologischen Funktion nachkommt und ermöglicht, dass Menschen durch diese geboren werden, verunglimpft und als problematisch erlebt. Und schließlich kommen hier wieder die Dinge zusammen: Wenn ein Mädchen seinen Geschlechtsorganen vorher bereits mit Peinlichkeit oder Ablehnung begegnet ist, vielleicht sogar ein angespanntes Verhältnis zu seiner Nacktheit im Generellen hat, kann es sein, dass der Intimbereich jetzt endgültig zum Ort der Ablehnung wird.

Man muss kein promovierter Sexualforscher sein, um zu sehen, dass dies einen Einfluss auf spätere intime Begegnungen nimmt. Diese werden von vornherein überschattet und kaum frei sein können. Denn: Wieder ist es die Vulva, das Untenherum, das im Mittelpunkt der Ablehnung steht. Da ein Mädchen während seiner nächsten vier Jahrzehnte einmal monatlich Zeit damit verbringen wird, ist das ein Desaster!

Eigentlich brauchen wir Frauen einen ganz anderen Start in die Geschlechtsreife! Es ist so wichtig, dass ein Mädchen die Menstruation als etwas Natürliches kennenlernt, dass es sich vor dem Menstruationsbeginn mit der Handhabung von Binden und Tampons, dem Monatskalender, der entsprechenden Hygiene und den im Körper ablaufenden Vorgängen sicher fühlt. Für genauso wichtig halte ich es, dass jedes Mädchen mindestens eine Ansprechpartnerin für den Fall hat, dass es zu Unregelmäßigkeiten, Menstruationsbeschwerden oder Verhütungsfragen kommt. Dann besteht eine reale Chance, dass es sich auch während der Menstruation wohl in seinem Körper fühlt und diesem neuen Abschnitt mit Neugier und einem gewissen Entdeckergeist begegnet.

Willkommen in der Me-Time-Lounge: Die Initiation zur Frau

Denken Sie einmal zurück, wie der Menstruationsbeginn bei Ihnen war und reflektieren Sie folgende Sachverhalte:
Wie haben Sie Ihre erste Menstruation erlebt? Wie alt waren Sie? Wo waren Sie?
Wie war Ihre Reaktion? Wem haben Sie davon zuerst erzählt?
Wie war Ihre hygienische Situation?
Und: Erhielten Sie eine Initiation als Frau?

Wenn Frauen ihrer Sexualität mit zwiespältigen Gefühlen gegenüberstehen, spielen also wesentlich mehr Aspekte eine Rolle als das Erleben des Sexualakts. Kommen wir gleich zu einem weiteren Punkt, einem, der die Entwicklung der weiblichen Sexualität nicht weniger beeinflusst als die Menstruation.

Die Brüste

Ein unglaublich sensibler Moment im Leben eines Mädchens ist das Wachstum der Brüste, die man im Fachdeutsch als „sekundäre Geschlechtsmerkmale" bezeichnet, weil sie nicht primär zur Fortpflanzung nötig sind. Darüber könnte man diskutieren. Doch wie auch immer: Wenn die Brüste zu wachsen beginnen, ist das für jedes Mädchen eine besondere Zeit. Und das ist sie nicht zuletzt deshalb, weil die meisten Mädchen bereits aus Filmen, Magazinen, Pornos und Erzählungen wissen, dass die Brüste einer Frau etwas ganz Wichtiges für Jungen und Männer sind und dass die gesellschaftliche Brustobsession ein großes Thema ist. Deshalb wird das Wachstum der Brüste von vielen Mädchen mit einer gewissen Spannung erwartet. Noch während sie flache Brustwarzen haben, fragen sie sich, wie es denn sein wird, wenn sich diese entwickeln.

Auch dieser Vorgang lässt enorm viel Spielraum für Störfälle, denn wieder entdeckt ein Mädchen ein weiteres Körperareal an sich völlig neu. Gewissermaßen taucht es noch einmal in eine Phase ein, die vieles mit den Entdeckungen des Kleinkindes gemeinsam hat. Plötzlich wachsen da Brüste. Es beschaut sich im Spiegel. Wie sehen sie aus? Wie groß werden sie? Wie fühlen sie sich an? Und vielleicht bangt es bereits, wie diese von anderen kommentiert werden.

Auch hier entscheidet sich relativ schnell, wie sich ein Mädchen zu seinen Brüsten positioniert: Natürlich? Selbstverständlich? Entspannt? Positiv, weil es sich nun noch mehr als Frau erlebt? Oder negativ, weil es sich unwohl fühlt, der erste BH hinten und vorne nicht passt, eine blöde Form macht oder kneift? Oder weil immer mehr Jungen und Männer ihnen auf die Brüste stieren? Oder weil die Brüste mit Namen wie Titten, Möpse, Milchtüten, Airbags, Boobs, Auslage oder Flachbau beurteilt werden?

Bei vielen Mädchen wird die Brust zum Kampfplatz, weil sie von dieser ein großes Stück ihrer Attraktivität und oft sogar den eigenen Selbstwert ableiten. Deshalb ist die Phase, in der das Mädchen Brüste entwickelt, auch eine sehr delikate. Plötzlich bilden sich Kluften zwischen den Mädchen, und zwar zwischen den attraktiven und den unattraktiven, den selbstsicheren und den verunsicherten, den nach außen gerichteten oder den in sich zurückgezogenen. Das Verhältnis zu den Brüsten entscheidet oftmals darüber, wie wohl sich ein Mädchen in seiner Haut, ja, in seinem gesamten Körper fühlt.

Sie sehen, dass hier derselbe Algorithmus greift: Wenn ein Mädchen seine Natürlichkeit bis dahin behalten durfte, wird es auch diese sensible Phase seiner Entwicklung als gut und ohne blaue Flecken erleben. Doch wenn es bereits vorher uneins mit seinem Körper war, die Sexualorgane oder das Nacktsein ohnehin schon mit etwas Beschämendem assoziiert, das Verhältnis zur Menstruation ein gespaltenes ist und es sich nun auch noch durch die Brüste verunsichert fühlt, multipliziert sich die Wahrscheinlichkeit, dass handfeste Körperaversionen entstehen. Und nicht nur das! Hier entsteht die Grundlage, dass sich ein Mädchen in sexuellen Begegnungen nie vollkommen frei fühlen wird. Dass das nicht aus der Luft gegriffen ist, belegen die nackten Zahlen: Untersuchungen, die das Verhältnis von Frauen zu ihren Brüsten erforschten, belegen, dass ein großer Prozentsatz von ihnen sich im Krieg mit ihren Brüsten befindet. Die Studie der Unterwäsche-Firma Triumph war die positivste, die ich finden konnte. Sie brachte hervor, dass 36% der Frauen an ihren Brüsten etwas auszusetzen haben. Die negativste Studie von *ProBody* arbeitete heraus, dass 76% der befragten Frauen mit ihren Brüsten unzufrieden sind. Und jetzt halten Sie sich fest: Laut ISAPS *(International Society of Aesthetic Plastic Surgery)* lassen sich zirka 1,6 Millionen Frauen jährlich die Brust operieren. In Deutschland sind es rund 50.000 pro Jahr.

Wenn es einen Bereich gibt, der über das Körperbild der Frau am meisten aussagt, dann ist es die Brust. Und das hängt definitiv damit zusammen, dass das gängige Körperideal mit seinen sexistischen Anteilen uns Frauen vorgibt, wie eine solche aussehen sollte, welche Form den Mann am meisten in Erregung versetzt oder aber, welche Größen und Formen unattraktiv bis abstoßend sind. Die durch den Mann geschürte Brustobsession führt dazu, dass sich mehr und mehr Frauen über ihre Brüste definieren und diese für ihr Unwohlsein verantwortlich machen.

Pubertät

Damit sind wir mitten in der Pubertät angelangt, in einer Phase, in der die Sexualhormone auf dem Gipfel ankommen und das Interesse von Mädchen am anderen Geschlecht zunimmt. Wenn ein Mädchen seine Weiblichkeit begrüßt, bestehen gute Voraussetzungen dafür, dass es sich in seinem Körper auch während der hormonellen Turbulenzen wohlfühlt, sich an seiner Reife erfreut und die sich neu aufspannenden Möglichkeiten sexueller Aktivitäten genießt. Junge Frauen, die bis dahin ein natürliches Verhältnis zu ihrer Körperlichkeit behalten haben, sollten ein Fest feiern. Ach was! Sie sollten sich täglich einen Orden anheften! Denn das ist in einer durch und durch sexualisierten Welt, die insbesondere über die sozialen Netzwerke bereits zehn- bis zwölfjährigen Mädchen suggeriert, wie ihr Körper aussehen soll, keine Selbstverständlichkeit. Der von außen aufgesetzte Selbstverbesserungstrend setzt bei Mädchen immer früher ein. Er wird zum einen von denen vorangetrieben, die selbst ein gespaltenes Verhältnis zu ihrem Körper haben und zum anderen von der Schönheitsindustrie, die an immer jüngeren Frauen Milliarden verdient.

Gewissermaßen trennt sich hier die „Spreu vom Weizen", wie man sagt. Denn in den Stürmen der Pubertät zeigt sich sehr deutlich, wer durch diese unbeschadet hindurchgleitet und eben auch, wer dabei auf der Strecke bleibt. Und das hat nicht zuletzt etwas damit zu tun, dass die Pubertät ja auch die Phase ist, in der die meisten Jugendlichen ihre ersten sexuellen Erfahrungen machen, was ein weiteres heißes Eisen ist.

Auch hier haben diejenigen Mädchen die Nase vorn, die ihrer Natürlichkeit am nächsten sind, die ein gutes Gespür für sich und ihren Körper haben. Ganz selbstverständlich drücken sie mit ihrer Körperlichkeit aus, dass sie sexuell interessierte Wesen sind, lassen sich jedoch gleichzeitig die notwendige Zeit, bis intime Kontakte reifer werden und sie sich bereit für sexuelle Erfahrungen fühlen. Der erste Kuss, das erste intime Kuscheln und schließlich der erste sexuelle Kontakt sind Momente, an die sich jede Frau erinnern kann.

Beim ersten Geschlechtsverkehr fallen dann die Würfel sehr schnell. Für Teenagerinnen muss alles, was sie bis dahin von ihm erwartet und sich erhofft haben, in wenigen Minuten den Wahrheitstest bestehen. Genauso, wie ihre Illusionen in wenigen Momenten zerstört werden können, mögen sie als die erste lustvolle Erfahrung in ihre Körperchronik eingehen. Für Mädchen oder junge Frauen macht es einen deutlichen Unterscheid, ob ihre ersten sexuellen Erfahrungen sie verunsichern, sie diese als Enttäuschung abhaken oder ob sie sich durch sie ermutigt, befreit, beflügelt und energetisiert erleben. Wenn Letzteres geschieht, ist es das Wunderbarste, was sich eine junge Frau wünschen kann. Dann wird sie allen sexuellen Begegnungen, die folgen, mit Selbstvertrauen begegnen und auch unbefriedigend ausfallende einordnen können.

Für den Fall aber, dass für sie eine Welt zusammenbricht, weil sie sich und ihren Körper als vollkommen „daneben", als nicht ansprechend, ungeschickt, verklemmt, angespannt oder übergangen erlebt, entsteht nun die Frage, wie sie das wieder geraderücken und mit positiven, erfüllenden Erfahrungen überschreiben kann. Wie geht es? Wie ginge es besser? Und wie sollte es sein?

Bevor wir dazu kommen, lade ich Sie wieder auf den Heißen Stuhl zu einer Reflexionsrunde ein.

Zu Gast auf dem Heißen Stuhl: Ihr erstes Mal

Begeben Sie sich in die Me-Time-Lounge und beantworten Sie diese drei Fragen:

1. Wie haben Sie Ihr erstes Mal erlebt?

2. Entsprach es dem, was Sie erwartet hatten und erleben wollten?

3. Wie haben Sie dem zweiten Mal entgegengeblickt?

Sexuelle Freiheit?

Kommen wir hier noch mal auf die natürlichen Funktionen des Menschen zurück. Denn gerade diese Phase, in der es zum konkreten Ausleben der Sexualfunktion kommt, bringt nicht nur ans Tageslicht, wie natürlich sich die Grundlagen der eigenen Sexualität herausgebildet haben. Hier gibt es noch eine ganz andere Herausforderung, die oft vollkommen außer Acht gelassen wird: Wenn sich eine körperliche Funktion entwickelt, ist es natürlich, dass sie zeitgerecht benutzt und verfeinert wird. Passiert das nicht, entwickelt sich diese weder zur vollen Blüte noch formt sie sich zur „Meisterschaft“ aus. Und genauso verhält es sich mit der Sexualität. Wenn sie erwacht, ein junger Mensch geschlechtsreif wird, die Sexualhormone sprießen und den Körper stimulieren, sollte ihr Funktionieren möglichst zeitnah getestet, angewandt und gelebt werden. Und genau das ist der Haken an der Sache! Lassen Sie mich das, weil es ein so ungewohnter Aspekt ist, anhand anderer Körperfunktionen erklären.

Wenn ein Kind beispielsweise das Laufen lernt, das Kind aber immer noch im Wagen gefahren, im Rucksack getragen, zurückgepfiffen oder am Losrennen gehindert wird, entwickelt es die Fähigkeit des Laufens nur mittelmäßig und wird sich dabei nie wirklich potent und sicher fühlen. Darüber hinaus muss es sich in seinem Enthusiasmus ausbremsen, den es normalerweise in die Erforschung von etwas Neuem steckt. Und genau dasselbe passiert mit der Sexualität: Wenn ein Mädchen bereits mit zehn, zwölf oder vierzehn Jahren seine Geschlechtsreife entwickelt, wäre es aus funktioneller Sicht das Natürlichste, dass es seine Energie in die Ausformung derselben steckt, sie ausfeilt und lebt. Warum? Weil diese dadurch am leichtesten und natürlichsten entfaltbar wäre.

Doch das passiert meist nicht, weil es aus gesellschaftlicher und moralischer Sicht nicht vorgesehen ist. Aufgrund der allgemeinen Normen geht es mit etwa vierzehn bis sechzehn Lebensjahren los, dass man sagt: Okay, jetzt ist es angemessen. Jetzt darf sie die Pille nehmen, über Nacht wegbleiben oder einen Partner mit nach Hause bringen.

Doch wenn sich ein Mädchen früh zum anderen Geschlecht hingezogen fühlt und sexuell aktiv wird, bezeichnet man es unter den Vorzeichen der Moral als frühreif. Dabei tut es nichts anderes, als seinem Körper Folge zu leisten und vor dem Hintergrund seiner neurophysiologischen Entwicklung das Natürliche zu leben. Deshalb kommt es auch oft dazu, dass Mädchen sich ausbremsen und ihr Verlangen unterdrücken oder dass sie sich verstecken, zu lügen beginnen und heimlich Gelegenheiten suchen, sich auszuleben. Während Ersteres die Bioenergie ausbremst und sich auf alle Körperfunktionen negativ auswirkt, ist die zweite Alternative qualitativ gesehen aber auch nur ein Plan B. Das ist sie, weil sich ein Mädchen dabei, indem es etwas Verbotenes tut, nie richtig frei fühlen kann. Dafür, dass es seinen Hormonen folgt, die durch seinen Körper preschen, muss es sich dann verstecken oder schämen.

Die Blüte der Bioenergie

Wahrhaftig können Sie den Ausdruck der Sexualenergie sehen, wenn Sie junge Mädchen beobachten, die mit anderen die Köpfe zusammenstecken und wie elektrifiziert kreischen, juchzen, in hohen Stimmen überschnell schnattern oder hysterisch lachen. Da erleben Sie die Bioenergie des Menschen in ihrer pursten Form und können gleichzeitig sehen, dass diese unbedingt gelebt und ausgedrückt werden will. Manche Mädchen raufen in dieser Zeit auch mit Jungen, necken oder schubsen sich und versuchen mit ihnen in Körperkontakt zu kommen. Sie testen aus, wie weit sie gehen können.

Und da finden sich viele junge Frauen in einer zwiespältigen Situation wieder: Zum einen sind sie geschlechtsreif und können Kinder gebären. Und zum anderen sind sie noch vollkommen abhängig von den Meinungen anderer. Und diese sind ja nicht zuletzt deshalb oft mit so viel Angst besetzt, weil Sex für Frauen immer mit dem Risiko des Schwangerwerdens verbunden ist und sie sich dadurch ihren Lebensweg verderben können.

Noch immer gibt es Eltern, die ihren Töchtern selbst über die Volljährigkeit hinaus in ihre sexuellen Aktivitäten hineinreden. So manche junge Frau kann deshalb erst dann ungehindert erste sexuelle Erfahrungen machen, wenn sie das Elternhaus verlassen und eigene Wohnräume haben. Weil das aufgrund der langen Bildungswege immer später geschieht und sich die finanzielle Abhängigkeit vieler junger Menschen hinziehen kann, bleibt parallel dazu auch ihre sexuelle Potenz unausgelebt.

Da Mädchen ihren ersten Geschlechtsverkehr durchschnittlich mit 15 bis 17 Jahren haben, entsteht also eine Art Leerlauf, bis es seine natürlichen Funktionen ausbilden kann. Bei manchen Mädchen liegen zwischen der Geschlechtsreife und ihrem ersten Sexualverkehr bis zu fünf Jahre, bei anderen acht Jahre oder mehr. In dieser Zeit liegt eine natürliche Funktion brach, die eigentlich vor Energie nur so strotzt, aber nicht zur Reife gelangen kann.

Schließlich ist es wieder das alte Lied: Wenn eine junge Frau dann noch von der Vergangenheit eingeholt wird, bereits ein gespaltenes Verhältnis zu ihrem Körper hat, mit dessen Nacktheit hadert und moralische Bedenken schon in ihrem Kopf sitzen, pfeift sie ihren Körper bereits in einem Alter zurück, in dem er in der Blüte seiner Sexualhormone, ja, seiner Bioenergie ist. Es entsteht eine funktionale Lücke, die sich je nach Größe möglicherweise niemals wieder schließen lässt. Diese äußert sich nicht zuletzt darin, dass Frauen mit einer solchen Geschichte sich immer nach einem zufriedenen Sexualleben sehnen, es aber nie bekommen. Mitunter sabotieren sie sogar ihre Beziehungen, sodass sie Intimität auch dort, wo sie am leichtesten lebbar wäre, nicht erfahren. Und diese Konflikte können durchaus bis zum Verebben der Sexualhormone im Alter dauern, sodass nicht wenige Frauen in der Menopause auf ihre fruchtbaren Zeiten zurückschauen und bilanzieren müssen, dass sie den Zenit ihrer Sexualität niemals kennengelernt haben.

Porno und Co.

Das ist aber noch nicht alles, wenn es um die beschriebene „Funktionslücke" geht. Diese hat noch eine andere Schattenseite. Wenn Mädchen geschlechtsreif sind, interessieren sie sich natürlich brennend für den Sex als solchen, um den in unserer sexualisierten Welt so viel Aufhebens gemacht wird. Besonders wenn sie noch keine eigenen Erfahrungen damit gemacht haben, suchen sie nach Anleitungen, wie Sex sich abspielen wird. Natürlich gibt es die Eltern, die Aufklärungsgespräche führen, und Freunde und Geschwister, die darüber sprechen.

Aber die meisten Vorerfahrungen sammeln Mädchen heute übers Internet und leider über die Pornografie. Ich sage „leider“, weil das für ein Mädchen das Schlimmste ist, was ihm passieren kann. Denn je früher es mit Pornos in Kontakt kommt, desto komplizierter wird‘s.

Wenn ein Mädchen nämlich, noch bevor es eigene Erfahrungen gemacht hat, in Pornos sieht, wie man „es“ macht, wie man sich verhält, was man sagt oder am besten, dass man gar nichts sagt, sondern wie besessen stöhnt, welcher Typ Frau als am erregendsten gilt, worauf Männer stehen und welche Praktiken sie gut finden, stellen sich diese Vorstellungen zwischen sie und ihre eigene körperliche Realität. Wenn also junge Frauen mit Pornografie in Berührung kommen, noch bevor sie selbst aktiv geworden sind, ist die Wahrscheinlichkeit hoch, dass diese sie von ihrem ureigenen Körperempfinden und ihren natürlichen sexuellen Bedürfnissen weit wegführt. Sie beeinflusst ihre Erwartungen, die nicht auf dem realen Empfinden ihres eigenen Körpers basieren, sondern von gestellten, künstlichen Bildern stammen.

Eine junge Frau, die sich gefühlsmäßig noch gar nicht an einen anderen Körper herangetastet und keine Ahnung von Sexualenergie im Zusammenspiel mit einem anderen Menschen hat, glaubt zu wissen, was es mit diesem anstellen soll. Durch die *gefakten* Bilder macht sie sich eine Vorstellung davon, wie man sich als Frau gibt und leitet davon ab, was sie dabei zu empfinden hat. Mädchen oder junge Frauen schauen sich von pornografischen Darstellungen so viel Falsches ab, dass es für sie schwierig wird, mit diesem Unsinn im Kopf natürliche und erfüllende sexuelle Erfahrungen zu machen.

Obwohl ich mich hier ausschließlich mit Mädchen und jungen Frauen befasse, komme ich ausnahmsweise auch auf die männliche Biologie zurück. Denn hier geht es ja gleich weiter: Wenn beide, sowohl Jungen als auch Mädchen, ihre „Aufklärung“ über die Pornografie erleben, übernehmen sie ein durch und durch chauvinistisches, sexistisches Rollenbild, das der Frau zeigt, wie sie seine Wünsche erfüllt und ihm zum Glück verhilft. Oder sie lernt, dass „er sie nimmt“, dass „er es ihr besorgt“ und „er ihr zeigt, wie es geht“. Ihr wirkliches, wahres Empfinden spielt dabei keine Rolle. Ihr Part ist, dass sie möglichst laut und hingebungsvoll stöhnt und sich ekstatisch benimmt. Und da haben wir noch nicht einmal über die gewalttätigen, perversen und demütigenden Videos gesprochen, die die heutige Pornoszene dominieren. Und diese Bilder greifen! Sie graben sich tief ins Unterbewusstsein ein, sodass für Teenager bereits klar ist, was sie von ihrem Gegenüber zu erwarten haben.

Wenn eine junge Frau ihren Körper kennt, ein Gefühl für Natürliches hat und sich nicht für Unechtes interessiert, wird sie darauf kaum abfahren. Sie wird diese künstliche Inszenierung durchschauen und links liegen lassen. Doch wenn sie sich in ihrem Körper bereits unsicher fühlt und nur wenige verwertbare Rückmeldungen aus ihm erhält, wie es bei vielen jungen Frauen der Fall ist, haben wir den Salat! Dann lernt sie sehr schnell, was man beim Sex eben so tut, wie das auszusehen hat, welche Performance von ihr erwartet wird, was Männer anmacht und was sie machen muss, damit sie als „gut im Bett“ gilt. Der Zugang zur Pornografie ist für junge, unerfahrene Menschen einer der Gründe, warum auf dem Gebiet der Sexualität so viel verkehrt läuft.

Sexy und geil?

Beide Faktoren, das späte Erlangen realer sexueller Erfahrungen im Vergleich zur Geschlechtsreife sowie der Einfluss von pornografischen Vorgaben, ziehen aber noch weitere Konsequenzen nach sich. Sie führen nämlich dazu, dass Frauen ihren Körper beim Sexualverkehr nicht berücksichtigen und ihre wahren Bedürfnisse permanent unterdrücken. Und hier wird es noch einmal in einem ganz anderen Kontext interessant. Selbst wenn junge Frauen Orgasmen erfahren, verbleiben sie oft in dem gekünstelten, *gefakt*en Verhalten mit leeren Gesten stecken. Und da kommt das Rollenverhältnis ins Spiel. Je nachdem wie selbstbestimmt eine Frau ist, unterwirft sie sich dem Mann. Sie macht beim Sex das, was *er* will, was *ihn* erregt, was *ihm* den größten Orgasmus bereitet. Sie macht, dass *er* gut über sie denkt, *er* bei ihr bleibt, *er* sie in den Himmel hebt. Und das kann schnell in Extreme gehen.

Frauen lassen an ihrem Körper Dinge geschehen, die ihnen gar nicht gefallen. Im Gegenteil! Sie stöhnen zu Praktiken, die sie anekeln und ihnen widerlich sind. Sie zeigen sich erregt, wenn sie am liebsten wegrennen würden. Sie loben die Performance des Partners, obwohl ihnen zum Heulen zumute ist. Sie erlauben Berührungen, die ihnen wehtun, die ihre Würde oder ihren Körper verletzen.

All das sind Wahrheiten, die nicht erst durch die #Me-Too-Debatte zutage kommen. Insbesondere junge Frauen glauben, sich permanent „geil", „sexy" und aufreizend benehmen zu müssen, damit sich ein Mann für sie interessiert und sie als vollwertige Frau anerkennt. Und das sehen wir in allen denkbaren Medien. Dort wird die ideale Frau als willig, sexhungrig und anmachend dargestellt. Ob in Fashionmagazinen, Katalogen, Männerzeitungen oder auf Werbeplakaten, sie haucht dem Mann das „Nimm mich, nimm mich!" ins Gesicht. Sie signalisiert, dass sie ein ewig wollendes Wesen ist, das nichts anderes im Sinn hat, als ihn auf sich aufmerksam zu machen und für sexuelle Handlungen zu interessieren. Wenn es dann zum Sex kommt, sind sie oftmals nichts anderes als Erfüllungsgehilfinnen für seinen Orgasmus. Und das Schlimmste ist: Sie sehen das sogar noch als etwas Normales an. Und das schauen sich Frauen nicht nur von Pornos ab. Bereits ganz normale Videos auf YouTube, in den sozialen Netzwerken und insbesondere Musikvideos bringen rüber, dass sich eine Frau sexuell anbieten muss, mit offenen Lippen in die Kamera hauchen und die Beine stets breit geöffnet halten muss, damit sie wahrgenommen, und ja, dann auch „genommen" wird.

„Blowjobs"

Nehmen wir beispielsweise den sogenannten „Blowjob". Auch wenn es widersprüchliche Aussagen dazu gibt, ob der sogenannte Blowjob, der Oralverkehr am Penis, bei Frauen beliebt oder unbeliebt ist, steht fest, dass ihn die meisten Männer lieben.

Ich erinnere mich an eine Geburtstagsfete unter Frauen, wo dieses Thema angesprochen wurde. Einige Frauen wurden gleich einmal rot, aber dann entbrannte eine lebhafte Diskussion. Unter ihnen gab es nicht eine einzige, die einen Blowjob aus eigenem Antrieb machen würde oder weil es ihnen von Natur aus gefiel. Sie machten ihn, weil sie dadurch von ihrem Partner eine positive Rückmeldung erhielten, er sich dabei endlich mal vergaß oder speziell darauf abfuhr. Manche Frauen erfüllen dem Mann diesen Wunsch auch, weil sie wissen, dass er dann erledigt ist und nicht mehr in sie eindringen kann.

Natascha beispielsweise bestätigte genau das. Sie mache es, damit er seinen Genuss habe und alles schnell vorüber sei. Conny, die ihrem Ehepartner über zwanzig Jahre beim Sportfernsehen „einen blies", gab sich cool. „Ich hatte mich daran gewöhnt", reflektierte sie. „Er war zufrieden und ich war frei." Marlies wiederum brauchte mindestens drei Gläser Rotwein, damit sie es ihm „machte". Und Sylvia dachte dabei immer an Erdbeerkuchen, weil ihr sonst der Brechreiz kam.

Eine amerikanische Umfrage ergab, dass Frauen den Blowjob als so etwas wie eine Hausaufgabe sehen: Es ist unangenehm, aber notwendig. Verstehen Sie mich nicht falsch! Ich sage nicht, dass dies oder jenes verkehrt, falsch oder unmoralisch ist. Aber ich sage, dass das, was eine Frau auf sexuellem Gebiet praktiziert, mit ihr und ihren echten Bedürfnissen übereinstimmen sollte. Es sollte eine Relevanz in ihrem Körper haben und nicht vollzogen werden, um dem Mann zuliebe etwas zu erfüllen, das sie selbst gar nicht mag. Wenn Frauen das nicht begreifen, tragen sie aktiv dazu bei, dass nicht nur ihre Sexualität unerfüllt bleibt, sondern auch, dass sich die sexistischen und chauvinistischen Verhältnisse, unter denen wir leben, nie verändern werden. Denn: Was ist der Blowjob? Der Mann lehnt sich in der Beachhaltung mit hinter dem Nacken verschränkten Armen zurück und sie „bläst" ihm einen. Während er der King ist, geht sie in die Knie. Eine erniedrigendere Haltung für die Frau gibt es wohl kaum. Und wissen Sie, von wem ich diese Bewertung habe? Vorwiegend von Männern. Von Männern, die nur ein ganz klein wenig Bewusstheit über ihre sexuellen Aktivitäten haben und die Frau nicht als Erfüllungsgehilfin für ihren Orgasmus sehen. In den Gesprächen stellte sich heraus, dass das „Blasen" für sie nur dann stimmig ist, wenn es die Frau tatsächlich und ehrlich gern tut und es Teil einer echten Begegnung zwischen zwei Menschen ist. Noch einmal: Es ist total okay, wenn sich zwei Menschen sexuell begegnen, einander sehen und mit allem, was sie tun, Hand in Hand gehen. Doch das setzt eine gewisse Reife und den Respekt vor dem anderen voraus.

Orgiastisches

Machen wir hier gleich weiter und kommen wir zurück zu der Natur, die in uns wohnt. Wenn es jetzt um den weiblichen Orgasmus geht, gibt es die nächste Hürde zu nehmen. Ich gehe davon aus, dass wir nicht mehr darüber diskutieren müssen, dass Sex weit mehr als ein reiner Reproduktionsvorgang zum Erhalt der Spezies ist. Für diesen wären nur die Vagina und die inneren Geschlechtsorgane nötig, doch die Natur hat es anders eingerichtet. Sie hat uns Frauen mit einer Klitoris ausgestattet und uns viele Nervenzellen zum Empfinden von Erregung und sensorischem Genuss gegeben. Und diese natürliche Ausstattung unseres Körpers sollte wie alle anderen Funktionen auch benutzt und ausgefeilt werden.

Dennoch hat sich die Sichtweise, dass sexuelle Aktivität nicht nur mit dem Kinderzeugen zu tun hat, sondern auch etwas Erfüllendes sein kann, immer noch nicht vollständig durchgesetzt. Das können Sie allein daran sehen, dass viele Frauen dieser Welt nicht einmal wissen, wie sich ein Orgasmus anfühlt. In einer amerikanischen Studie stellte sich heraus, dass 35% der befragten Frauen keinen Orgasmus erleben, während eine Studie der deutschen Gesellschaft für Sexualforschung ermittelte, dass nur 33% der befragten Frauen beim Sex regelmäßig zu einem Orgasmus kommt, also 67% der befragten Frauen oft leer ausgehen. Auch wenn die Zahlen hier deutlich auseinandergehen, zeigen sie, dass das Erleben eines Orgasmus nicht für jede Frau etwas Selbstverständliches ist.

Doch das Recht der Frau auf den Orgasmus hat nichts mit der Gleichberechtigung zu tun. Es ist eine physische Funktion, die zu uns Frauen genauso gehört wie zum Mann. Denn warum beispielsweise sollte uns die Natur sonst die Klitoris gegeben haben? Dass der Mann mit seinem Geschlecht Lust empfängt, ist vollkommen klar. Das stellt niemand infrage. Aber dass die Frau dasselbe tut, ist für zu viele Frauen und Männer eine blanke Theorie. Man spricht hier von der sogenannten „Orgasmus-Gap“, also davon, dass die Frau erregungsbezogen benachteiligt ist, und das, obwohl eine Frau im Gegensatz zum Mann mehrere Orgasmen hintereinander erleben kann.

Dass es hier zu Ungereimtheiten kommt, liegt auch daran, dass sowohl Frauen als auch Männer immer noch erwarten, dass eine Frau einen Orgasmus vaginal erlebt. Das ist aber nur bei etwa 15% – 27% der Frauen der Fall und hat den Hintergrund, dass es das Ego des Mannes bauchpinselt, wenn sein Penis für eine solche Ekstase sorgt. Und leider richten nicht wenige Frauen das Ausbleiben eines vaginalen Orgasmus dann gegen sich. Sie nehmen an, dass mit ihnen etwas nicht stimmt, wenn sie in ihrer Vagina nur wenig oder gar nichts spüren, nicht außer sich geraten und übersinnlich jodeln. Es gibt Frauen, die ein ganzes Leben lang vergeblich auf den vaginalen Orgasmus warten.

Und schließlich kommen wir noch zum Timing. Da die Erregung einer Frau eine ganzkörperliche Angelegenheit ist, hat sie zumeist eine längere „Warmlaufzeit“. Der Mann hingegen ist lokal erregt, was nicht selten zu einer schnelleren Erregung und Ejakulation führt. Deshalb gestaltet sich die zeitliche Organisation oft schwierig. Und viele Frauen ziehen dabei den Kürzeren. Daher der „Orgasmus-Gap“.

Fake it until you make it?

Schließen sollten wir hier auch ansprechen, dass Frauen den Orgasmus *faken*. Lassen wir hier einmal die Zahlen sprechen: Wie eine Umfrage der *Cosmopolitan* ergab, haben 90% der Frauen Erfahrung damit, Orgasmen vorzutäuschen. 67%

der Frauen sollen regelmäßig *faken*. Die Angaben in den Quellen schwanken, zeigen aber, dass das Vortäuschen von Orgasmen für Frauen durchaus etwas Gewohntes ist. Wenn im Sommer die Schlafzimmerfester offenstehen, die Hotels dünne Wände haben oder man sich in Urlaubsresorts aufhält, kann man mitunter die Orgasmen von Frauen hören. Schnell ist klar, ob es echte oder unechte sind, ob der Orgasmus aus dem Vibrieren des natürlich erregten Körpers kommt oder nur wie ein gut oder schlecht gespieltes Theaterstück ist.

Es gibt viele Gründe, warum Frauen eine Erregung, Ekstase oder den Orgasmus vortäuschen, anstatt ihre wirkliche Befriedigung anzustreben. Derjenige, den ich während meiner Recherchen am meisten angetroffen habe, ist, dass Frauen es nicht schaffen, „Nein" zu sagen. Sie bringen es einfach nicht fertig, sich zu äußern, wenn die Qualität ihrer sexuellen Begegnungen nicht stimmt und sie sich unwohl dabei fühlen. Da muss man durch, meinen viele. Und das müsse man vor allem dann, wenn man einmal zugestimmt hat. Wer A sagt, muss auch B sagen. Also gibt es dann die große Show. Frauen *faken* außerdem, damit sie nicht für frigide gehalten werden, sie den Sex-TÜV bestehen und sich die Komplimente des Partners sichern. Nichts kommt Frauen schlimmer vor als der Ruf, „schlecht im Bett" zu sein.

Ein weiterer Hintergrund liegt klar auf der Hand: Wenn sich Männer und Frauen an der Pornografie orientieren, sind die Grundpfeiler sowieso schon gesetzt. Männer erwarten dann spektakuläre Auftritte im Bett. Das *Gefakte* gefällt vielen von ihnen sogar besser als das Echte. Und Frauen wissen das. Viele von ihnen machen die Erfahrung, dass das *Gefakte* viel besser beim Mann ankommt als der wahre, auf Interaktion basierende Weg zum echten Orgasmus. Sie beobachten, dass das imitierte Stöhnen, Juchzen, Anfeuern, das Lobpreisen des Penis oder die ekstatischen Oh-mein-Gott-Rufe dem Mann sogar mehr imponieren als die Ausdrücke einer natürlich aufwallenden Erregung, die mitunter länger dauern kann. Frauen lernen, dass vorgetäuschte Orgasmen besser ankommen als echte. Manche Frauen *faken* auch, weil sie eigentlich gar nicht intim sein wollten, aber es sollten, und der Verkehr dann schneller ein Ende hat. Und dann gibt es, wie wir wissen, Frauen, die gar keine Idee davon haben, was ein Orgasmus ist. Sie können folglich nichts anderes tun, als Erregung zu spielen. Was sollen sie denn sonst machen? Also *faken* sie.

Das Faken lassen?

Interessant ist allerdings noch eines: Eine ans *Faken* gewöhnte Frau ist zumeist um keinen Preis der Welt bereit, ihre Schauspielereien zu gestehen. Und dafür gibt es plausible Gründe. Zum einen würde sie mit ihrem Eingeständnis riskieren, als frigide zu gelten und sich zu blamieren. Und zum anderen würde sie als Lügnerin oder Schauspielerin dastehen. Und das ist keiner Frau recht.

Doch mal ganz ehrlich! Bei Männern, die pornografisch beeinflusst sind, ist das ja ein blanker Witz! Viele von ihnen schauen sich unentwegt Fotos an, die nichts anderes als *gefakt* sind, seien es die Brüste, die operierten Vaginas, die aufgespritzten Lippen, die Posen der Frau oder ihr gestellter Blick. Sie ziehen sich Filme rein, in denen alles, von der ersten bis zur letzten Minute wie in einem Kino-Blockbuster inszeniert ist. Doch wenn ihre eigene Freundin oder Frau *fakt*, wollen sie das nicht. Dann fühlen sie sich als Mann verletzt, in ihrem sexuellen Können und ihrem Ego degradiert.

Wenn eine Frau in einer festen Beziehung ist, könnte das Eingeständnis des *Fakens* schließlich eine noch heiklere Sache sein. Immerhin müsste sie ihrem Partner eingestehen, dass sie ihm regelmäßig etwas vorgespielt hat, während er alles für echt hielt. Oha! Natürlich! Da liegt Zündstoff drin. Und diejenigen Frauen, die spontane sexuelle Begegnungen bevorzugen, lassen das *Faken* schon gar nicht sein, weil sie genau wissen, dass die Kürze ihres sexuellen Kontakts nicht ausreicht, um die nötige Intimität herzustellen. Ihr Körper bräuchte mehr Zeit, um in Wallung zu geraten.

Tatsächlich ist es schwer, Frauen dazu zu ermutigen, das *Faken* aufzugeben und sich um die Natur ihres Körpers zu kümmern. Das ist es selbst dann, wenn ihnen bewusst wird, dass sie sich mit dem *Faken* selbst in den Rücken fallen und eine sexuelle Vereinigung eigentlich ein Akt ist, der zu beiderseitiger Freude und Erfüllung führen soll.

Üben, üben, üben …

Kommen wir noch einmal auf die Entwicklung der Sexualfunktion als solche zurück. Um das Bild komplett zu machen, sollten wir uns hier noch eine weitere Schwachstelle anschauen, die aus der gängigen Doppelmoral entsteht: Damit Menschen ihre Sexualität nämlich wirklich befriedigend leben können, muss diese wie alle anderen Funktionen des Lebens ausreichend geübt werden. Und was die Frauen betrifft, müssen diese auch verschiedene Männer mit anderen Körpern erlebt haben. Falls Sie jetzt die Augen verdrehen, weil das nicht Ihrer Idee von einer anständigen Frau entspricht, gehören Sie möglicherweise zu der Generation, die meint, dass es unanständig oder hurenhaft sei, wenn eine Frau, die ihre Sexualität entfaltet, diese mit verschiedenen Partnern testet.

Während wir hier die Moral wieder draußen lassen und auch nicht über Praktikabilitäten, Beziehungsgefüge, Treue, Untreue oder die Ehe sprechen, schauen wir uns an, wie es für den bloßen Körper am natürlichsten ist. Sagen wir es aus funktioneller Sicht einmal ganz einfach: Generell ist es gut, wenn Frauen zur grundlegenden Verfeinerung ihrer Sexualfunktion zunächst unterschiedlichste Erfahrungen machen und ihren Körper im Zusammenspiel mit verschiedensten Körpern und deren Energie erleben. Nur so finden sie heraus, was sie zum Erregtsein brauchen, was ihnen guttut, und auch, was ihnen weniger gefällt. Das entspricht den Grundprämissen der menschlichen Neurophysiologie: Wenn eine menschliche Funktion wie die Sexualität zur Reife gelangen soll, muss sie unter verschiedenen Bedingungen getestet und mit vielen sensorischen Differenzierungen in Kontakt gekommen sein. Nur dann kann sie sich vollständig ausbilden, verfeinern und letzten Endes voll befriedigt werden.

Nehmen wir wieder die Funktion des Gehens als Beispiel her. Wenn ein Kind gehfähig ist, durchläuft es im wahrsten Sinne des Wortes viele Stufen. Zu Beginn stolpert es ziemlich häufig, fällt hin, steht wieder auf und versucht es erneut. Daran schließt sich eine Zeit an, in der es langsam und noch wie auf einem Schiff wankend geht, bis sich das Wanken verliert und es sich irgendwann sicher auf seinen Beinen fühlt. Bis dahin probiert es unzählige Male aus, wie es seinen Körper organisieren muss, damit es nicht fällt und frei für andere Tätigkeiten beim Gehen wird. Erst nach vielen sensomotorischen Entdeckungen kann es sich beim Gehen auch den Himmel ansehen, sich nach anderen Kindern umschauen oder eine volle Tasse tragen. Später hat es dann so viel Selbstvertrauen in seine Fähigkeiten, dass es ab einem Tag X losläuft, irgendwann hüpft, enthusiastisch springt und dabei noch jubeln oder lachen kann.

Und wissen Sie was, all diese Phasen kann man gewissermaßen auf die Sexualfunktion übertragen. Das grundsätzliche Gehenlernen einschließlich des Wankens und Unsicherseins entspräche den ersten sexuellen Erfahrungen. Der Körper ist noch unerfahren in dem, was er da tut. Das Mädchen oder die junge Frau weiß weder was für sie angenehm ist, noch wie sie mit dem Sexualpartner harmoniert. Das sichere Gehen des Kindes, das es in seinen Bewegungen freier sein lässt, entspräche den Erfahrungen, bei denen sich die Frau in ihren Bedürfnissen angesprochen fühlt, durch die sie sexuell sicher wird und das Ganze als etwas Schönes zu begrüßen beginnt. Und das Loslaufen, das Hüpfen, Juchzen und Springen entspräche der Phase, in der die Frau ihre wahren sexuellen Bedürfnisse kennt, sich auf die Welle der Sexualenergie setzt und im Zusammenspiel mit dem Partner auf eine energetische Reise geht. Sie genießt, weil sie sich frei fühlt, es keine Beschämungen gibt. Dann kann das passieren, nach dem sich reife Frauen sehnen – der Sexakt kann in die Tiefe gehen.

Aus all diesen Gründen ist es gut, wenn eine Frau viele unterschiedliche Erfahrungen macht und sich und ihren Körper im Zusammenspiel mit anderen Männerkörpern erlebt. Tatsächlich spricht vieles dafür, dass Menschen vielfältige sexuelle Erfahrungen sammeln, bevor sie sich dauerhaft binden, bevor sie sich das

Ja-Wort geben und in Beziehungen eingehen. Und ja: Wenn der Partner der Träume mit sechzehn auch derjenige ist, mit dem es sexuell super klappt und beide die Entwicklung vom Stolpern bis zur sexuellen Freiheit miteinander gehen können, ist alles gut. Doch in den meisten Fällen bleibt das eher ein Traum.

Der Rückzug der Sexualität

Machen wir jetzt in der Entwicklung der weiblichen Sexualität einen Sprung. Während es natürlich ist, dass das Ausleben der sexuellen Bedürfnisse dann erfolgen sollte, wenn sie wach und frisch ist, passiert es ebenso, dass sich die Funktion mit dem Abnehmen der Sexualhormone verändert. Bei Frauen beginnen die Sexualhormone sich mit Mitte dreißig bereits zurückzuziehen und verebben in der Menopause, was durchschnittlich um das fünfzigste Lebensjahr passiert.

Diese Zeiten sind Perioden, in denen der weibliche Körper spür- und sichtbare Veränderungen durchläuft und auch die Sexualität der Frau einen deutlichen Wandel erlebt. Viele Frauen nehmen wahr, dass der regelmäßige Drang nach Sex nachlässt und sie sich diesbezüglich neu orientieren müssen. Das heißt nicht automatisch, dass Sex vollkommen verschwindet. Doch diese Veränderung bringt es mit sich, dass eine Frau durch die veränderte Biochemie und das Abnehmen der Sexualhormone nicht mehr abhängig von sexueller Aktivität ist und sich durch diese nicht mehr bestimmt fühlt. Sie wird unabhängig von dieser und setzt andere Prioritäten in ihrem Leben.

Wenn sexuelle Begegnungen stattfinden, achten Frauen in ihrer Lebensmitte mehr als früher darauf, dass sie tiefer, erfüllender und authentischer sind. Sie wünschen sich vertrauensvolle Beziehungen und „Qualitätssex“, wie es eine Klientin nannte, also Sex, der mehr Intimität herstellt als hitzige Aufregung oder mechanische Kopulation. Und Frauen, die Espresso-Beziehungen oder One-Night-Stands bevorzugen, bemerken, dass sie sich für die hastigen und oberflächlichen Begegnungen immer weniger erwärmen.

Diese Zeit kann, was den Körper mit seiner Natur anbelangt, eine Augen öffnende sein. Beim Rückzug der Sexualhormone zeigt sich nämlich deutlich, welche Reife die Sexualfunktion einst tatsächlich erreicht hat. Es wird klar, ob sie, um es wieder mit dem Gehenlernen zu vergleichen, beim Wanken und Stolpern stehen geblieben ist oder es bis zum sicheren Gehen oder zum freien Hüpfen und Springen geschafft hat. Denn wenn die Sexualfunktion nicht vollständig ausgeschöpft wurde, macht sie sich im Alter nicht selten als ein Überhang bemerkbar, ja, gewissermaßen wie ein sexueller „Hangover". Und dieser fühlt sich wie etwas Unausgelebtes, nicht Komplettiertes an und ruft nach Befriedigung. Das kreiert in einem Alter, in dem der Sexualtrieb natürlicherweise auf dem Rückzug ist, in Frauen nicht selten einen inneren Splitt.

Ich habe mit einigen Klientinnen gearbeitet, die sich im Gipfelzeit-Alter befanden, aber sexuell vollkommen inaktiv waren. Während einige sagen, dass sie sich nie als „sexuelles Wesen" erlebt haben, erinnern sich andere Frauen daran, sich nichts sehnlicher gewünscht zu haben, als sich sexuell auszuprobieren, doch irgendwie hat es nicht geklappt. Sie haben ihren sexuellen „Peak" nie erlebt und hatten damals keine Ahnung, wie es sich anfühlt, sexuell gesättigt zu sein.

Und das hat oft Folgen. Wenn junge Frauen während ihrer hormonellen Blütezeit sexuell indifferent sind, sich zurückhalten, sich nicht trauen oder ihre Energie in die Berufsausbildung, die Karriere oder die Familiengründung stecken, entsteht nicht selten ein bedürfnisbezogener Überhang, den sie in spätere Lebensjahre mitschleppen. Dieser kann so weit gehen, dass die Frauen sexuell noch immer unerfüllt sind, während sie schon im hormonellen Rückzug stecken. Ich kenne einige Frauen, die sich in ihrer zweiten Lebenshälfte wie Teenager nach sexuellen Begegnungen sehnen und in erotisch-sexuellen Träumen schwelgen.

Doch nehmen wir einmal den „Idealfall" an, nämlich den, wenn der weibliche Körper sich bis in die Menopause hinein in Harmonie mit der Natur ausleben konnte. Sofern es einer Frau gelungen ist, ihre Natürlichkeit zu behalten und ihre Sexualfunktion mit Freude und Befriedigung auszuleben, geht sie jetzt gereift in die Menopause über und freut sich auf die neuen Erfahrungen, die sie mit ihrem

Körper macht. Da die Zeit des Reproduktionsalters vorüber und die Menstruation ausgeklungen ist, der Körper keinen hormonellen Drang mehr signalisiert und sexuelle Aktivität weniger Lebensenergie bindet, beginnt für jede Frau ein vollkommen neuer Lebensabschnitt. Sie kann ihren Blick auf neue Erfahrungen lenken. Und ja! Weil sich eine Frau physisch und psychisch so komplett anders wahrnimmt und für sie eine neue Ära beginnt, sollte sie den Eintritt in die Menopause nicht weniger feierlich begehen als die erste Menstruation! Für den Fall, dass Sie, liebe Leserin, bereits in diesem Lebensabschnitt angekommen sind, lassen Sie jetzt die Korken knallen! Feiern Sie! Denn neue Erfahrungen warten darauf, von Ihnen gelebt zu werden!

Bilanz

Wenn wir aus dem Blickwinkel der Natur einmal zurückschauen, können wir eine ziemlich große Reise sehen, die eine Frau während der Entwicklung ihrer Sexualität zurücklegt. Als Kind erforscht sie ihre Sexualorgane, erlangt die Geschlechtsreife, erfährt ihren ersten Sex und hat verschiedenste sexuelle Erlebnisse, bis sich ihre Bedürfnisse mit dem Abnehmen der Hormone verändern. Wenn eine Frau dabei zu einer Synchronizität mit sich selbst gelangt ist und sich sexuell sicher, feminin und potent gefühlt hat, verfügt sie über gute Voraussetzungen dafür, dass es keine Überhänge gibt. Sie ist mit sich im Reinen und bezeichnet Sex nicht als eine ewige Baustelle, die nach Vervollständigung ruft.

Doch wie wir gesehen haben, gibt es genug sensible Momente, die Stör- und Zwischenfällen Platz einräumen. Das hängt damit zusammen, dass nicht alle Frauen ein positives Verhältnis zu ihrem Körper haben und deshalb auch ihr Verhältnis zur Sexualität nur minderwertig ausfallen kann. Rufen wir uns nur einmal die 90% der Frauen ins Gedächtnis, die ihren Körper nach Makeln absuchen und ihn ständig kritisieren: Denken Sie wirklich, dass sich eine Frau, die ihren Körper ablehnt oder sogar hasst, pudelwohl mit ihrer Sexualität fühlt? Glauben Sie, dass eine Frau, die sich selbst nackt nicht leiden kann und nicht einmal ihr eigenes

Spiegelbild erträgt, sich in ihrem Nacktsein mit einem anderen Menschen sicher fühlt? Meinen Sie, dass eine Frau, die ihrem Körper kein bisschen vertraut, sich beim Sex einem anderen Menschen gegenüber vertrauensvoll öffnet? Nein. Ihre Chancen stehen hier schlecht. Eine Aversion gegen den Körper, egal in welcher Form, schließt eine frei und authentisch gelebte Sexualität aus. Das eine bedingt das andere. Wie sollte es anders ein?

Insofern greifen die Themen, die wir in den ersten zwei Kapiteln angesprochen haben, ineinander über. Der Körper ist ja nicht zerteilbar! Wenn eine Frau ihn ablehnt, an ihm herummäkelt und ihn immerfort anders haben will, wirkt sich das auch auf ihr sexuelles Erleben aus. Und mehr noch: Wenn eine Frau fastet, sich aushungert oder aber Essen sinnlos in sich hineinstopft, sodass sie sich kaum rühren kann, wird ihre sexuelle Energie auf dem untersten Level ankommen, sodass sie kaum sexuelle Erfüllung erleben wird.

Und da sollten wir auf einen weiteren Betrug aufmerksam werden, der uns Frauen gesellschaftlich untergejubelt wird: Die superdünnen Frauen, die uns auf Werbeplakaten oder im Internet vorgesetzt werden, machen uns durch ihre gestelltes Gebaren sexuelle Freiheit und lustbezogene Selbstsicherheit weis. Doch es stimmt mit der Realität des Körpers überhaupt nicht überein! Wer seinen Körper nämlich aushungert und energetisch auspowert, um superschlank zu sein, fährt seine Bioenergie so weit in den Keller, dass er alles andere als sexuell potent ist. Ich nehme an, Sie können diese weitere Lüge, die uns die sexualisierten Sprachrohre der Gesellschaft auftischen, entlarven. Genau deshalb kümmern wir uns jetzt eingehender um die Schritte der Versöhnung.

Wagen wir zuvor aber noch eine Heiße-Stuhl-Session. Für den Fall, dass Sie mit Ihrer Sexualität und Ihrem Körper vollauf zufrieden sind, haben Sie jetzt nichts zu tun. Dann dürfen Sie darauf gespannt sein, wie unsere Reise weitergeht.

Auf dem Heißen Stuhl: Ihre offenen Wünsche

Machen Sie es sich in der Me-Time-Lounge so richtig bequem und entspannen Sie sich. Reflektieren Sie die folgende Frage sehr ehrlich:
Gibt es Wünsche, die hinsichtlich Ihrer Sexualität für Sie noch offen oder unerfüllt geblieben sind? Damit beziehe ich mich nicht auf Wünsche oder Fantasien, die Ihr Verstand entwirft, sondern auf solche, die aus dem Inneren Ihres Körpers kommen.
Horchen Sie in ihn hinein!

Kompensationssex erkennen und lösen

Natürliche Sexualität

Wenn wir uns jetzt damit befassen, wie es gelingt, dass Sie Ihre Sexualität erfüllt erleben, lasse ich mich wieder von der Natur des Körpers leiten. Das ist aus meiner Sicht der einzige Weg, wie sich Frauen dauerhaft mit ihrer Sexualität wohlfühlen.

Alles Falsche, Unechte und von außen Aufgesetzte, was oftmals der Inhalt von Ratschlägen für eine bessere Sexualität ist, rächt sich und kann, selbst wenn davon zeitweilig eine Faszination ausgeht, auf Dauer kein positives Eigenempfinden erzeugen. Bei allem, was folgt, geht es nicht darum, die Sexualität in verkehrt und richtig, gut oder schlecht, anständig oder unanständig zu spalten. Genauso wenig animiere ich Sie dazu, im Sinne der sexuellen Selbstoptimierung neue Praktiken zu erlernen, geheime Fantasien auszuleben oder How-to-Regeln zu befolgen. Ich gehe weder auf soziale Praktikabilität ein noch behalte ich im Auge, wie Sie Partnerschaften, Eheversprechen und Genderthemen regeln. Es geht mir einzig darum, dass Sie sich mit der Natürlichkeit Ihres Körpers verbinden. Und dieser Vorgang ist es dann auch, der viele sexuell orientierte Themen löst und Ungereimtheiten zum Verschwinden bringt.

Schließlich habe ich das Thema so aufbereitet, dass sich jede Frau das herausholen kann, was auf ihre Situation, ihre Erfahrungen und ihren Altersabschnitt zutrifft. Klar ist, das junge Frauen, die im Saft ihrer Sexualenergie stehen, andere Prioritäten haben als Frauen, die bereits viele Erfahrungen gesammelt haben oder diejenigen, die sich in der Menopause befinden. Ziehen Sie sich heraus, was Sie interessiert, und lassen Sie sich weiterhin viel Zeit zum Reflektieren in der *Me-Time-Lounge.* Integrieren Sie die Versöhnübungen und praktischen Impulse in Ihren Alltag und bleiben Sie wach dafür, was in Ihrem Organismus passiert.

Kompensatorischer Sex

Den folgenden Abschnitt habe ich einem Umstand gewidmet, den Sie bereits aus dem Ernährungskapitel kennen. Denn auch in Bezug auf die Veränderung der eigenen Sexualität hin zu ihrer Natürlichkeit geht es weniger um ein Hinzulernen von Neuem, sondern darum, dass die Sexualfunktion von Missverständnissen, Kompensationen, allem Falschen und Künstlichen befreit wird. Im Mittelpunkt steht das Weglassen von Erwartungen und Vorstellungen, die ihr aufgesetzt wurden. Die Sexualfunktion muss wie jede andere fehlgeleitete Funktion zu ihrer Natürlichkeit zurückgebracht, wieder pur und „nackt“ gemacht werden. Und damit fangen wir jetzt an.

Erinnern Sie sich ans Essen und Trinken! Da habe ich Sie gefragt, ob Sie emotional essen oder aus kompensatorischen Gründen zur Flasche greifen, mit Nahrung Gefühle wegdrücken, Stress ausgleichen oder bestimmte Empfindungen herstellen wollen. Gern können Sie auch noch einmal zurückblättern und sehen, wie das bei Ihnen war. Und genauso machen wir das mit der Sexualfunktion. Wir schauen uns an, von welchen parasitären Kompensationen und Ersatzhandlungen sie überlagert ist und wie Sie sie von diesen befreien. Denn Sex ist zum verbreitetsten Kompensationsmittel der Moderne geworden. Sexuelle Aktivität dient dazu, andere Befindlichkeitszustände zu vermeiden oder aber Gefühle zu ersetzen, die auf äquivalentem Wege nicht abrufbar sind. All das überschattet das Ausleben einer natürlichen Sexualität. Die Sexualfunktion kann sich mit jeglicher Form der Kompensation weder entfalten noch zur Blüte gelangen. Deshalb werden wir uns jetzt mit den vier am häufigsten vorkommenden Kompensationen etwas eingehender befassen. Hier handelt es sich um:

1. Entspannen durch Sex
2. Stressabbau durch Sex
3. Den Kopf frei kriegen durch Sex
4. Sex als Machtmittel

Bevor wir in dieses Kapitel einsteigen, möchte ich noch etwas klarstellen. In vielen Blogs, Magazinen oder How-to-Kanälen werben Sex-Experten damit, dass Sex zu Entspannung führt, beim Abbau von Stress hilft, die Gehirndurchblutung fördert, das Immunsystem stärkt, unsere Psyche entlastet und so weiter. Das stimmt, wenn Sex ein erfüllendes Agieren für alle Beteiligten ist, dann trägt er zum Gesundsein bei. Doch er darf, wenn es um eine natürliche Sexualität geht, nicht mit dem Benutzen eines anderen Menschen zu einem bestimmten Zweck verwechselt werden. Ich hoffe sehr, Sie können diesen feinen Unterschied sehen! Es ist etwas ganz anderes, wenn Sie etwas der Kompensation halber machen, als wenn Sie „die echte Sache“ tun und es einen positiven Nebeneffekt gibt.

Ein Beispiel: Wenn Mann und Frau miteinander Sex haben, weil sie sich nah sein möchten, auf der Welle ihrer Bioenergie gleiten und sich nachher wohlfühlen, ist das wunderbar. Alles okay. Doch wenn einer von beiden oder beide vor Anspannung nur so strotzen und der verspannte Körper nach Sex ruft, ist das eine unnatürliche Sache. Die Sexualfunktion des Körpers wird „unfunktionell" benutzt. Und genau das treibt sie von ihrer Natürlichkeit weg.

Entspannen durch Sex

Jetzt werden Sie vielleicht schlucken. Sich durch Sex entspannen zu wollen liegt dann nahe, wenn Sie zu den Frauen gehören, denen gerade dies schwerfällt und Sie Sex deshalb als den einfachsten Weg wählen, um Ihre Spannungen zu lösen. Zunächst einmal scheint das nichts Schlimmes zu sein, denn natürlich formuliert das keiner so. Niemand sagt: „Ich möchte jetzt Sex haben, damit ich meine Anspannung mithilfe deines Körpers abarbeiten kann." Insofern ist das Ganze unbewusst. Dennoch hören Sie schon mein Aber.

Für den Fall, dass das Entspannungsbedürfnis von beiden Seiten, also vom Mann und von der Frau ausgeht und beide muskulär angespannt sind, kann der Sexakt auch nur ein angespannter, mechanischer und unsensibler sein. Die körperliche Interaktion wird einer Art Ringkampf gleichen, denn beide kämpfen nicht nur mit der Anspannung ihres eigenen Körpers, sondern gleichzeitig mit der des anderen. Das geschieht, weil die Körperspannung sozusagen als zusätzlicher „Sparringpartner" mit in der Koje liegt. Am Ende mögen beide vielleicht sogar ihre Spannung reduzieren. Doch wenn das zu einer Gewohnheit wird, lernen sie nie das Befriedigtsein kennen, das durch entspannten Sex entsteht.

Während diese Form der sexuellen Kompensation oftmals beim heißen Sex stattfindet, wäre ein anderes typisches Beispiel der Versöhnungssex. Ein Paar streitet sich bis die Fetzen fliegen. Beide fühlen sich verletzt. Es herrscht Unfrieden und bisweilen sogar Krieg. Die Anspannung, die in beiden steckt, sucht nach einer Erlösung. Deshalb benutzen viele Paare den Sex als Weg zur Annäherung. Sie fallen übereinander her, arbeiten ihre Emotionen aus und werfen dadurch einen Großteil ihrer Anspannung ab. Am Ende liegen sie sich erschöpft in den Armen und machen sich vor, dass die Streitigkeiten wieder gekittet sind. Aber was ist bei dem sogenannten Versöhnungssex wirklich passiert? Beide haben ihre emotionale Anspannung, die beim Streit aufgebaut wurde oder vielleicht sogar eskaliert ist, am Körper des anderen kathartisch ausagiert. Im Grunde wurde der Körper des Partners zum Abbau von Muskelspannung benutzt.

Man kann es noch deutlicher sagen: Kompensatorischer, parasitärer Sex heißt, dass der Körper des anderen für das Durchsetzen eigener Beweggründe benutzt und so von seinen Funktionen entfremdet wurde. Und dafür ist kein Körper der Welt da!

Angespannte Frauen

Das Kompensationsbedürfnis zum Entspannen kann auch nur von der Seite eines Partners kommen. Wenn es von der Frau ausgeht, die angespannt ist und Sex als Entspannungsmittel wählt, fragt sie oftmals nach mechanischem, derbem oder gewaltsamem Sex. Dieser kann bis hin zu verletzenden Praktiken gehen und wird nicht selten durch sadistische Tendenzen oder in Dominanzspielen ausgelebt.

Das mag nicht erstaunen, weil Frauen, die sich auf einem hohen Anspannungsniveau befinden, ein geringes Eigengefühl haben und genau deshalb radikale Unterschiede in ihrer Wahrnehmung und ein deutliches Reizgefälle brauchen, bevor sie etwas spüren. Letzteres erzeugen sie zum Beispiel, indem sie grobmotorische, durch Fantasien angeregte oder sogar schmerzhafte Sexpraktiken wählen. Erst dann bauen sie Spannung fühlbar ab. Was sie eigentlich brauchen, ist eine Katharsis, doch das ist ihnen nicht bewusst. Und ja: In einer Welt, in der sich viele Männer an der immer härteren und gewalttätigen Pornografie orientieren, haben sie keine Not, willige Sexpartner zu finden.

Doch was Frauen dabei wirklich bekommen, ist eine Art Scheinentspannung. Selbst wenn sie durch Sex zu einem niedrigeren Anspannungsniveau finden, erlernen sie weder das Know-how eines echten Sich-Entspannen-Könnens noch kommen sie ihrer natürlichen Sexualfunktion näher. Was sie da treiben, bleibt ein leeres Unterfangen, das letzten Endes nur zu Frust führen kann. Sie erhalten den Kreis aus Anspannungsaufbau immer weiter aufrecht und dementsprechend frustriert fühlen sie sich dann auch.

Männer

Verbreiteter ist das Sich-Entspannen durch sexuelle Aktivitäten allerdings von Seiten des Mannes. Es ist sogar relativ üblich, dass Männer sich nicht anders zu entspannen wissen als durch Masturbation oder durch Sex. Hier steht im Vordergrund, dass stark angespannte Männer ziemlich schnell ejakulieren, sodass die Frau mit ihrer eigenen Erregung bei dieser Art des Kompensationssex nicht selten auf der Strecke bleibt. Frauen, die daran von Seiten ihres Partners gewöhnt sind, kalkulieren das oft schon ein und verzichten von vornherein auf ihre Befriedigung. Nicht selten bleiben sie mit dem Gefühl zurück, einfach nur benutzt worden zu sein.

Wenn die Frau mit dem Mann emotional verbunden ist und ihn liebt, passiert es auch, dass sie seine Spannungen unbewusst übernimmt und sich deshalb nach dem Sex angespannt oder unausgegoren fühlt. Er mag schon selig ins Kissen schnarchen, da muss sie erst einmal ihr Empfinden sortieren und mit ihrem nun angespannteren Körper klarkommen. Und für den Fall, dass eine Frau in der Beziehung dem Mann gegenüber ein therapeutisches, mütterliches Verhältnis hat, macht sie seine Entspannung nicht selten zu ihrer Aufgabe und nimmt sich mit ihren Bedürfnissen freiwillig zurück. In diesem Fall gibt sie ihm ihren Körper hin, damit er Entspannung erfährt. Ob sie Zufriedenheit erlangt, ist für sie hier zweitrangig, weil sie zumeist von den sekundären Vorteilen profitiert. Indem er nachher zufriedener, verhandlungsbereiter, umgänglicher oder weniger explosiv ist, hat sie ein leichteres oder harmonischeres Leben. Hier wäre es in Sachen sexueller Kompensation wichtig, dass Sie Ihr Sexleben auf zwei Punkte hin checken: Beobachten Sie, ob Sie den Körper Ihres Partners zur Entspannung benutzen oder aber, ob Ihr Körper zum Spannungsabbau benutzt wird. Falls Sie entsprechende Anzeichen entdecken, werden Sie aktiv und sprechen Sie diese an.

Sex als Stressabbaumittel

Kommen wir zum nächsten Typ von Kompensationssex, bei dem sexuelle Handlungen zum Stressabbau benutzt werden. Der Unterschied zum ersten Punkt besteht darin, dass Frauen und Männer auf Stress zumeist auf unterschiedliche Weise reagieren: Wenn Frauen dauerhaften Stress haben, werden sie eher müde und fallen am Abend erschöpft ins Bett, wenn sie nicht schon auf der Couch vor dem Fernseher eingenickt sind. Sie haben meist keine Lust auf Sex und geizen mit jeder Minute Schlaf. Besonders Frauen mit kleinen oder mehreren Kindern fehlt oft die Energie. Männern kann es auch passieren, dass sie durch Dauer- und Megastress vom Sex Abstand nehmen. Doch tendenziell ist es eher so, dass Männer Stressreaktionen am leichtesten mit Sex abbauen und ihr übererregtes Nervensystem auf diese Weise nach unten fahren. Daher scheint es auch zu kommen, dass viele gestresste Banker, Manager und Männer in High-Profile-Jobs Stammkunden in Bordells sind und dort auf einen Quickie im Sinne der „Afterwork-Regeneration" vorbeischauen.

Viele Mann-Frau-Beziehungen erhalten sich auf diese Weise. Wenn die Frau ihren Körper zu seinem Stressabbau zur Verfügung stellt, wird sie von ihm gefeiert. Dann gibt's nicht nur mehr Harmonie zu Hause, sondern auch schnell mal eine neue Handtasche, einen schönen Fummel oder einen goldenen Ring. Tut sie es nicht und findet sie es gar nicht spannend, seine Stressreaktionen übergebraten zu bekommen, bricht schnell der Unfrieden aus. Klar müsste sich der Gestresste darum kümmern, auf andere Weise mit seinem übererregten Nervensystem umzugehen.

Es ist dasselbe wie beim Spannungsabbau durch Sex: Wann immer Sex entfremdet, parasitär benutzt und zur Ausfüllung anderer Funktionen verwendet wird als von Natur aus vorgesehen, kann sich die Aktivität selbst niemals natürlich anfühlen. Also wird sie kaum erbringen, wonach sich Mann und Frau in ihrer Intimität sehnen. Nochmals nein! Der Körper ist nicht als Antistressmittel konzipiert.

Den Kopf frei kriegen durch Sex

Kommen wir zu einer weiteren Kompensationsform durch Sex, die Männern und Frauen gar nicht so klar ist, die viele aber dennoch häufig praktizieren: Sex als Mittel zum Ausstieg aus der Kopflastigkeit. Da wir Menschen immer weniger physische Tätigkeiten verrichten und Arbeit zunehmend mit langen Konzentrationsphasen an Bildschirmen verbunden ist, wird die Zentrierung unserer Körperenergie zunehmend auf den Kopfbereich verlegt und dort gebunden. Doch wenn Menschen sich über viele Stunden lang ausschließlich mit geistigen, konzentrativen Tätigkeiten befassen, wird der Kopf schnell zur Last.

Deshalb suchen sie nach Mitteln, mit denen sie aus dem ewigen Rad des Denkens aussteigen können. Es ist kein Zufall, dass die Meditation als Kopf-Entlastungsmittel Nummer eins zeitgleich mit der digitalen Revolution Aufwind bekommen hat. Menschen haben erkannt, dass es ihnen schadet, wenn sie über Stunden auf Bildschirme starren, pausenlos nachdenken und unentwegt in ihrem Kopf gefangen sind. Das effektivste Mittel, um sich besser zu fühlen, ist die Meditation.

Aber nicht alle Menschen nutzen adäquate Mittel wie die Meditation, körperbezogene Tools wie Sport, Bewegung in der Natur oder kreative Hobbys, um aus dem unentwegten Überlegen herauszukommen. Stattdessen benutzen sie Sex dazu, was sogar einleuchtet: Durch sexuelle Erregung wird die Energie aus dem Kopf abgezogen und in den Unterleib verlegt. Und mehr noch. Beim Orgasmus passiert so etwas Ähnliches wie das, was bei der Meditation geschieht. Für ein paar Sekunden hält das Denken an. Auf den ersten Blick scheint es also gar kein so abwegiger Gedanke zu sein, Sex in den Dienst der Gedankenfreiheit zu stellen.

Schauen wir uns das einmal näher an: Da Männer tendenziell verkopfter und verliebter in die Denkgymnastik sind als Frauen, kommt die Tendenz, durch Sex der Kopflastigkeit zu entfliehen, besonders von Männerseite. Ich kenne einige Männer, die Sex dazu benutzen, ihre im Kopf konzentrierte Energie nach unten ins Sexzentrum zu verlegen. Für viele ist das, auch wenn es ihnen nicht bewusst ist, ein ganz normaler Weg. Entweder masturbieren sie, gern auch digital, also durch den Cybersex animiert, oder sie „nehmen“ sich eine Frau.

Kopfzentrierte Frauen

Bei Frauen ist dieser Punkt genau andersherum. Wenn Frauen sich vermehrt im Kopf aufhalten und in ihre Denkeskapaden verliebt sind, werden sie nicht sexueller, sondern sexuell distanzierter. Sie verdorren im Körperzentrum, weil dort die Energie fehlt und suchen die Lösung dafür deshalb am seltensten im Sex.

In meinem Buch *„Der Weg des Wassers. Frauen meditieren anders“* habe ich ausführlich beschrieben, wie sich die Kopflastigkeit auf den weiblichen Körper auswirkt. Lassen Sie mich das hier kurz zusammenfassen: Wenn sich die Energie vorwiegend auf den Kopfbereich konzentriert, führt das zu energetischer Leere im Unterleib und wirkt sich negativ auf die weibliche Lust, auf die Empfindungsfähigkeit und auf die sexuelle Aktivität als solche aus.

Und noch einen tendenziellen Unterschied gibt es zwischen Frau und Mann: Wenn Frauen sich überwiegend im Kopf aufhalten und sich unbewusst fürs Kompensieren entscheiden, gehen sie eher shoppen, suchen nach Genussvollem, essen Kohlenhydratreiches, naschen oder schlemmen. Andere Frauen, die die Enge im Kopf als belastend empfinden, suchen ganz bewusst nach „funktionsnäheren“ Alternativen. Manche gehen zum Yoga, tun etwas für ihre Fitness, buchen Wellnessbehandlungen, machen einen langen Spaziergang, meditieren oder gehen kreativen Hobbys nach. In den seltensten Fällen entlasten sich „kopflastige“ Frauen durch Sex. Weil dies bei Mann und Frau so unterschiedlich ist, kommt es hier schnell zu Diskrepanzen. Während er, wenn er im Kopf ist, Sex bevorzugt, ist sie, wenn ihre Gedanken überlaut tröten, im Unterleib energetisch tot. Da dies aber beiden zumeist nicht klar ist, rasseln Sexpartner konstant aneinander, kollidieren mit ihren Bedürfnissen und fühlen sich frustriert. Wenn wir jetzt zum Ausgangspunkt zurückgehen und uns diese drei Kompensationsmittel anschauen, wird die Ausstiegsstrategie schnell klar.

Egal ob Sex zur Entspannung, zum Stressabbau oder zum Ausstieg aus der Verkopfung dient, ich halte es für dringend nötig, dass Frauen und Männer darauf aufmerksam werden, wann sie den Körper ihres Sexualpartners für eine andere Funktion, ja, für etwas Unnatürliches benutzen. Da dies oft zu den blinden Flecken der aktiven „Täter" gehört, liegt es eher in der Hand des Betroffenen, zu merken, wenn der eigene Körper sexuell als Ersatz für etwas anderes benutzt wird. Frauen stehen hier in der Pflicht. Falls das auf Sie zutrifft, sollten Sie es ansprechen und korrigieren. Jede von der natürlichen physiologischen Funktion abweichende „Benutzung" des Körpers ist eine zu viel!

Sex als Machtmittel

Kommen wir zu der vierten Kompensationsform, die dann praktiziert wird, wenn Intimpartner versuchen, durch Sex die Kontrolle oder die Macht über den anderen zu erlangen. Und auch das kann von beiden Seiten ausgehen.

Wenn die Machtspiele von der Frau ausgehen, tut sie das zumeist, um ihren Partner zu manipulieren, zu dominieren, vom Bleiben zu überzeugen, sich an ihm zu rächen oder auch, um über eine gute Performance mehr Anerkennung und Komplimente zu erhalten. Frauen, die hier aktiv sind, machen sich dabei zunutze, dass Sex für ihren Partner eine große Rolle spielt, er sich ohne Sex vielleicht alleingelassen oder abgelehnt fühlt oder er durch Sex weicher, gefügiger oder zugänglicher wird. Dabei übersehen sie aber, dass solche Machtspiele immer eine zweiseitige Sache sind, denn der *Rebound* kommt bestimmt. Indem eine Frau den Mann dominiert oder in sexuelle Abhängigkeit bringt, schießt sie sich in den eigenen Fuß, denn der manipulierte Mann wird sie ebenso manipulieren, doch dann auf andere Weise. Insofern rächen sich solche Dominanzspiele oftmals bitterlich. Nicht wenige Beziehungen scheitern an ihnen.

Und noch etwas passiert dabei: Frauen, die darin versiert sind, Männer durch Sex um den Finger zu wickeln, ihn abhängig von sich zu machen oder zu dominieren, ziehen auf gefühlsmäßiger Ebene keinen Gewinn daraus. Indem sie die

Kontrolle behalten oder Dominanz demonstrieren, lassen sie sich weder emotional auf ihren Partner ein noch können sie sich empfindungsbezogen um ihren eigenen Körper kümmern. Sie benutzen eine physische Funktion ihres Körpers zum Ausgleich von Mankos oder zum Lösen von Beziehungsproblemen. Das kann ihrem Körper nicht guttun.

Falls Sie sich hier angesprochen fühlen, beginnen Sie am besten sofort damit, Machtspiele aus der sexuellen Begegnung zu entlassen. Selbst wenn diese eine Art Rache für das sind, was Ihnen Ihr Partner möglicherweise außerhalb des Bettes antut und dies Ihre einzige Chance ist, sich zu revanchieren, rechtfertigt es Ihre Manipulationen nicht. Machen Sie sich bewusst, was Sie mit Ihrer sexuellen Dominanz gegenüber Ihrem Partner wirklich ausdrücken oder erreichen wollen, statt die falschen Mittel zu wählen.

Der Mann in der Macht

Der Fall, in dem das Machtgebaren durch Sex vom Mann ausgeht, ist schon deshalb ein größeres Thema, weil es gesellschaftlich abgepolstert ist. Durch den allgemein anerkannten Sexismus wird die Frau mehr als sexuelles Objekt gesehen und weniger als ein gleichwertiger Mensch. Und das kann viele Formen haben.

Eine sehr typische und verbreitete besteht darin, dass der Mann im Bett den Ton angibt und klar macht, wie er was haben will und was er von einer Frau erwartet. Ob sie sich dabei wohl und erregt fühlt und letzten Endes Zufriedenheit erfährt, spielt nur eine untergeordnete Rolle. Ich habe viele Klientinnen gesprochen, die akzeptierten, dass Sex für sie kein beiderseitiges Miteinander, sondern zunächst ein Zufriedenstellen seiner Wünsche ist. Darüber hinaus geschieht es, dass sexuelle Begegnungen in einer „Nicht-Einvernehmlichkeit“, wie man es heute diplomatisch sagt, vorgenommen werden. Die Dominanzposition gegenüber einer Frau scheint viele Männer sexuell zu stimulieren. Manche finden es, oftmals animiert durch die Pornografie, sogar spannend, wenn sich die Frau wehrt und sich dann wegen des ungleichen Kräfteverhältnisses ergeben muss.

Und die Frauen? Es gibt Frauen, für die eine erzwungene Sexualität niemals zur Debatte stände. Aber daneben gibt es eben andere, die sich dieser fügen und selbst in langjährigen Beziehungen dulden, körperlich übergangen zu werden. Sie mögen vielleicht sogar wissen, dass daran etwas nicht stimmt, aber sie fühlen sich nicht imstande, die Situation zu wenden. Manche Frauen akzeptieren das Übergangenwerden auch aus einem gewissen Eigennutz heraus. Selbst wenn es ihnen nicht gefällt und sie sich miserabel beim Sex fühlen, profitieren sie davon, da sich ihr Partner bestätigt fühlt, nach dem Sex zehn Zentimeter größer ist und geschwollene Brustmuskeln hat. Indem sie ihn in seinem Mannesstolz bestärken, erhalten sie möglicherweise mehr Anerkennung. Und von dieser meinen sie zu profitieren.

Die europäische Union hat zum „uneinvernehmlichen" Sex, also zu geduldetem Sex, den Frauen eigentlich nicht wollen, eine breit angelegte Studie in Auftrag gegeben. In dieser befragten sie die Teilnehmerinnen, inwiefern diese nicht gewollten Sex zulassen und wie oft das geschieht. Das Ergebnis war schockierend: 30% der Frauen sahen Sex, den Sie nicht befürworten, in bestimmten Situationen als akzeptabel an. Dreißig Prozent! Das müssen Sie sich einmal vorstellen!

30% der europäischen Frauen, wohlgemerkt Frauen eines Kontinents, auf dem wir im Vergleich zu anderen Regionen der Erde die größte sexuelle Selbstbestimmung verzeichnen, willigen unter bestimmten Bedingungen ein, dass an ihrem Körper ungewollte sexuelle Handlungen vorgenommen werden. Und mehr noch: Frauenforscherinnen vermuten, dass die Zahl der Frauen, die uneinvernehmlich praktizierten Sex in festen Beziehungen und Ehen dulden, noch viel höher ist. Nicht umsonst hat man vor einigen Jahren die Vergewaltigung in der Ehe unter Strafe stellen müssen. Schließlich gehörte es noch bis ins letzte Jahrhundert zu der Pflicht einer Ehefrau, zum Sex zur Verfügung zu stehen.

Genau diese Formulierung habe ich von nicht wenigen Klientinnen, die heute die sechzig Lebensjahre überschritten haben, wortwörtlich gehört:

Ilse, eine Klientin mit chronischen Unterleibsschmerzen, sagte mir nach ihrer Totaloperation, dass sie Sex immer als „Pflicht einer ordentlichen Ehefrau“ angesehen habe. Das habe sie von dem Moment an gewusst, in dem sie das Eheversprechen gab. Einen Orgasmus habe sie nie erlebt.

Marianne meinte, sie habe sich bereits als junge Ehefrau daran gewöhnt, ihrem Mann jeden Morgen „den Hintern hinzuhalten“ und dabei ihre Tagesplanung im Kopf durchzugehen. Sie habe es nie gemocht, sich aber das Theater ausgerechnet, das entstanden wäre, wenn sie es nicht getan hätte. Helene gestand, dass sie sich „ihrer Aufgabe gestellt habe“, weil ihr Mann sonst „den anderen hinterhergestiegen wäre“.

Und Gerda sprach davon, dass sie bei ausgeknipstem Licht alles hinter sich gebracht habe und froh gewesen sei, als dieses „traurige Kapitel“ ein Ende fand.

Das Recht des Mannes auf Sex?

Zur Erinnerung: Dass Frauen sich an ihrer Sexualität erfreuen und frei für sich wählen, wie sie diese gestalten, ist eine Errungenschaft der letzten fünfzig, sechzig Jahre. Noch bis in die Nachkriegszeit steckten die meisten Frauen in sozialen Situationen fest, in denen sie zumeist finanziell abhängig vom Mann waren und folglich auch sexuell gehorchen mussten.

Die Ausläufer dieser Zeit stecken noch in den Köpfen vieler Frauen fest – selbst der jungen. Frauen glauben noch immer, dass sie ihrem Mann zur Verfügung stehen müssen, ganz gleich wie sie empfinden. Wenn sie es nicht tun, ist es ihre Schuld, wenn Unfrieden herrscht und der Mann nach anderen Frauen schaut.

Ich kenne Frauen, die genau das von ihren Partnern direkt oder indirekt vermittelt bekamen. Denn das verstehen nicht wenige Männer, die eine Frau als Objekt sehen, unter einer Beziehung oder einer Ehe: Sie sind müde, immer aufs Neue nach einer Sexualpartnerin zu suchen, liebäugeln mit dem Komfort des häuslichen Lebens und sichern sich so die Garantie auf regelmäßige Befriedigung.

Obwohl wir im 21. Jahrhundert leben, gibt es nicht wenige Männer, die Sex als Ehepflicht der Frau oder als sein Recht der Partnerin gegenüber ansehen und sich mit oder eben auch ohne Zustimmung der Frau holen, wovon sie meinen, dass es ihnen „zusteht". Während der Körper der Frau als ein benutzbares Ding angesehen wird, demonstriert der Mann Stärke und aalt sich in seiner Überlegenheit.

Wir könnten hier ein noch traurigeres Kapitel aufschlagen, wenn es um das Überwältigen von Minderjährigen, von jungen Frauen und Mädchen geht, was dann in die Kategorie des sexuellen Missbrauchs fällt. Klar ist, dass sich Männer, die sich nicht imstande sehen, ihre Sexualität mit einer erwachsenen Frau auszuleben, an Minderjährigen vergreifen und sich dort sexuell beweisen. Doch hier wollen wir gar nicht weitergehen, weil es den Rahmen sprengen würde. Ich denke, Sie können die Psychogramme von Männern, die das Überwältigen einer Frau oder eines Mädchens bevorzugen, durchschauen.

Falls Sie also zu den Frauen zählen, denen diese beschriebenen Versionen bekannt vorkommen und Sie davon betroffen sind, und sei es auch „nur" in Ansätzen, sollten Sie sich unbedingt aus dieser Situation herausschälen. Sexuell übergangen zu werden ist kein Lapsus, sondern eine bewusste Erniedrigung der Frau, die mit einer Verletzung ihres Körpers und ihrer Seele verbunden ist.

Jungfräulichkeit

Und schließlich gibt es auch Kulturen mit bestimmten religiösen Traditionen, in denen der Mann die Sexualität einer Frau nicht nur innerhalb einer Ehe, sondern bereits davor kontrolliert. Wenn die Frau in der ersten Nacht nicht den Beweis erbringt, dass sie Jungfrau war und nicht blutet, droht ihr eine öffentliche Verunglimpfung, in einigen Ländern kann sie dafür sogar umgebracht werden.

Zwei junge norwegische Ärztinnen, Nina Brochmann und Ellen Støkken Dahl, haben ein Buch über die Anatomie der weiblichen Sexualorgane geschrieben. Es heißt *„Viva la Vagina"*. Das scheint nicht zufällig jetzt herauszukommen, weil die Autorinnen die Notwendigkeit spürten, endlich mit bestimmten Fehlinformationen über den weiblichen Körper aufzuräumen. Unter anderem schreiben sie, dass das sogenannte Jungfernhäutchen, das Hymen, aufgrund seiner unterschiedlichen Formen gar nicht bei jeder Frau bluten muss, wenn es zum ersten Sex kommt. Die Diskussionen um das jungfräuliche Bluten sind also vollkommen gegenstandslos.

Vielleicht zucken Sie jetzt mit den Schultern, weil Sie davon ausgehen, dass das im 21. Jahrhundert keine wirkliche Rolle mehr spielt. Doch durch die Migration leben immer mehr Frauen unter uns, für die es das tut! Nicht umsonst hat sich aus der Beweisfunktion der Jungfräulichkeit eine eigene Industrie entwickelt. Frauen bestimmter Kulturen und Religionen lassen sich, wenn sie vor der Ehe Sex hatten oder sie sich nicht sicher sind, ob das Hymen beim Yoga, Sporttreiben oder Masturbieren gerissen ist, ein künstliches Hymen einsetzen, damit sie den Konsequenzen entgehen. Es ist unglaublich, wie stark Frauen von heute noch unter der Fuchtel männlicher Egomanie stehen und wie sehr Männer, die Frauen als etwas Minderwertiges ansehen, die Kontrolle über deren Sexualleben behalten.

Sexuelle Gewalt

Schließlich gibt es noch ein weiteres trauriges Kapitel, und zwar Männer, die sich einfach nehmen, was sie wollen, und Frauen vergewaltigen. Tatsächlich ist die Grenze zum uneinvernehmlichen Sex schwimmend. Denn was ist der Unterschied zu nicht gewolltem, aber dann doch vollzogenem Sex und einer Vergewaltigung? Das wäre tatsächlich die Frage, denn in beiden Fällen sagt die Frau „Nein“. Nur gibt sie im ersteren irgendwann nach, weil sie sich nicht in der Lage sieht, gegenzuhalten, und im zweiten Fall bleibt sie beim „Nein“. Einigen wir uns hier darauf, dass eine Vergewaltigung dann passiert, wenn das „Nein“ übergangen wird.

Und ja. Hier demonstriert der Mann seine Macht über die Frau durch gewalttätigen, erzwungenen Sex. Doch dabei überwältigt er sie nicht nur. Er bricht sie. Er fügt ihrer Seele und ihrem Körper eine so große Narbe zu, dass sich diese nie wieder vollständig schließen lässt.

Lassen wir die Zahlen sprechen: In Deutschland registriert man etwa 11.000 Vergewaltigungen pro Jahr, doch die Dunkelziffer liegt um ein Vielfaches höher. Das tut sie, weil laut einer EU-Studie nur rund 15% der Frauen, ich wiederhole: 15% der vergewaltigten Frauen dies auch zur Anzeige bringen. Warum die meisten Frauen darauf verzichten, liegt klar auf der Hand. Was haben sie schon davon, wenn der Täter verurteilt wird? Ihre Seele ist lädiert, ihr Körper beschädigt, ihr Leben zerstört. Wozu sollen sie sich dann durch Gerichtsprozesse quälen? Die nackten Tatsachen geben ihnen Recht, denn nur 8,4% der Vergewaltiger werden in Deutschland zur Verantwortung gezogen. Die anderen 91,6% dürfen mit dem Vergewaltigen weitermachen.

Viele der vergewaltigten Frauen verzichten auch deshalb auf eine Anzeige, weil sie sich zum Aufgeben einer solchen gar nicht in der Lage fühlen. Während sie sich in der zerbrechlichsten und verwundetsten Verfassung befinden, müssen sie sich die unsensiblen Fragen von Polizisten und Ärzten gefallen lassen, Auskünfte über ihr Sexualleben geben und darüber hinaus noch ihre Unschuld beweisen. Sie müssen belegen, dass sie die Gewalt nicht selbst verschuldet, keine anmachende Kleidung getragen, keine ermutigenden Signale ausgesendet und die Reaktion des Mannes nicht eingeladen hat.

Darüber hinaus muss sich eine gerade vergewaltigte Frau einer demütigenden Untersuchung unterziehen und sich auf dem gynäkologischen Untersuchungsstuhl mit gegrätschten Beinen bloßstellen, wenn sie die Straftat zur Anzeige bringen will. Und wenn in dieser keine Verletzungen nachgewiesen werden, weder blaue Flecke noch gewebliche Einrisse zu sehen sind, muss sie sich die Frage gefallen lassen, ob sie es denn nicht doch gewollt hat. Es ist kein Wunder, dass viele Frauen die Vergewaltigungen lieber auf sich beruhen lassen.

Wie wir an den Enthüllungen im Zusammenhang mit der #Me-Too-Debatte gesehen haben, halten sich Frauen auch dann mit der Öffentlichmachung der Gewalttat zurück, wenn es sich bei dem Vergewaltiger um einen Mann mit einem bestimmten Prestige oder in einer Machtposition handelt. Dann ist sowieso klar, dass ihre Anzeige fallen gelassen wird. Männer mit Macht und Geld haben nahezu freie Fahrt, sexuelle Übergriffe vorzunehmen, gegen die Sie sich nicht wehren können. Interessant ist vor allem eines und damit komme ich zu Ihnen und zu Ihrer sexuellen Selbstbestimmung zurück: Der typische Vergewaltiger ist nur in den seltensten Fällen der im Dunkeln wartende Unbekannte, der die Frau überfällt. Es ist eine traurige Wahrheit, dass ganze 77% der vergewaltigten Frauen ihren Täter kennen. Und noch schockierender ist, dass 17% der Frauen mit ihrem Vergewaltiger sogar unter einem Dach leben!

Ganz allgemein: Wie eine Studie der *Europäischen Grundrechteagentur* (FRA) aus dem Jahr 2014 mit 42 000 Frauen zeigte, erlebt jede dritte europäische Frau über 15 Jahre sexuelle und/oder körperliche Gewalt. Die sexuelle Gewalt gegen Frauen ist also weder ein seltenes noch ein kleines, vereinzeltes oder in einem bestimmten Milieu stattfindendes Delikt. Sie gehört zum ganz normalen Frauenleben. Und wenn Sie davon betroffen sind, seien Sie mutig! Läuten Sie Veränderung ein!

Machtspiel per se: der Körper als Ware

Eine weitere Art, in der sexistisch denkende Männer ihre Macht über die Frau beweisen, ist der Kauf von Sex, die Prostitution. Die Frau macht ihren Körper zur Ware und indem der Mann bezahlt, darf er sich am Körper der Frau wie an einer Theke bedienen. Man rechtfertigt die Existenz des „Gewerbes" damit, dass es eine sehr lange Tradition habe, dass es sonst viel mehr Vergewaltigungen gäbe und die Männer ohne Beziehungen ja auch wissen müssten, wohin sie mit ihrer Sexualität gehen können.

Doch nur, weil das schon immer so war und weil es diese Argumente gibt, ist es weder natürlich noch respektiert es die Frau und ihren Körper. Nein. Genau das tut es nicht! Es heißt erst einmal nur, dass der machtgewohnte Mann die Lage der Frau schon immer ausgenutzt und ihren Körper als Objekt gesehen hat. Und deshalb behandelt er diesen seit Jahrtausenden wie eine Ware, die man kauft und benutzt. Die Lüge von der *Happy Whore*, der Prostituierten oder der Sexworkerin, wie man neuerdings sagt, hält sich hartnäckig: Ich habe tatsächlich einmal einen Mann kennengelernt, der glaubte, dass Prostituierte bei ihren Freiern echte Orgasmen haben und sich am Sex erfreuen. Oha! Da war ich wirklich geschockt, wie weit die Ignoranz des Mannes und die Verteidigung seines Sexismus gehen kann.

Lassen wir die Fakten sprechen: Nach Angaben der Gewerkschaft Verdi suchen täglich 1,2 Millionen Männer in Deutschland eine Prostituierte auf. Nach einer Umfrage der Zeitschrift „Brigitte" bezahlen 47% der Männer einmal monatlich für Sex. Prostituierte in den üblichen Rotlichtvierteln der Großstädte arbeiten im Viertel- bis Einstundentakt. Eine Frau versorgt zwischen 3 und 25 Männer pro Nacht. Junge „erfolgreiche" Prostituierte kommen auf 200 Männer pro Woche. Glauben diejenigen Männer, die die *Happy-Whore*-Lüge bedienen, wirklich, dass eine Frau an einem solchen Ausverkauf ihres Körpers Freude hat? Glauben Männer, dass Frauen auf dem Straßenstrich, die Sex in schmuddligen Vans oder in abgehalfterten Hotels erleben, einen Genuss daran finden kann? Glauben sie wahrhaftig, dass eine Frau, die in jeder Nacht mehrere Penisse in all ihre Öffnungen ejakulieren lässt, irgendeine Freude daran empfindet? Und meinen Männer ernsthaft, dass sich der Intimbereich gut anfühlt, wenn er perverse Praktiken aushalten muss oder dabei sogar verletzt wird?

Dass Prostituierte oder Sexarbeiterinnen ihren Job mögen, ist eine große Lüge, da viele Frauen Zwangsprostituierte sind. Die Zahlen schwanken zwischen 60%-90%, wobei 50% aus Osteuropa oder Asien kommen sollen und Teil des blühenden Menschenhandels sind. In Ausnutzung ihrer finanziellen Lage werden sie verschleppt, bedroht, mit Drogen abhängig gemacht und auf den Strich gezwungen. Viele von ihnen sind zu Beginn ihrer Laufbahn minderjährig, wurden als Initiation zum Sex vergewaltigt und haben in ihrem Leben nie einen zärtlichen Mann kennengelernt. Die als Beispiel angeführten Studentinnen, die sich etwas Geld dazuverdienen, machen gerade einmal einen Anteil von 1% - 2% aus. Und ja, es stimmt: Mitunter melden sich Sexworkerinnen zu Wort und verteidigen ihren Job. Das ist verständlich, weil sich diese Frauen sonst eingestehen müssten, was sie sich und ihrem Körper täglich antun. Wahrscheinlich würden sie, wenn sie anfingen sich zu fühlen, aus dem Heulen nicht mehr herauskommen. Denn kein einziger Frauenkörper sehnt sich danach, täglich mehrmals Sex zu haben und noch dazu mit Männern, die der Frau weder vertraut noch körperlich angenehm sind.

Bringen wir es auf den Punkt: Ich komme weder aus der Verachtungsecke noch schüttele ich moralisierend den Kopf. Vielmehr schaue ich auf die Prostitution aus der Sicht der natürlichen Bedürfnisse einer Frau. Denn das ist es, was ein positives, gesundes Verhältnis zum eigenen Körper ausmacht. Genau vor diesem Hintergrund glaube ich nicht, dass eine Frau ihrer Natur nahe ist oder näherkommt, wenn sie ihren Körper jeder Art von Mann zur Benutzung anbietet. Und ich glaube genauso wenig, dass es seelisch gesund ist, wenn eine Frau permanent *faked,* vorspielt, kranke Spiele an ihrem Körper duldet, dabei juchzt und ihre eigenen Bedürfnisse mit Füßen tritt. Frauen, die das über längere Zeit machen, haben gar keine andere Chance, als sich von den Vorgängen an ihrem Körper emotional abzukoppeln und gefühlsmäßig zu retardieren. Es ist bekannt, dass sich Frauen, die sich prostituieren, gefühlsmäßig am unteren Empfindungslevel befinden, ganz zu schweigen von denen, die ihren Job nur unter Alkohol, Drogen, Schmerzmitteln, Antidepressiva oder Aufputschmitteln ausüben können. Diese haben zusätzlich die oft irreparablen Schäden am Körper, Geschlechtskrankheiten und Genitalverletzungen zu verarzten. Insofern kann sich keine einzige Prostituierte dieser Welt nach ihren wahren und aktuellen physischen Bedürfnissen ausrichten. Das ist angesichts ihres Berufsbildes nicht möglich. Alles andere ist eine fette Lüge.

Und ein Letztes: Dass die Prostitution überlebt und immer weiter betrieben wird, liegt auch daran, dass sie hohe Umsätze erwirtschaftet. In Deutschland, jenem Land mit den meisten sich prostituierenden Frauen in Europa, auch als „Bordell Europas" bezeichnet, werden mit gekauftem Sex jährlich 14 bis 15 Milliarden Euro umgesetzt. Kein Wunder, dass an dieser Industrie keiner rüttelt.

Die nichtgewerbliche Prostitution

Der bezahlte Sex ist also eine weitere Art, in der Männer mit einer sexistischen Grundhaltung ihren Machtstatus sichern. Und hier halten wir einmal inne.

Dieses Buch dient ja nicht dazu, mit dem Finger auf die bösen Männer zu zeigen. Sicher gäbe es hier vieles dazu zu sagen, warum sich die Situation so und nicht anders entwickelt hat und warum so viele Männer gewalttätig, pervers, machtgeil, frauenverachtend und sexhungrig sind. Doch vor dem Hintergrund des Buches, dass Frauen mit ihrem Körper und ihrer Sexualität Frieden schließen möchten, geht es darum, dass Frauen ihre Augen öffnen und die Verantwortung dafür übernehmen, wie sie mit ihrem Körper umgehen, was sie akzeptieren und mit ihm machen lassen. Das muss auf den Tisch. Wenn wir uns das Thema der Prostitution nämlich einmal aus der Nähe anschauen, können wir noch einen ganz anderen Aspekt nicht übersehen. Dass sich Frauen sexuell zur Verfügung stellen, ist nicht nur auf den gewerblichen Bereich begrenzt und kommt noch auf ganz anderen Ebenen vor. Wieder ist es so: Wir müssen die Extreme ansehen, um deren Geist auch in den kleineren Vorkommnissen zu entdecken.

Der Handel „Körper gegen Geld" muss nicht notwendigerweise im Puff, Escortbereich, SM-Studio oder auf dem Straßenstrich stattfinden. Prostitution geschieht auch unter ganz „normalen" Bedingungen, wenn Sie den Sex dazurechnen, den Frauen im Tausch gegen eine gesicherte Zukunft, ein gut gefülltes Bankkonto oder ein Glamourleben zur Verfügung stellen. Ich kenne einige Frauen, die sich in ihren Beziehungen und Ehen „prostituieren", damit sie finanziell abgesichert sind, sich Status und Prestige sichern oder weil sie keine Lust zum Arbeiten haben. Das erhalten sie sogar dann noch aufrecht, wenn die Liebe vorbei ist oder gar keine da war, ihr Partner sie anwidert und sie einander nicht mehr riechen können. Und schließlich kenne ich Frauen in Beziehungen, die sich verfügbar halten, weil sie verhindern wollen, dass sich ihr Partner Pornos reinzieht, andere Frauen kontaktiert oder zu einer bezahlten Prostituierten geht. Bevor es unkontrollierbar wird, spielen sie lieber die Prostituierte zu Hause.

Und es kann noch unauffälliger gehen. Ich weiß von Frauen, die ihren Körper für Sex zur Verfügung stellen, nur weil sie von dem Mann gut behandelt werden oder Komplimente erhalten.

Dann gibt es noch die Kategorie Frauen, die ihren Körper als berufliche Verhandlungsmasse anbieten und sich „hochschlafen", wie man sagt. Im *Silicon Valley*, der Schmiede der Digitalstars und Social-Network-Gurus, soll es nach dem Buch *„Brotopia – Breaking Up the Boy's Club of Silicon Valley"* der Bloomberg-TV-Journalistin und Autorin Emily Chang Sexpartys geben, in denen sich Frauen sexuell verfügbar machen, um in den Kreis der Crème de la Crème aufgenommen zu werden, gesellschaftlichen Status zu erlangen, Kredite zu kriegen, auf die sie sonst niemals eine Aussicht hätten. All das sind Währungen, die den Körper der Frau von seinen ursprünglichen Funktionen entfremden. Wie intensiv oder minimal die Prostitution auch ausfällt, wie oft oder wie selten sie passiert, es ist ein Fakt, dass der Körper dabei unter die Räder kommt. Er wird aus solchen kalkulierten sexuellen Begegnungen niemals wirklich zufrieden und energetisiert hervorgehen, weil er dazu ehrliche Bedingungen braucht. Deshalb: Wenn sich eine Frau prostituiert, egal ob gewerblich oder privat, hat sie keine Chance, dass sie mit der Natur ihres Körpers harmoniert. Im Gegenteil. Sie muss diese vergessen.

Fazit

Nachdem wir einen großen Bogen vom Kompensationssex über das Benutzen von Sex als Machtmittel bis hin zur Gewalt am weiblichen Körper geschlagen haben, sind wir wieder am Kernpunkt angekommen, an dem wir gestartet sind: Wenn Sie als Frau mit Ihrer Sexualität zufrieden sein möchten und Sie sich wünschen, sich wohl und sicher in Ihrem Körper zu fühlen, lege ich Ihnen nahe, dass Sie Ihre sexuellen Begegnungen natürlich gestalten.

Klopfen Sie Ihre sexuellen Beziehungen sorgsam darauf ab, ob diese Elemente der genannten Tendenzen enthalten. Das heißt, dass Sie in der Konsequenz jegliche gewalttätigen oder erniedrigenden Aspekte aus Ihrem Sexualleben entfernen, ja, alles, was Sie mit Ihrem Sexualpartner nicht auf Augenhöhe sein lässt und nicht in absoluter Übereinstimmung mit Ihren Bedürfnissen passiert, zur Disposition stellen.

Während es für viele Frauen das Selbstverständlichste der Welt ist und sie gar nicht auf die Idee kämen, Nachteile beim Sex hinzunehmen, sind noch viel zu viele Frauen davon weit entfernt. Sie akzeptieren aus den unterschiedlichsten Gründen, dass sie ihren Körper für sexuelle Handlungen zur Verfügung stellen. Es müssen nicht immer die krassen, erschreckenden Vorkommnisse sein, die passieren. Die ganz alltäglichen, versteckten Geschehnisse sind oftmals diejenigen, durch die Frauen sich an das Nicht-gesehen-Werden tröpfchenweise gewöhnen. Und nochmals nein! Der Körper einer Frau ist kein Spielzeug, keine Ware, weder ein Lustobjekt noch die Zielscheibe für Perversionen. Tatsächlich beginnt es hier!

Um hier schnell Bewusstheit zu erlangen, empfehle ich, dass Sie sich zwei ganz simple Fragen stellen, wenn es zu sexuellen Begegnungen kommt.

1. Sind Sie mit Ihrem Sexualpartner auf Augenhöhe?
2. Beruht Ihr Agieren auf gegenseitigem Respekt?

Falls Sie feststellen, dass beim Sex Machtspiele im Gange sind, Sie zur Hörigkeit oder Unterwerfung tendieren oder sich jemandem fügen, weil Sie sich aus der Situation nicht herausziehen können, sollten Sie sich möglicherweise professionell helfen lassen. Psychotherapeutische Intervention kann hier schnell Licht ins Dunkel bringen. Nichts schadet Ihrer Seele und Ihrem Körper mehr, als wenn Sie in einem Macht- oder Abhängigkeitsverhältnis gefangen sind.

Das Auflösen von Kompensationen aller Art aus dem Sexualleben ist definitiv ein revolutionärer Schritt. Er hilft Ihnen, Ihrem Sexualpartner pur, ja tatsächlich „nackt“ begegnen zu können und sich mit Ihrer Bioenergie zu verbinden. Erfahrungsgemäß ist es so, dass sich dadurch bereits zahlreiche Probleme mit der Sexualität erübrigen. So etwas passiert grundsätzlich, wenn natürliche Funktionen

„geklärt“ werden. Insofern haben wir hier bereits einen starken ersten Schritt gesetzt.

Und schließlich lade ich Sie auf den Heißen Stuhl ein. Dort ermutige ich Sie dazu, vollkommen ehrlich zu sich zu sein. Machen Sie sich nackt!

Auf den Heißen Stuhl: Kompensationen erkennen

Werfen Sie einen Blick auf Ihre sexuelle Geschichte bis hin zur Gegenwart. Überprüfen Sie, ob es zu Kompensationen durch Sex gekommen ist, also ob Sie Sex für das Erreichen anderer Ziele benutzt haben und/oder kompensatorische sexuelle Handlungen an Ihrem Körper durch andere zugelassen haben. Diese können auch von den vier aufgeführten abweichen.

Für den Fall, dass Sie etwas festgestellt haben, das noch lebendig ist, finden Sie jetzt Wege, Ihr Sexualleben von diesen kompensatorischen Absichten zu befreien und die betreffende Funktion äquivalent zu erfüllen.

Sensibilität entwickeln, Berührungsbedarf stillen

Zurück zur Natur!

Das Befreien sexueller Begegnungen von möglichen Kompensationen ist ein wichtiger Schritt zu einer befriedigenden Sexualität. Und dennoch liegt in ihm noch nicht das ganze Geheimnis. Denn was den meisten Frauen in Sachen Sexualität außerdem die Beine stellt, ist, dass viele von ihnen vollkommen unrealistische

Erwartungen an sich haben. Um diese zu relativieren, besinnen wir uns wieder auf die Natur des weiblichen Körpers und schauen uns die Sexualfunktion der Frau zunächst als ein hormonelles Phänomen an. Das betone ich, weil dieses nicht jeder Frau bewusst ist.

Die Sexualhormone, die für die Lust der Frau auf Sex verantwortlich zeichnen, sind ja im Laufe eines Frauenlebens nicht immerzu gleich. Das liegt daran, dass die Frau ihre Kinder in jüngeren Lebensjahren gebärt und folglich auch in dieser Zeit hormonell am fittesten und vitalsten sein muss. Und das läuft natürlicherweise mit den sexuellen Bedürfnissen parallel ab. Diese erreichen dann ihren Höhepunkt, wenn die Produktion der Sexualhormone hoch ist. Diese steigt bei Frauen mit der Geschlechtsreife an und erreicht ihren Höhepunkt um das 25. Lebensjahr. Man spricht davon, dass die Zeit zwischen dem 15. und dem 35. Lebensjahr die hormonell stärkste und sexuell aktivste Zeit der Frau ist. Die Sexualhormone sind auf ihrem Zenit und dementsprechend gestaltet sich auch ihr Interesse am Sex. Ab Mitte Dreißig beginnen sich die Sexualhormone bereits langsam zurückzuziehen, unabhängig davon, ob eine Frau es bemerkt oder nicht. Wenn Frauen die Vierzig überschreiten und vor allem, wenn sich erste Anzeichen der Wechseljahre einstellen, kommen sie damit auch gefühlsmäßig in Kontakt. Ihr quantitatives Interesse am Sex reduziert sich und wenn sie in der Menopause ankommen, verändert sich ihr natürliches Bedürfnis nach sexueller Aktivität noch einmal mehr. Das ist natürlich. So hat es die Natur im weiblichen Körper installiert.

Wenn eine Frau bis ins hohe Alter einen natürlichen „Sexdrive“ hat und diesen ausleben möchte, spricht überhaupt nichts dagegen. Doch tatsächlich ist das eher selten der Fall. Wenn ich hier vom natürlichen Rückgang des Bedürfnisses nach Sex in der zweiten Lebenshälfte spreche, entspricht das der natürlichen weiblichen Physiologie. Frauen, die in die Phasen ihres Leben voll und ganz eingetaucht sind und auch ihre Sexualität ausgelebt haben, fühlen, dass ihre Energie immer weniger in Richtung Sex fließt. Wie eine junge Frau unbedingt auf ihren hormonellen Wellen schwimmen und sich sexuell ausleben sollte, ist es genauso normal, dass sich dieses Interesse in der Lebensmitte legt. Wenn Frauen mit zunehmenden Lebensjahren also weniger sexuelle Bedürfnisse verspüren oder diese irgendwann ganz ausbleiben, ist das überhaupt nichts Verkehrtes. Es ist insofern natürlich, als Ihr Körper mit der Natur geht, er dem gebärfähigen Alter entwachsen und der hormonelle Push nicht mehr nötig ist.

Das sage ich so deutlich, weil die Situation oftmals eine andere ist. Frauen trauen sich nicht, zu dieser Phase zu stehen, sehen ihre zunehmende „Asexualität" als falsch an und fühlen sich aus dem Rennen geworfen. Viele Frauen fürchten, für ihren Partner nicht mehr attraktiv genug zu sein, sodass er sich für jüngere Frauen im sexuell aktiveren Alter interessiert. In unserer durch und durch sexualisierten Welt, in der alles geil und sexy sein muss, trifft das ja auch oftmals zu.

Und es entsteht auch deshalb ein immenser Druck auf die Frau, weil sie selbst glaubt, ewig und gleichbleibend sexuell aktiv sein zu sollen. Diese Erwartung prasselt von vielen Seiten auf sie herab. Ich kenne einige Sex-Coaches, Gynäkologen oder Sexualtherapeuten, die den Frauen verklickern wollen, dass sie sich für Sex in jedem Alter gleichermaßen interessieren sollten. Das ist eine totale Fehlinterpretation, die aus der Welt des sexfokussierten Mannes stammt und von Meinungsmachern ausgeht, die sich nicht wirklich für die Lage der Frau interessieren. Und nicht nur das!

Die Pharmaindustrie verdient Milliarden an der Hormonersatztherapie, mit der Frauen ab etwa Fünfzig fast flächendeckend in dem Glauben behandelt werden, dass ihre Libido, ihre Lust auf Sex linear verlaufen müsste. Indem man ihnen weismacht, dass sie ihre Hormone künstlich regulieren sollten, um weiterhin ein aktives Sexleben zu führen, lenkt man sie auf die falsche Fährte und riskiert außerdem, dass Frauen sich mit einem fremdregulierten Körper unwohl fühlen und durch Hormonpräparate verursachte Gesundheitsrisiken eingehen. Ich behaupte sogar, dass viele sogenannte Wechseljahresbeschwerden nur aus dem Umstand erwachsen, dass sich Frauen unter Druck setzen, weiterhin attraktiv und jugendlich zu wirken.

Nichtsdestotrotz. Die Natur hat es so eingerichtet, dass sich die Sexualität einer Frau mit dem Abnehmen der Sexualhormone verändert. Es liegt in der Hand jeder einzelnen Frau, wie sie sich dazu positioniert und dementsprechend auch die folgenden Anregungen verarbeitet.

Sexuelle Selbstversöhnung

Wenn ich mit Frauen über eine Aussöhnung mit ihrem Körper auch hinsichtlich ihrer Sexualität spreche, beziehen sie das oft darauf, dass sie die Qualität und/oder Quantität ihrer sexuellen Aktivitäten verbessern müssen oder fragen sich, wie sie solche überhaupt organisiert bekommen. Andere Frauen vermuten, dass eine Revision ihrer Sexualität kompliziert, tückisch oder mitunter sogar peinlich ist. Doch im Grunde geht es darum nicht wirklich.

Im Mittelpunkt soll stehen, dass Sie sich mit Ihrem geschlechtlichen, weiblichen Körper überhaupt erst einmal annehmen. Deshalb haben die grundlegenden Maßnahmen, die ich Ihnen zunächst anbiete, kaum etwas mit dem Sex als Akt zu tun. Es geht zunächst um die Vitalisierung Ihrer Bioenergie, um das Wiederbeleben Ihrer Sinne und ein Annehmen Ihres bloßen, nackten Körpers. Denn all das ist, wie Sie von unseren Ausflügen in die Physiologie wissen, die Grundlage dafür, dass Sie sich als sexuelles Wesen annehmen können.

Wenn Sie zu den Frauen zählen, die mit Ihrem Sexualpartner aktuell Probleme beim Sex haben und Ihr Augenmerk besonders darauf lag oder liegt, wie Sie Ihre Intimität verbessern können, sollten Sie sich einen Zeitrahmen zur Veränderung einräumen. In diesem legen Sie Ihren Fokus auch auf die „sexlosen“ Maßnahmen, also auf jene, die zunächst Sie als geschlechtliches Wesen bestärken, sodass Sie mit Sex unbelasteter und leichtherziger umgehen können.

Für den Fall, dass das unrealistisch ist und Sie bemerken, dass Sie dieses Kapitel lieber gleich mit Ihrem Partner gemeinsam angehen möchten, formulieren Sie ganz genau, was Sie sich persönlich in Bezug auf Ihre Sinne, auf Ihr Fühlen und Spüren wünschen! Blättern Sie zu der Heißen-Stuhl-Session zurück und schauen

Sie sich Ihre Reflexionen über Ihre offen gebliebenen Wünsche an. Darüberhinaus können Sie sich einen Selbsterfahrungskurs für Paare, ein Tantrawochenende oder einen „sinnlichen Urlaub zu zweit" gönnen. Nutzen Sie diese Events, um Ihre Bedürfnisse zum Ausdruck zu bringen und einander anzunähern.

Doch ich sag's mal so: Je nachdem wie viel Sie in Sachen Sexualität nachholen, aufarbeiten, kitten oder beleben möchten, es ist zunächst naheliegender, wenn Sie sich erst mal eingehend mit sich selbst befassen, Ihre Wünsche zum Leben erwecken und Ihr Selbstwahrnehmungsvermögen vertiefen. Denn da ist Ihr Spielraum zur Veränderung am größten und Ihre Freiheit, sich auszuleben, am unzensiertesten.

Die Sinne beleben

Die Sache ist die: Viele Frauen wissen gar nicht, was sie sich wünschen sollen, welche sexuellen oder sinnlichen Bedürfnisse sie haben und was ihnen guttun würde. Selbst wenn sie ihren Körper befragen, ist dieser sensorisch ratlos und bleibt stumm. Besonders Frauen, die eher dem folgen, was sie fühlen *sollten*, was sie erregen *müsste* oder was ihnen ihrer Meinung nach Gefühle bringen *sollte*, zucken mit den Schultern. Deshalb geht es jetzt darum, dass Sie Ihren Fokus auf all Ihre Sinne richten und diese beleben. Vielleicht kommt Ihnen das bekannt vor. Genau, dasselbe habe ich Ihnen beim Thema Ernährung empfohlen. Ihre fünf Sinne können Ihnen helfen, sie sind Ihr Zugang zu einer besseren Sexualität.

Lassen Sie mich diesen groß erscheinenden Bogen erklären: Zumeist ist es so, dass auf sexuellem Gebiet, wenn etwas nicht klappt, vorgeschlagen wird, dies und jenes auszuprobieren, diese Technik oder Praktik oder jenes Sextoy zu benutzen oder dass der Partner die Frau anders stimulieren soll. Doch dabei wird oft der wichtigste Schritt übersprungen: die Entwicklung einer Sensorik, die überhaupt ermöglicht, dass Sie fühlen und sensorische Differenzierungen treffen können. Was nämlich passiert, ist, dass viele Frauen ihre Sensorik hintenan stellen und sich sowohl empfindungsbezogen als auch emotional aus dem sexuellen Geschehen herausziehen. Sie koppeln sich von ihren Gefühlen ab, weil Sex ihnen entweder keine Freude bereitet, sie sich nicht angesprochen fühlen oder Sex als Kompensationsmittel benutzt wird.

Und noch eines sollten Sie in diesem Kontext verstehen: Dieses sensorische und emotionale Abkoppeln und das Entfliehen aus dem Moment ist nichts Selektives, das auf bestimmte Gebiete bezogen ist und auf andere nicht. Das wäre ein Trugschluss! Eine Frau knipst sich von ihrer Sinneswelt nicht ausschließlich beim Sex ab. Sie tut es generell, oder sie tut es nicht. Anders herum: Wenn eine Frau eins mit ihrer Sinnlichkeit ist, fühlt sie sich auch empfindungssicherer beim Sex.

Besonders Frauen, die sich in sexuelle Beziehungen begeben, die ihnen nicht guttun, neigen dazu, von vornherein wenig Kontakt zu ihren sensorischen Fähigkeiten zu haben. Denken Sie nur an die frühen Wurzeln der Entzweiung vom Körper zurück. Dass das passiert, hat oft eine lang gewachsene Geschichte und betrifft den ganzen Menschen in seiner Körperlichkeit, seiner Nacktheit, seinem Recht auf Intimität und seinem Selbstverständnis als menschliches Wesen.

Deshalb nutzen wir den folgenden Fakt: Je mehr eine Frau ihre Sinne verfeinert, desto leichter fällt es ihr, sich als ein sexuelles Wesen anzunehmen und folglich auch beim Sex herauszufinden, was für sie stimmt. Also werden Sie zur sensorischen Feinschmeckerin!

Sensomotorische Amnesie und wie sie sich beheben lässt

Tatsächlich gibt es für die sensomotorische Abkopplung vom Körper einen Begriff. Der amerikanische Arzt Dr. Thomas Hanna prägte in den Neunzigerjahren bereits den Begriff *„Sensomotorische Amnesie"* (SMA). Dieser beschreibt nichts anderes als den Umstand, dass sich ein Mensch von den gefühlsbezogenen Vorgängen in seinem Körperinneren abkoppelt, was sich auch in seinem bewegungsbezogenen Körperausdruck zeigt.

Dieses „Vergessen" ist bei Frauen auf dem Vormarsch, womit sich der Kreis schließt: Je mehr eine Frau sich mit Äußerlichkeiten, mit ihrem Erscheinungsbild und ihrer Wirkung auf andere identifiziert und je mehr sie ihren Körper ablehnt und kritisiert, desto weniger nimmt sie ihren Körper wahr. Und je weniger sie sich wahrnimmt, desto geringer ist auch ihr Empfindungsvermögen, ob mit oder ohne Sex. Tatsächlich habe ich eine solche Korrelation zwischen dem Nicht-Fühlen und dem sexuellen Erleben bei Klientinnen beobachten können.

Was die Sexualität betrifft, haben wir zwei große Gruppen von Frauen. Da gibt es diejenigen, die sich generell spüren und wahrnehmen und ihnen deshalb auch ein stimmiges, natürliches Sexualleben am Herzen liegt. Und dann gibt es Frauen, die sich nicht fühlen und demzufolge auch ihrer Sexualität entweder indifferent gegenüberstehen oder sich beim Sex unreflektiert und emotional retardiert verhalten. Und so unterschiedlich werden nun auch die Ausrichtungen sein, wie Sie mit den Anregungen in diesem Buch verfahren.

Wenn Sie sich der ersten Gruppe der empfindungsbereiten Frauen zugehörig fühlen, geht es für Sie darum, Ihre Sensorik zu erweitern oder zu vertiefen.

Wenn Sie einen deutlichen Nachholbedarf wahrnehmen, empfehle ich Ihnen, wie mit dem Beschreiben eines weißen Blattes Papier zu beginnen. Erinnern Sie sich zunächst daran, dass Sie sich als Kind komplett über Ihre Sensorik definiert haben. Und das war wunderbar, Sie richteten Ihr ganzes Erleben und Agieren nach ihren Sinnen aus und waren damit vertraut, dass nichts gegen Ihr ursprüngliches Empfinden ging. Und das machen Sie jetzt auch. Vertrauen Sie dem sensorischen Urwissen Ihres Körpers und beginnen Sie, das Kapitel der Sexualität komplett neu aufzurollen! Ich stelle Ihnen hier fünf Anregungen vor, die Sie sofort auf der Suche nach befriedigenden Sinneserfahrungen verwenden können.

Fünf somatische Anregungen zum Stimulieren der Sinne

1. Schließen Sie die Augen!

Schließen Sie so oft wie möglich Ihre Augen, ob im täglichen Leben, beim Genießen von etwas oder beim Sex. Spüren Sie Ihren Körper von innen. Das führt dazu, dass Sie nicht nur besser fühlen und wahrnehmen können, was Sie brauchen, sondern sich auch an das Erfühlen von Situationen gewöhnen.

2. Bleiben Sie ehrlich!

Bleiben Sie in Ihrem Ausdruck echt, unverstellt und natürlich! Abseits allen gekünstelten Verhaltens und leerer Gesten testen Sie, wie es ist, wenn Sie zu Ihrem eigenen natürlichen Dasein stehen, sich weder verstellen noch etwas vortäuschen, was keine gefühlte Grundlage in Ihnen hat.

3. Erfüllen Sie Ihre Bedürfnisse!

Stehen Sie zu Ihren aktuellen Bedürfnissen, ganz gleich wie groß oder klein diese sind! Das ist weder ein Luxus, ein zusätzlicher Bonus oder eine Zugabe zum Leben! Es gehört zu Ihrer Natur, dass alles, was mit Ihrem Körper geschieht, mit dessen wahrem Bedarf übereinstimmt.

4. Verwöhnen Sie Ihre Sinne!

Machen Sie aus Ihrem Leben ein Fest der Sinne! Gestalten Sie Ihr Umfeld so, dass es automatisch Ihre Sensorik belebt. Ganz gleich ob Sie sich mit Blumen, Ihren Lieblingsfarben, mit Düften oder angenehmen Materialien umgeben, führen Sie ein sinnliches Leben! Gestalten Sie insbesondere den Platz, wo intime Begegnungen stattfinden, sinnlich, einladend und schön.

5. Lassen Sie sich berühren!

Heißen Sie Berührung in allen Formen willkommen, sei es Eigenberührung, die Berührung durch Masseure, Beauty- oder Wellnesstherapeuten oder die Umarmung durch andere. Üben Sie sich im Berührtwerden durch Ihren Intimpartner und genießen Sie es! Und: Werden Sie aufmerksam auf alles, was Sie im Inneren besonders stark berührt!

Sensibilität als Schwäche?

Nicht immer zeigen sich Frauen sofort begeistert, wenn ich ihnen diesen sinnesbetonten Ansatz vorschlage. Nicht wenige argumentieren damit, dass sie sich ja dann noch mehr in ihrem labilen Eigenempfinden oder in ihrem Unwohlgefühl wahrnehmen würden. Und gerade das wollten sie ja verhindern. Andere Frauen zeigen sich skeptisch, weil der dominanzgewohnte Mann mit den Sensibelchen und Dünnhäutigen, womit sie sinnlich wache Frauen fälschlicherweise gleichsetzen, ein noch leichteres Spiel hat.

Einige Frauen meinen sogar, dass sie sich um ihre sensiblen Fähigkeiten bewusst nicht sonderlich kümmerten, weil die Welt ja sonst gar nicht zu ertragen sei. Sie versuchen eher, stärker und widerstandsfähiger zu werden. Das bringe ihnen wesentlich mehr Vorteile als in sich hineinzuhorchen und sich wie eine Mimose zu benehmen. Doch hier vergessen diese Frauen drei essenzielle Dinge, die Sie unbedingt verinnerlichen sollten.

1. Erst durch eine potente wie breit gefächerte Sensorik werden Sie entscheidungsfähig, können differenzieren und erlangen wirkliche Autorität über sich. Das ist es, was eine wahre Kräftigkeit auszeichnet. Eine nach außen demonstrierte Stärke ohne Sensorik hingegen bleibt hohl.

2. Indem Sie sensibel für die Wünsche Ihres Körpers werden, können Sie zu Ihren echten Bedürfnissen stehen, sozusagen ein „Rückgrat zeigen" und sind stark genug, um auch auf das Vortäuschen von Unechtem zu verzichten.

3. Nur mit einer wachen Sensibilität bemerken Sie, was im Moment vor sich geht, welche Richtung beispielsweise eine intime Begegnung nimmt und ob Sie sich in dieser wohlfühlen. Schließlich haben Sie auch die Chance, diese von Beginn an mitzugestalten und an Ihre Bedürfnisse anzupassen.

Es ist also nicht nur eine Theorie, sondern ein ganz praktisches Asset, wenn Sie über ein gut ausgebildetes Empfindungsvermögen verfügen. Nur weil sensible Qualitäten im allgemeinen öffentlichen Leben und vor allem in der maskulin geprägten Welt der Kalkulations- und Leistungsorientierung keine große Lobby haben und dort im Allgemeinen das Gesetz des Stärkeren gilt, gehören sie dennoch zur Grundausstattung, mit der jeder Mensch geboren worden ist. Wenn sie negiert wird, fehlt sie uns. Machen Sie sich das immer wieder klar!

Und noch etwas löst sich mit einer erhöhten Sensibilität glücklicherweise in Luft auf: das Vortäuschen und *„Faken"*. Denn darin sind viele Frauen Meisterinnen, was aber gleichzeitig für so viele Konflikte in den zwischenmenschlichen Beziehungen, insbesondere auf dem Gebiet der Sexualität sorgt. Wenn sich zwei Menschen lieben und insbesondere, wenn sie ihre Körper miteinander spielen lassen, sind sie auf den authentischen Ausdruck des anderen angewiesen. Wenn Frauen Gefühle vortäuschen, die sie nicht fühlen, Orgasmen *faken*, die sie nicht haben, oder Liebe beteuern, die ihnen fehlt, tragen sie aktiv dazu bei, dass ihre intimen Begegnungen in die verkehrte, weil unauthentische Richtung laufen.

Also lassen Sie, falls Sie zu den *fakenden* Frauen gehören, das gekünstelte Vortäuschen auf allen Ebenen sein und ganz besonders beim Sex! Wenn sich dies alle Frauen zu Herzen nehmen würden, wären sie in Sachen Selbstrespekt einen großen Schritt weiter.

Erst kürzlich hat mich eine Klientin gefragt, was ich von dem Satz der Coachingkultur *„Fake it until you make it"* halte. Das trifft den Nagel auf den Kopf. Wenn Sie etwas imitieren und die falschen Mittel in der Hoffnung wählen, um die wirkliche, echte Sache irgendwann zu erreichen, bringen Sie sich, wenn es dabei um Ihren Körper geht, in wirkliche Schwierigkeiten. Ihr Körper lässt sich weder belügen noch hinters Licht führen. Er ist ein Fan der Realität!

Letztens hatte ich so einen Gedanken: Ich stellte mir vor, was passieren würde, wenn alle Frauen dieser Welt ab heute um Mitternacht das „Faken" beendeten. Hallelujah – das würde die Welt erschüttern. Wenn alle Prostituierten, One-

Night-Stand-Lover, Ehefrauen und Intimpartnerinnen das Vortäuschen von nicht Gefühltem unterließen, würde das einen größeren Aufruhr verursachen als alle Weltrevolutionen zusammen. Warum eigentlich nicht? Erschüttern wir doch einfach einmal die Welt!

Lauschen Sie!

Kommen wir jetzt zu einem Schritt, den wir bereits mehrfach angesprochen haben: Schalten Sie sooft es geht Ihren Sehsinn aus. Hören Sie sooft es geht in sich hinein und werden Sie wach für Ihre inneren Geräusche. Genau. Das haben Sie sowohl in Bezug auf die Figur als auch hinsichtlich Ihrer Ernährung kennengelernt. Und auch hier bin ich mir sicher, dass dieses innere Hören Ihre sexuellen Erfahrungen natürlicher gestalten wird. Denn was beim Sex passiert, ist ja nichts anderes, als dass Sie in sich hineinlauschen und Ihrer Erregung, ja, Ihrer sexuellen Energie folgen. Werden wir am besten gleich praktisch.

Die folgenden zwei Versöhnübungen zum Hören schließen an Ihre Explorationen im zweiten Kapitel an. Sie können diese praktizieren, wo immer Sie sind und was immer Sie tun. Horchen Sie in sich hinein!

Versöhnübung #10: Dem Geräusch des Atems lauschen

Lauschen Sie bei geschlossenen Augen dem Geräusch Ihres Atems! Erfassen Sie, wie es sich anhört, wenn sie einatmen und wie es klingt, wenn Sie ausatmen.

Versöhnübung #11: Das Pochen des Herzens hören

Schließen Sie die Augen und werden Sie still.
Legen Sie die linke Hand auf Ihr Herz und erfassen Sie Ihren Herzschlag.
Vielleicht können Sie mitunter sogar den veränderten Schlagrhythmus erspüren, der durch den unterschiedlichen Blutfluss in der Systole und Diastole entsteht.

Berührung

Wenn es um die sinnliche Versöhnung mit dem Körper vor dem Hintergrund einer gesunden Sexualität geht, muss ein weiterer Sinn unbedingt entwickelt und zur Reife gebracht werden, und das ist der Sinn für Berührung.

Eines wissen wir alle: Sexuelle Aktivität spielt sich immer mit engem Körperkontakt zu einem anderen Menschen ab und dieser soll angenehm, befriedigend und taktil erfüllend sein. Doch gerade auf diesem Sektor tun sich oftmals große Defizite auf. Ich höre von Frauen immer wieder, dass gerade hier massive Differenzen zwischen Partnern bestehen können und Frauen sich ausgerechnet damit so schwer tun. Drei Schwerpunkte kristallisieren sich dabei heraus.

1. Unangenehme Berührung

Zum einen berichten Frauen davon, dass sie sich in Sachen Berührung weder angesprochen noch aufgehoben fühlen. Einige berichten, dass sie von ihrem Partner sogar derb, unachtsam, unsensibel oder übergriffig berührt werden, sie aber nichts einwenden und das, was sie bekommen, hinnehmen. Solche Rückmeldungen kommen nicht, wie man schnell annehmen könnte, von Frauen, die sich auf sporadische sexuelle Begegnungen einlassen. Nein, sie stammen von Frauen in langjährigen Beziehungen, wo es den Partnern offenbar über viele Jahre des Zusammenseins nicht gelungen ist, die berührungsbezogenen Bedürfnisse des anderen zu sehen. Sie haben es nie über den mechanischen Durchschnittssex hinaus geschafft und das gegenseitige Berührtsein nie erlernt.

2. Alles oder nichts

Ein anderer Punkt ist, dass Frauen einen großen Bedarf nach Zärtlichkeit und Berührung haben, doch nicht immer das ganze Paket, also den damit oftmals einhergehenden Sex haben möchten. „Ich mag manchmal nur in den Arm genommen werden", sagte Rose. „Aber das heißt für meinen Mann sofort Sex. Da lasse ich es lieber bleiben." Tamara erlebte Ähnliches: „Ich mag es, wenn wir uns zärtlich küssen. Aber mein Freund versteht das sofort als Aufforderung zum Sex." Er unterstellte Tamara, dass sie ihn durch das Küssen anmachte, ihn dann aber von sich wies. Auch Franziska kannte das: „Schade, dass Männer die feinen Unterschiede nicht kennen. Da gibt es leider nur ein Entweder-Oder." Sie war davon überzeugt, dass dies der Grund für das Verebben der Intimität zwischen vielen Paaren ist.

3. Berührungsaversionen

Und dann gibt es noch das Gegenteil, nämlich Frauen, die sich gar nicht berühren lassen. Melissa beispielsweise setzt alles daran, dass sie so wenig wie möglich Berührung durch ihren Mann erfährt. Schließlich erinnert sie sich, dass Berührung ihr von Kindheit an zuwider ist. Heike sagt, dass sie sich mit Berührung vollkommen unsicher fühlt. Sie bevorzugt einen klaren Griff und auch beim Sex sind ihr starke bis gröbere Berührungen lieber. Mit denen kann sie umgehen, mit Zärtlichkeit hingegen nicht. Und Sophia wird generell nervös, wenn sie von jemandem angefasst wird. Sie fühlt sich bereits bedroht, wenn ihr Freund ihre Hand nimmt. Und ganz besonders hasst sie es, wenn es beim Sex zu Zärtlichkeiten kommt.

Berührtsein lernen

Bei vielen Frauen besteht ein großer Klärungsbedarf, wenn es ums Berühren geht, ganz egal ob sie sich nach mehr Zärtlichkeit sehnen, diese nicht bekommen oder von vornherein ablehnen. Deshalb möchte ich Ihnen hier ein paar einfache Schritte vorstellen, mit denen Sie der Erfüllung Ihrer taktilen Bedürfnisse näher kommen.

Fangen wir mit den Frauen an, die trotz Berührungen unerfüllt bleiben. Hier ist es im Grunde einfach: Werden Sie sich klar darüber, welche Berührungen Sie mögen und erwarten. Sprechen Sie es entweder an oder entscheiden Sie sich für den wortlosen Austausch, indem Sie die Hand Ihres Partners außerhalb des Intimwerdens lenken und insbesondere beim Sex führen. Wie Sie es auch anstellen, machen Sie unmissverständlich klar, was Sie mögen! Falls Sie sporadische Sexualbeziehungen oder One-Night-Stands bevorzugen, muss so viel Zeit sein, damit das möglich ist.

Und ja, ich weiß, dass es Frauen in festen Beziehungen oft schwerfällt, das Berührungskapitel zu ihren Gunsten zu wenden. Schließlich rütteln sie an eingefahrenen Gewohnheiten, die sie womöglich jahrelang akzeptiert haben und nun infrage stellen. Es kann peinlich werden, wenn eine Frau ihrem langjährigen Partner gesteht, dass sie noch nie einen Orgasmus hatte, weil sie diese und jene Berührung oder eine bestimmte Stimulation dazu gebraucht hätte. Es kann zu dicker Luft führen, wenn eine Frau beichtet, dass sie sich beim Sex wegen unsensibler Berührungen immer weggeträumt oder in Fantasien gerettet hat, sie das nun aber anders haben will, „da" bleiben und die Berührungen genießen möchte.

Im Falle rigider sexueller Praktiken kann es auch zu Konflikten kommen, wenn der Sexualpartner ausgerechnet das Derbe bevorzugt und sie nun ihren Sinn für Zärtlichkeiten entdecken will. Hier braucht es mitunter tatsächlich Courage und eine Riesenportion Entschlossenheit, am „Eingemachten" zu kratzen. Setzen Sie sich einen Punkt, ja, einen Moment X, von dem an Sie nur noch Berührungen oder Formen des Körperkontakts akzeptieren, die Ihnen guttun und die wirklich befriedigend und genussvoll für Sie sind. Signalisieren Sie, dass eine zärtliche Berührung nicht automatisch Sex heißen muss. Wie Sie selbst Ihre eigenen Signale, die Sie aussenden, klären sollten, können Männer lernen, diese zu deuten. Selbst wenn Ihr Intimpartner Ihnen signalisiert, dass es für ihn nur ein Entweder-Oder gibt, ist das nicht das Ende der Wahrheit. Helfen Sie ihm, sensorische Differenzierungen und Abstufungen zu verstehen.

Wenn Sie zu den Frauen gehören, die eine Berührungsaversion haben oder nur mit groben Berührungen umgehen können, empfehle ich Ihnen drei Schritte:

1. Üben Sie zunächst mit sich selbst. Nutzen Sie alle Formen der Körperhygiene dazu: das Baden, Duschen, Eincremen, Einölen oder Massieren Ihres Körpers. Setzen Sie ihre Haut angenehmen Reizen aus. Spüren Sie die Natur im Kontakt mit Ihrer Haut! Lassen Sie sich vom Wind berühren oder Ihren Körper von Wasser umspülen. Tasten Sie sich so Schritt für Schritt an immer mehr Berührung heran. Lassen Sie mich hier eines hervorheben: Nervensysteme von Menschen, die an Extreme gewöhnt sind, brauchen die sanftesten und liebevollsten Maßnahmen!

2. Schließlich bereiten Sie sich darauf vor, Ihrem Körper auch während intimer Berührungen genau das zukommen zu lassen, was ihm gefällt. Falls Ihnen der Schritt zur intimen Berührung zu hastig ist, lassen Sie sich „asexuell", also beispielsweise durch eine Massage, sanfte Körperarbeit, bei der Pediküre oder Maniküre oder beim Friseur berühren. Vermitteln Sie dort ganz klar, welche Art der Berührung Sie mögen. Falls Ihre Berührungsaversion auf einer traumatischen Erfahrung beruht, empfehle ich Ihnen, therapeutische Unterstützung in Anspruch zu nehmen. Wie wir wissen, machen zu viele Frauen Erfahrungen mit sexueller Gewalt in unterschiedlicher Stärke. Die Ablehnung von Berührung kann auch damit verbunden sein.

3. Sie können sich selbst in intimer Berührung üben: Berühren Sie sich und erspüren Sie besonders beim Masturbieren, welche Berührungsform und Griffstärke Sie brauchen. Falls Ihr Intimbereich zu Trockenheit neigt, benutzen Sie Gleitmittel. Erst wenn Sie wirklich bereit dazu sind, beziehen Sie Ihren Partner mit ein. Erzählen Sie ihm von Ihren eigentlichen oder neu entdeckten taktilen Wünschen und teilen Sie ihm mit, was für Sie wann berührungsbezogen passt.

Wenn es im folgenden Kapitel um die Aktivierung der Sexualenergie geht, kommt Ihnen die Aktivierung Ihres Körperspürsinns zugute. Nur wenn Sie ein Gespür für sich und Ihre inneren sensorischen Vorgänge haben, können Sie Ihre Bioenergie erfassen und ihr schließlich folgen.

Energiestimulation und sexuelle Balance durch Meditation

Körperorientierte Meditation

Wenn wir jetzt zur Meditation unter dem Gesichtspunkt einer natürlichen Sexualität kommen, werden Sie sich vielleicht fragen, worin da der Zusammenhang besteht. Vielleicht haben Sie sogar gehört, dass Meditation eine Distanz zu sexuellen Bedürfnissen schafft und darauf zielt, „über die Sexualität hinauszugehen" oder sie „hinter sich zurückzulassen".

Viele Menschen nehmen an, dass Meditation grundsätzlich mit sexueller Enthaltsamkeit verbunden ist, wie man es bei den buddhistischen Mönchen oder aus dem christlichen Zölibat kennt. In solchen Systemen wird der biologische Trieb eher mit Haltlosigkeit assoziiert und Meditation weniger als etwas gesehen, das zu einem vitalen, potenten Menschen führt. Das alles ist Ausdruck eines Riesenmissverständnisses, das sich in der Welt der Meditation ausgebreitet hat. Im Grunde verhält es sich genau andersherum.

Unter der Voraussetzung, dass Sie körperorientiert meditieren, bewirkt Meditation, dass Sie an Ihre Bio- und Lebensenergie anknüpfen. Und diese ist ja das „Haupttreibmittel" bei allen sexuellen Aktivitäten. Darüber hinaus bewirkt das körperorientierte Meditieren, dass eine energetische Balance in den Körper einzieht, die sich ausgleichend auf die Sexualität auswirkt. Das heißt, sie kann ein Zuwenig oder ein Zuviel regulieren, je nachdem wie die Situation ist. Schauen wir uns das einmal genauer an.

Das, was Sie im Zusammenhang mit Sexualität und Meditation wissen sollten, ist, dass Sie am besten körperaffin, also im Einklang mit Ihrem Körper meditieren. Das heißt, dass Sie Meditationstechniken wählen, die Ihrem weiblichen Körper entsprechen, die mit ihm im Fluss sind und ihn mit seinem Empfinden dort abholen, wo er gerade ist. Mit diesem „Abholen, wo er gerade ist" meine ich nicht nur die unterschiedlichen Phasen des Menstruationszyklus, die erfahrungsgemäß mit verschiedenen meditativen Bedürfnissen verbunden sind, sondern auch, ob die Frau schwanger ist, sich in den Wechseljahren befindet, gesundheitliche Symptome oder Stress hat. Dann hat sie unterschiedliche meditative Bedürfnisse und braucht entsprechende Reize, um sich beim Meditieren wohlzufühlen.

Auch hier orientiere ich mich strikt an der menschlichen Natur, genau daran, wie unser Körper funktioniert: Wenn Sie Meditation als innere Erfahrung des Stillseins und der Nicht-Identifikation erleben möchten, setzt das ein tiefes Entspanntsein voraus. Und das kann nur dann eintreten, wenn Sie sich beim Meditieren im Einklang mit Ihrem Körper befinden, eventuell vorhandene Spannungen organisch abbauen und sich in sich wohlfühlen. Tun Sie das nicht und oktroyieren Sie Ihrem Körper etwas Unnatürliches auf, geschieht genau das Gegenteil: Sie setzen ihn unter Druck, bauen Spannungen auf, die, auch wenn sie nur subtil sind, das Erleben des Zustandes von Meditation verhindern.

Viele Meditationstechniken, die heute im Umlauf sind, basieren beispielsweise auf dem stillen Sitzen und auf der Konzentration. Dabei wird in der Praxis oft betont, dass die Wirbelsäule aufgerichtet werden muss und sich die Meditierenden dabei nicht bewegen dürfen, sondern in dieser Haltung verharren müssen. Zumeist wird die Lotusposition favorisiert, bei der sie mit übereinandergeschlagenen Beinen sitzen.

Wenn Sie als Meditierende sich wirklich wohl in dieser Position fühlen, ist dagegen nichts einzuwenden. Doch meine Erfahrungen sind andere. Viele Meditierende, die ich kenne, können so nicht lange sitzen, werden unruhig, rücken nervös auf dem Meditationskissen hin und her. Obendrein kämpfen sie mit ihrer Gedankenwelt, die keine Ruhe geben will. Falls auch Sie dieses Szenario kennen, heißt das nicht, dass Sie eine untalentierte oder unfähige Meditierende sind, sondern dass eine solche Technik Ihrem Körper widerspricht, an Ihrer einzigartigen körperlichen Konstellation vorbeigeht. Hinzu kommt, dass körperorientierte Meditationsformen insbesondere dann wichtig sind, wenn Ihr Organismus von Stressreaktionen vereinnahmt wird. Wenn Ihr Nervensystem nämlich gefordert, erregt oder unter Druck gesetzt ist, schafft es Ihr Körper gar nicht, sich *ad hoc* zu beruhigen und zur Ruhe zu kommen. Das geht schon rein aus physiologischer Sicht nicht, weil das Nervensystem tatsächlich einen satten Zeitrahmen braucht, bevor es sich beruhigen kann. Es ist eines der größten Missverständnisse auf dem Gebiet der Meditation, dass sich allein mit dem starren Sitzen und mit der Konzentration auf innere Funktionen die Gedanken dauerhaft beruhigen.

Doch zurück zur körperorientierten Meditation und deren Gewinn für Ihre Sexualität: Wenn Sie die Meditation zum Ausgleichen Ihrer sexuellen Energie benutzen möchten, werden Ihnen absolut bewegungslose Techniken und Methoden nur bedingt helfen. Das ist so, weil die Bioenergie nun mal am besten über das Medium Bewegung aktiviert wird, um das es im Folgenden gehen wird. Bewegungsmeditationen greifen hier erfahrungsgemäß viel besser.

Raus aus dem Kopf – Die Belebung des Körperzentrums

Wenn wir nun untersuchen, inwiefern die Meditation Ihnen bei der Aussöhnung mit der eigenen Sexualität behilflich sein kann, machen wir es wie immer: Wir knüpfen auch hier daran an, wie die Natur unsere Sexualität eingerichtet hat. Vielleicht haben Sie sich selbst schon im Laufe des Kapitels gefragt, woran sich zwei Menschen in Sachen Sexualität orientieren können, wenn nicht an Erotik, *Fake,* künstlicher Stimulation und platter Lust. Das ist ganz einfach: Sie verbinden sich über ihre Bioenergien; die Energie zeigt Ihnen den Weg.

Damit das geschehen kann, müssen zwei Voraussetzungen erfüllt sein: Erstens sollten beide etwas von Energie verstehen und zum anderen sollten sie ein energetisches, von Vitalität geprägtes Leben führen. Wenn das nicht gegeben ist, stehen sie in Sachen Bioenergie auch beim Sexhaben ziemlich „dröge" da.

Tatsächlich ist es angesichts unserer bewegungslosen, wenig vitalisierenden Lebensweise ein Trend, dass Energie als Lebenskraft ein immer schwereres Dasein führt. Wenn Sie sich den heutigen Lebensstil vieler Menschen anschauen, können Sie leicht sehen, dass da energetisch tatsächlich „tote Hose" ist, wie man in diesem Fall treffend sagt. Von Energiefluss fehlt jede Spur. Das endlose Herumhocken vor Computer- und TV-Bildschirmen und ein generell zum Sitzen verlagerter Lebensstil bewirken, dass der Energiefluss im Körper kaum in Gang gehalten wird und dass die Lebensenergie Chi, Prana oder wie Sie diese auch immer nennen, stagniert. Sie können sich an Ihren zehn Fingern abzählen, wie viel Lebensenergie in einem Körper in Wallung kommt, wenn er von morgens bis abends sitzt. Richtig! So gut wie keine, oder nur so viel, dass diese gerade einmal zum Überleben reicht. Wie oft winken Frauen ab: „Ach, dazu fehlt mir die Energie", „Für so etwas habe ich keine Energie übrig!" oder „Das mache ich, wenn ich wieder mehr Energie habe", sagen sie. Ich nehme an, Sie kennen das.

Eine weitere Spezialität von Frauen ist, dass Sie oft über einen komplett erschöpften Energiehaushalt verfügen, weil sie ihre Energie in alles andere stecken, nur nicht in sich selbst. Die energetische Erschöpfung der Frau kommt aus drei Richtungen: Erstens vom Verdorren ihrer Lebensenergie, weil ihr Leben so immens auslaugend ist, zweitens vom Weggeben ihrer Energie an andere und drittens vom Verlagern der Energie in den Kopf.

Was Letzteres anbelangt, sehe ich einen klar ansteigenden Trend, in dessen Zuge der Körper immer häufiger unter die Räder kommt: Anstatt unser Leben auf der Grundlage eines ausgewogenen Energielevels zu führen, regelt der Intellekt unsere Entscheidungen und erklärt uns, wie wir zu leben haben. Die Energie in unserer denkverliebten Zeit ist vorrangig auf den Kopfbereich konzentriert und das hat, wie wir mittlerweile wissen, einen negativen Einfluss auf die Sexualität. Hier kommt die körperorientierte Meditation ins Spiel! Sie kann eine enorme Hilfe sein, weil sie den Fluss unserer Bioenergie ankurbelt und diese aus dem Kopfbereich ins Körperzentrum lenkt. Das sollte Frauen auch deshalb gut bekommen, weil sie von Natur aus sehr eng mit ihrem Sexzentrum verbunden sind. Schließlich ist es kein Zufall, dass die Babys im Bauch wachsen und reifen, also genau dort, wo die Frau ihre Lebensenergie bündelt und dem Kind damit ein Maximum an dieser zur Verfügung stellt. Deshalb können kopflastige Frauen, die asexuell geworden sind oder ihre sexuelle Energie nicht spüren, durch körperaffine Meditationstechniken diese wieder in Bewegung bringen. Sie lenken sie dorthin, wo sie hingehört, nämlich in die Körpermitte.

Energie muss fließen

Wenn Sie jetzt staunen, weil Sie noch nie etwas davon gehört haben, dass Sexualität ein energetisches Phänomen und keines von Praktiken und Zerebralsex bestimmtes ist, mögen die folgenden Offenbarungen vielleicht interessant für Sie sein: Es hat nämlich gar nicht so viel damit zu tun, ob diese Energie, von der ich spreche, sexuell ist. Energie ist Energie. Und diese muss fließen, egal um welche physische Funktion es sich dreht. Noch bevor wir uns mit entsprechenden Meditationstechniken befassen, wäre der erste Schritt, dass Sie sich zunächst einmal mit Ihrer Lebensenergie verbinden und diese, falls notwendig, aktivieren.

Deshalb fangen wir sofort damit an, diese in Gang zu setzen. Nutzen Sie die folgenden zehn Energie-Booster und schauen Sie, was für Ihre Situation am besten passt! Und: Machen Sie diese mit Bewusstheit!

Die zehn Bioenergie-Booster

1. Wecken Sie Ihre Lebensgeister!

Reflektieren Sie, was Sie lebendiger, wacher und vitaler macht und wodurch Sie sich energetisierter fühlen. Legen Sie sich dazu eine Liste an, in die Sie Ihre großen und kleinen Energie-Booster eintragen. Hüten Sie sich vor dem „Staub-Ansetzen", wie ich es meinen Klienten sage. Hauchen Sie Ihrem Körper Lebendigkeit ein!

2. Steigen Sie aus Gewohnheiten aus!

Verlassen Sie eingefahrene Wege und Routinen! Probieren Sie Neues, das Ihre Energie in Schwung bringt, Ihnen auch mal das Blut in die Adern jagt, Sie aufrüttelt und Ihr Herz höher schlagen lässt. Denn sowohl sexuell zurückgezogene Frauen als auch Frauen mit Körperaversionen sind in Ihrem Handlungsradius oft eingefahren und mechanisiert.

3. Bewegen Sie sich in der Natur!

Gehen Sie in die Natur, denn die Natur strotzt vor Bioenergie. Vögel zwitschern, Pflanzen sprießen, Bäume grünen, Hummeln brummen, Blüten öffnen sich. Nehmen Sie das wahr. Halten Sie sich sooft es geht im Freien auf und betrachten Sie sich und Ihren Körper mehr und mehr als Teil der Natur. Und: Meditieren Sie im Freien!

4. Nutzen Sie die Sonnenenergie!

Auch wenn die Warnung vor dem Ozonloch nicht von der Hand zu weisen ist: Setzen Sie sich dennoch in regelmäßigen Abständen der Sonne aus und lassen Sie Ihren Körper von Sonnenenergie durchströmen.

5. Atmen Sie!

Sexuell unterdrückte Menschen haben ein angespanntes Zwerchfell und holen niemals wirklich tief Luft, weil sie dadurch unbewusst die Massage des Unterleibs vermeiden. Deshalb: Atmen Sie tief ein! Alle Atemtherapien oder Techniken wie das *Holotrope Atmen* oder die *OSHO Chakra-Breathing-Meditation* können Ihr Energiesystem durchs Atmen anregen.

6. Lachen Sie!

Bringen Sie Freude in ihr Leben und lachen Sie! Sexuell unterdrückte Menschen lachen kaum, sind staubtrocken, zynisch, verkopft, kontrolliert oder ernst. Ganz klar: Ein richtig echtes Lachen aktiviert Ihr Zwerchfell mehr und natürlicher als die meisten anderen energetischen Techniken. Es massiert Ihren Unterleib und bringt Ihre Bioenergie in Fluss.

7. Benutzen Sie Ihre Stimme!

Singen, jodeln, summen, trällern oder pfeifen Sie! Tun Sie es unter der Dusche, wenn Sie ein Bad nehmen, spazieren gehen, Musik hören oder so richtig bei der Sache mit etwas sind. Summen und tönen Sie auch mit anderen. Nutzen Sie Feste, Konzerte und Feiern, um sich stimmlich auszudrücken. Dies kommt Ihnen eins zu eins beim Sex zugute, denn das Unterdrücken der Stimmlichkeit ist einer der größten Energiekiller, die es gibt.

8. Tanzen Sie!

Nutzen Sie jede Gelegenheit zum Tanz! Egal welcher Stil, ob frei, kreativ, geführt oder traditionell, tanzen Sie! Tanzen Sie mit Freude und total! Es gibt kaum eine andere Aktivität, bei der mehr Energie in kürzester Zeit in Gang gesetzt wird als beim Tanzen. Je weniger Vorgaben der Tanzstil oder die Tanzart hat, desto freier können Sie sich bewegen und desto mehr Energie wird kreiert.

9. Üben Sie sich im Echt-Sein!

Umgeben Sie sich mit anderen Menschen auf wahre, authentische Weise. Knüpfen Sie echte menschliche Kontakte, die in ester Linie keine sexuell orientierten sein müssen. Den anderen Menschen in seiner Energie zu spüren oder einfach nur energetisch Kontakt aufzunehmen, setzt oftmals viel mehr Energie in Gang, als wenn Sie gleich auf das volle „Paket" fokussieren.

10. Machen Sie Bewegungsmeditationen!

Bewegungsmeditationen bringen auf höchst effektive Weise ihre Energie in Schwung und bringen diese in Balance. Angefangen von den chinesischen Bewegungssystemen wie *Tai Chi* oder *Qi Gong* über alle Formen der Tanzmeditationen bis hin zu den *aktiven Osho-Meditationen*, können Sie hier lang gehegte Energielacks oder Imbalancen heilen.

Diese zehn Bioenergie-Booster sind Anregungen, anhand derer Sie herausfinden können, welche Form der Energetisierung mit Ihrem Organismus harmoniert. Je mehr Sie finden, desto besser! Und ja: Sobald Ihre Lebensenergie fließt, gelangen Sie automatisch an das Steuerrad Ihrer Sexualität und nehmen sich als einen sexuell potenten Menschen wahr.

Also: Probieren Sie, was Ihnen liegt und spüren Sie gut in sich hinein, ob etwas in Ihnen zum Leben erwacht, in Bewegung gerät, zu kribbeln, zu rieseln, warm zu werden, in Ihnen hochzuwallen oder emporzukriechen beginnt. Genau darum geht es! Genau diese Empfindungen sind Anzeichen von *Energie*.

Tantra als energetische Erfahrung

Eine weitere Form, um mit Energie in Kontakt zu kommen, ist Tantra, eine uralte Lehre, die Bioenergie für ihre spirituelle Praxis nutzt. Im Tantra, das noch im Original gelehrt wird und nicht durch den Filter der Sexobsession in westlichen Ländern gegangen ist, geht es darum, den natürlichen „Sexualtreibstoff", die Bioenergie zu wecken und für höhere Bewusstseinserfahrungen und zur Transformation zu nutzen.

Und das wirkt sich positiv auf das sexuelle Erleben aus, denn beim Sex passiert ja nichts anderes, als dass zwei Menschen ihrer Bioenergie folgen, sich gewissermaßen auf deren „Welle" setzen und mit dieser „schwimmen". Und dafür wird im Tantra der Weg bereitet. Im tantrischen Seminarraum geht es nicht, wie viele annehmen, um das organisierte öffentliche Zelebrieren von Sex, noch hat es etwas mit Partnertausch, Swingerclubsorgien oder dem Ausleben geheimer Fantasien zu tun. Tantra nutzt Atem, Bewegung und Körperkontakt zunächst, um sich selbst anzunehmen, sich in Selbstliebe zu üben und das eigene Sein im Hier und Jetzt zu zelebrieren. Deshalb starten die meisten Tantrakurse erst einmal damit, dass die Teilnehmer erfahren, wie sie ihre Energie überhaupt in Bewegung bringen können, wie Energie sich anfühlt und was sich mit dieser machen lässt. Es wird viel geatmet, bewegt, getanzt, der Körper entdeckt.

Erst dann geht es darum, wie sich Energie im Kontakt mit einem anderen Menschen anfühlen kann. Durch das Gefühl von Energie zeigt sich dann auch, was für einen Menschen im Kontakt mit jemand anderem stimmt. Es klärt sich, ob zwischen zwei Menschen Energie fließt und ob zwischen ihnen „etwas läuft", wie man sagt. Dieser Ausdruck drückt es recht treffend aus, ob die Energie zwischen zwei Menschen stimmt. Wenn beide Partner das beispielsweise spüren, braucht es auf sexuellem Gebiet gar keine Anleitungen oder detaillierte Tipps, wie etwas mit einem anderen Menschen zu gehen hat. Dann passiert es einfach. Zwei Menschen fühlen sich energetisch angezogen, setzen sich auf die Welle der Energie und lassen sich von dieser zum Orgasmus spülen.

Weil dies nicht nur ein enormes Vertrauen in den eigenen Körper voraussetzt, sondern auch eine hohe Sensibilität, geht es beim Tantra oftmals auch um die sensorische Verfeinerung. Denn nur wenn ein Mensch sensibel für sich und seinen Körper ist, wird er mit Energie umgehen und sie benutzen können. Manche Frauen beispielsweise verfügen über eine hohe Sensibilität, haben aber ihre Energie in den Keller gefahren. Dann nützt ihnen die ganze Sensibilität nichts. Und umgekehrt: Wenn eine Frau voller Energie steckt, aber unsensibel ist, wird sie ihre eigenen Bedürfnisse nicht fühlen und sich folglich auch nicht energetisch ausleben können. Sie wird eher empfänglich für groben oder mechanischen Sex sein und zieht auch entsprechende Partner an.

Tantra rückt solche Schieflagen gerade und macht das Nutzen dieser Energie zur Meditation. Sensibilität und Energie vereinen einander und werden so nutzbar. Obwohl das auf das Gegenüber oder den Intimpartner angewandt werden und zu enormer Erfüllung führen kann, ist Tantra eher eine Lebensart, ein auf Energie basierender Weg des Wachstums, der sexuelle Potenz und sexuelle Balance einschließt. Es gibt Tantragruppen für Frauen, in denen die typisch weiblichen Themen im Vordergrund stehen. Sie werden aufgegriffen und mit der Sinnlichkeit und dem energetischen Fluss in Verbindung gebracht. Für Frauen ausgeschriebene Tantragruppen können hilfreich für alle sein, die sich von ihrer Lebensenergie abgeschnitten fühlen oder ihre Sexualität vollkommen neu aufrollen möchten.

Bewegungsmeditationen

Und schließlich ist für das Ingangsetzen von Bioenergie alles gut, was mit bewusster Bewegung verbunden ist. Und hier ziehen wir in das Gebiet der Bewegungsmeditationen ein, die prädestiniert dafür sind. Wenn es hier um den energetischen Ausgleich geht, setzen diese dort an und holen den Meditierenden ab. Für alle Frauen, die ihre Lebensenergie über lange Zeit stark gedeckelt haben, unter Megastress stehen oder Opfer ihres Kopfes geworden sind, kann beispielsweise eine AUM-Meditation (*Awareness-Understanding-Meditation)* oder eine OSHO Dynamische Meditation ein starker wie explosiver Einstieg sein.

Wer seinen Energiefluss vom Ursprung her kennt, ihn aber irgendwann eingebüßt hat oder vermisst, kann auch die anderen Osho-Meditationen erlernen. Ich kenne keine besseren Techniken als diese, die mehr Energie in Schwung bringen und den Menschen an seinen natürlichen Energiefluss anschließen. Hier die wichtigsten, die für die energetische Vitalisierung richtungsweisend sind:

OSHO Dynamische Meditation – Eine einstündige Meditation in fünf Phasen, die Atmung, kathartische Elemente und ungewohnte physische Aktivität nutzt, um Energie zu erzeugen und diese schließlich nach innen zu lenken: Ein Vulkanausbruch, der in die Stille führt.

OSHO Chakra Breathing – Eine einstündige intensive Atemmeditation in zwei Phasen, in der die sieben Chakren als Energiezentren des Körpers vitalisiert werden: Ein energetisches „Durchpusten" des ganzen Körpers, das man nicht so schnell vergisst.

OSHO Laughter Meditation – Eine einstündige Meditation in drei Phasen, die die Totalität des Lachens, des Tanzens und der Stille miteinander vereint: Ein freudevoller Trip in die Innenwelt.

OSHO Mandala Meditation – Eine einstündige Meditation in vier Phasen mit speziell aufeinander abgestimmten Bewegungen, die Energie in Umlauf bringen und den gesamten Organismus beleben: Ein Energiepush mit Zentrierungseffekt!

OSHO Kundalini Meditation – Eine einstündige Meditation in vier Phasen, die Bewegungen wie das Schütteln des Körpers und das freie energetisierende Tanzen benutzt, um die Kundalini-Energie zu aktivieren, und dann in die Stille führt: Ein kondensierter Energieschub, der im Alltag belebt.

Die genannten Meditationstechniken dauern eine Stunde und haben allesamt eine Begleitmusik, die downloadbar ist. Wenn Sie sich erstmals mit den aktiven Osho-Meditationen befassen, kann es gut sein, diese in einer Gruppe zu erleben. Sie sind aber auch allein praktizierbar. Es empfiehlt sich, jede der Meditationen drei bis sieben Tage hintereinander auszuführen und in ihrem Effekt zu testen. Dann können Sie spüren, welche davon die für Sie Passende ist. Falls Sie eine satte Resonanz mit einer der Meditationen spüren und diese Sie so richtig energetisch aktiviert, erweitern Sie das Praktizieren unbedingt auf mindestens 21 Tage und holen Sie alles aus dieser Praxis heraus!

Ich sag‘s mal so: Ich habe in mehr als zwanzig Jahren Meditationspraxis noch nicht eine einzige Person erlebt, die nach dem Praktizieren der aktiven Osho-Meditationen noch gefragt hätte, was es mit der ganzen Energie wohl auf sich hat. Wer hier mutig genug ist einzusteigen, hat sowohl ein effektives Mittel zur Energiestimulation zur Hand als auch ein Tool, das tiefe Stilleerfahrungen vermittelt.

Atmen Sie!

Kommen wir zu einer weiteren Möglichkeit, wie Bioenergie schnell aktiviert werden kann und das ist die Atmung. Diese haben Sie nicht nur unter den zehn Energie-Boostern gefunden. Sie gilt auch als Schlüsselelement in einigen der *aktiven Osho-Meditationen*. Und das nicht ohne Grund: Die Atmung setzt enorm viel Energie in Gang und bewirkt außerdem, dass Sauerstoff zur Verfügung steht. Doch da liegt das Defizit, denn wir sind ein Volk von Nichtatmern!

Die meisten Frauen atmen flach, halten in Stresssituationen die Luft an und überleben mehr, als dass sie am Leben sind. Und das machen viele von ihnen auch beim Sex. Sie atmen gehemmt, flach und gepresst und drosseln so den Fluss der Sexualenergie. Und das verhindert schließlich auch ihren Genuss.

Denn: Erst beim tiefen Atmen wird das Sexzentrum massiert, aktiviert und Sexualenergie in Gang gesetzt. Zugleich hat eine tiefe, in den Bauch reichende Atmung noch einen anderen Nebeneffekt: Sie vermindert Stress, das Ansteigen von Körperspannung und Kopflastigkeit, allesamt Zustände, die die Sexualität unterminieren können. Insofern trägt eine gesunde Atemkapazität nicht nur dazu bei, dass Sie Bioenergie in Schwung bringen, sondern auch dazu, dass Sie sexuelle Aktivität nicht kompensatorisch benutzen müssen.

Weil das Atmen eine solche Wichtigkeit für den sexuellen Ausgleich besitzt, gebe ich Ihnen im Folgenden eine Grundübung mit, die Ihre Energie in Gang setzt, Ihr Zwerchfell aktiviert und Ihren Unterleib erweckt.

Versöhnübung #12: Tief ein- und tief ausatmen

Erster Schritt: Tief einatmen

Stehen, liegen oder sitzen Sie.

Atmen Sie so tief wie möglich ein, halten Sie die Atmung solange wie möglich an und atmen Sie dann über die leicht geöffneten Lippen aus.

Machen Sie das siebenmal, idealerweise an der frischen Luft.

Zweiter Schritt: Lange ausatmen

Atmen Sie normal ein, aber atmen Sie jetzt über die leicht geöffneten Lippen solange aus, wie Sie können, und pausieren Sie nach der Ausatmung solange wie möglich.

Dann holen Sie wieder Luft.

Wiederholen Sie das tiefe Ausatmen auch siebenmal.

Dritter Schritt: Sieben Atemkreise

Verbinden Sie jetzt die beiden Übungen miteinander, sodass ein fortlaufender Atemzyklus entsteht.

Nachdem Sie diesen siebenmal fortlaufend wiederholt haben, ruhen Sie etwa sieben Minuten bei geschlossenen Augen – wahlweise liegend oder sitzend.

Atemmuster sind Emotionsmuster!

Bei dieser Übung haben Sie sicherlich ganz leicht feststellen können, ob es Anteile gab, die Ihnen besonders gut gelegen haben und ob Ihnen die Ausführung bestimmter Teile schwerer gefallen ist. Falls das so ist, kann es damit zusammenhängen, dass Sie entweder das tiefe Einatmen oder das lange Ausatmen aus Ihrem täglichen Atmen ausgeklammert haben.

So oder so: Wenn Sie sich hier angesprochen fühlen und die Energie irgendwo in Ihrem Körper stockt, etwas verengt oder etwas behindert, probieren Sie verschiedene, am besten aktive Atemmeditationen aus! Ich beziehe mich hier ganz bewusst auf Atemmeditationen statt auf Atemübungen, denn diese zeigen Ihnen nicht, wie man „richtig" atmet, sondern geben Ihnen die Freiheit zum Atmen. Nutzen Sie außerdem alle Tätigkeiten, die Ihre Atemfrequenz erhöhen, Sie auch mal ins Schwitzen bringen und Ihr Herz schneller schlagen lassen.

Damit können Sie sich auch auf emotionaler Ebene helfen. Da Frauen Weltmeisterinnen im Unterdrücken von Gefühlen sind, verhelfen Sie diesen so zu ihrem Ausdruck. Denn wenn Frauen einmal losgelassen und erfahren haben, wie befreiend und kräftigend es ist, ungehindert zu atmen und dem eigenen Innenleben einen entsprechenden Ausdruck zu geben, sind sie meist nicht mehr zu bremsen.

Diese Totalität ist tatsächlich eine wunderbare Gabe der Frau. Und ja, es gibt Stimmen, die sagen, dass dies der Grund dafür ist, dass ein Mann, der sich einer Frau gegenüber dominant verhält, sie sexuell nicht zum Zuge kommen lässt. Instinktiv weiß er, dass die Frau, sobald sie im Kontakt mit ihrer Bioenergie ist, nicht mehr gebremst werden kann und er neben ihr blass aussehen wird. Schließlich ist der Mann meist nach einer Ejakulation erledigt, während eine Frau, die ihren Körper und seine energetischen Quellen kennt, mehrere Orgasmen hintereinander erleben kann.

Energie und Meditation vereinen

Tatsächlich profitiert eine Frau von den Bewegungsmeditationen im Hinblick auf ihre Sexualität am meisten, wenn sie auf sich zu hören lernt, sich einfach aus ihrem puren Gefühl für sich selbst und für die Energie, die in ihr zirkuliert, sexuell organisiert. Und mehr noch: Wenn die Frau sich als energetisches Wesen erkennt, spürt sie sich auch im intimen Kontakt viel mehr und nimmt wahr, ob sich die Energie des anderen Menschen mit der eigenen vereint.

Und da wird es plötzlich ganz einfach: Hier gibt es nämlich nur ein Ja oder ein Nein. Sie bemerkt immer besser, wie die Energie eines Intimpartners ist, ob er aufmerksam, zugänglich, offen, gefühl- und respektvoll ist oder aber einen unsensiblen, unaufmerksamen oder sogar gewalttätigen Eindruck macht. Und sie spürt, ob mit einem Partner Energie fließt, obwohl er nicht in das optische Beuteschema passt, vom Traumprinz abweicht oder nicht wie der Vater zukünftiger Kinder wirkt. Wenn eine Frau ihren Energiefluss zur Maßgabe ihrer sexuellen Unternehmungen macht, trifft sie sexuell eine komplett andere Auswahl und wendet sich von reinen Äußerlichkeiten ab.

Und da ist auch auf sexuellem Gebiet noch viel mehr drin: Indem sie sich ihrer Natur durch Meditation immer mehr annähert, schwindet ihre Lust auf gekünstelten, *gefakten* Genuss, auf jede Form von Ersatzbefriedigung und Kompensation. Ihr wird immer deutlicher, dass dies alles energieschluckende Situationen sind, die nicht echt sind und sie sich folglich zu diesen immer seltener hingezogen fühlt.

Und noch etwas Wichtiges möchte ich Ihnen mitgeben! Frauen können mit einem hohen Maß an Aufmerksamkeit und einem guten Gefühl für ihren Energiehaushalt spüren, wann sie sexuell offensiv oder defensiv sein sollten. Wenn sich eine Frau beispielsweise erschöpft, sexuell verausgabt und viel Energie abgegeben hat, sollte sie ihr Sexzentrum, ihr Hara, für eine Weile schließen. Sie sollte es dann solange geschlossen halten, bis sie wieder im Vollbesitz ihrer Energien ist und mehr Sorge dafür tragen, dass sie ihre Sexualenergie nicht sinnlos verballert und in extreme Energiedefizite gerät.

Und umgekehrt: Wenn eine Frau sexuell zurückgezogen ist, sollte sie bewusst ihr Hara öffnen und Energie teilen. Genau genommen ist diese Unterscheidung zwischen dem Offenhalten und dem Schließen des Nabelchakras eine Kunst, die jede Frau beherrschen sollte.

Darüber hinaus lernt eine Frau in dieser Kombination aus Meditation und Energiesicherheit, ob es sich bei einer intimen Situation um Liebe handelt oder um puren Sex. Gerade bei Frauen existiert da so viel Unklarheit und Illusion.

Denn im Grunde wissen wir alle, dass Sex nicht unbedingt etwas mit Liebe zu tun haben muss und Liebe wiederum nicht unbedingt mit Sex. Man kann Sex mit einem Menschen haben, weil die Energie stimmt, aber Liebe sich nicht entwickelt hat. Und man kann einen Menschen lieben, ohne Sex zu haben. Eine Frau sollte energetisch immer einschätzen können, worum es sich bei einer sexuellen Begegnung handelt. Weiß sie das nicht, sind entsprechende Enttäuschungen von vornherein vorprogrammiert. Wenn beides da ist, Liebe und Sex, kann Sex zu etwas werden, das zu einem tieferen gegenseitigen Verständnis führt und die Liebe anhebt. Das alles braucht jede Menge energetische Meisterschaft und Übung im bewussten Kontakt mit einem anderen Menschen.

Und damit wären wir wieder bei einem der erwähnten Punkte angelangt: Tatsächlich sollten Frauen auf sexuellem Gebiet gut üben. Nur so finden sie heraus, was am besten für sie passt und wie sich Sexualenergie anfühlt. „Gut zu üben" muss nicht automatisch heißen, viele Sexualpartner zu haben. Das mag so sein, muss es aber nicht. Sobald eine Frau weiß, wie sich energetisch potenter Sex anfühlt, wird auch klar, welcher Intimpartner der richtige für sie ist.

Meditativer Genuss

Hier noch ein Letztes: Sobald Meditation als Erfahrung in Ihnen so richtig greift und Sie den inneren Genuss von Meditation kennen, verändert sich in Ihrem Leben so gut wie alles. Und das wird auch Ihr sexuelles Leben berühren. Denn der meditative Genuss ist einer, der alles, was Sie als genussvoll erleben, in die richtige Perspektive stellt.

Ich weiß, dass es komisch klingen muss, wenn ich sage, dass der meditative Genuss aus dem wundersamen Gefühl für Ihre Natürlichkeit entsteht. Sie genießen es einfach, wenn Sie natürlich, pur, entblößt, ja, vor sich selbst „nackt" sind und sich mit all Ihrem Sein annehmen können. Diese Art von Genuss ist, wenn sie sich noch mit der Erfahrung der Stille paart, etwas unvergleichbar Tiefgreifendes – sie ist ein Geschenk. Und dieses relativiert auch Ihr Verhältnis zum Sex.

Denn Erfüllung, die im Moment geschieht, hat aufgrund ihrer Intensität eine solche Schönheit, dass sie den sexuellen Orgasmus nicht mehr als den einzigen Weg stehen lässt, durch den eine innere Gipfelerfahrung möglich wird. Plötzlich ist da noch etwas Äquivalentes, was die totale Erfüllung, den orgiastischen, ekstatischen Moment herbeiführen kann.

Das ist der Punkt, der den Sex dann schließlich relativiert. Er führt dazu, dass die sexuelle Aktivität in Balance kommt. Tatsächlich ist das Erfahren des Zustandes von Meditation der Faktor, der Sex als Aktivität zweitrangig sein lässt. Eine Frau, die zu meditieren beginnt und sich auf die Innenschau wirklich mit Haut und Haar einlässt, kann ihre sexuelle Geschichte wenden, korrigieren und sogar heilen. Zudem verändert das Erfahren des Zustandes von Meditation auch Ihr Verhältnis zum Glück.

Während viele Menschen ihr Glück im Außen suchen, ihre einzigen Glücksmomente im sexuellen Orgasmus finden und meinen, das Glück über die Intimität mit einem Menschen sei das einzig mögliche, wird Meditation diese Sicht definitiv verändern. Meditative Glücksmomente können so überwältigend sein, dass Sie das Glück von da an nie wieder ausschließlich mit einem anderem Menschen und seiner Geschlechtlichkeit assoziieren.

Bevor Sie jetzt immer mehr auf das Körper-Versöhnritual zusteuern, machen Sie es sich noch einmal in der *Me-Time-Lounge* bequem und schauen Sie sich Ihr Brennpunkt-Thema an. Es hat Sie über die Länge des Buches begleitet und nun können Sie es mit Ihrem jetzigen Wissen und Ihren neuen Erfahrungen nochmals überprüfen.

Selbst wenn Ihr Thema ursprünglich keine Beziehung zur Sexualität hat, kann es dennoch sein, dass es in seinem Kern von dem bisher Gesagten berührt wurde.

Willkommen in der Me-Time-Lounge: Ihr Brennpunkt-Thema im Visier

Nehmen Sie Ihr Brennpunkt-Thema her und reflektieren Sie es nach dem Lesen dieses dritten Kapitels erneut.

Würden Sie Ihr Thema jetzt immer noch genauso formulieren?

Ist es noch dasselbe wie zu Beginn des Buches? Schreiben Sie es auf!

4.

Nackt leben

Wie weiter

Nachdem wir gemeinsam in die drei großen Themen Figur, Ernährung und Sexualität eingetaucht sind und uns einmal angeschaut haben, wie sich diese aus der Perspektive der Natürlichkeit darstellen, sind Sie sicherlich mit mir einer Meinung: Wenn Frauen der geschürten Körperobsession und äußeren Idealmaßgaben folgen, liegt es nahe, dass sie sich von der Natur ihres Körpers immer mehr entfernen. Dort sind wir losgegangen und haben dann einen globalen Fokuswechsel vorgenommen: Alles, worauf Sie Ihre Aufmerksamkeit gerichtet haben und womit Sie auf der praktischen Ebene in Berührung gekommen sind, diente dazu, der Natur Ihres Körper näherzukommen, dessen wahre Bedürfnisse kennenzulernen und ihn in seinen Reaktionen besser zu verstehen.

Vielleicht spüren Sie bereits, dass sich Ihr Verhältnis zu Ihrem Körper verändert hat und Sie sich in ihm mehr zu Hause fühlen. Wo auch immer Sie stehen, eines ist sicher: Wenn Sie das Buch bis hierher gelesen und die praktischen Übungen ausgeführt haben, sind Sie der bleibenden Versöhnung mit Ihrem Körper definitiv sehr nahegekommen. Und am Ende dieses Kapitels werden wir diese komplettieren.

Doch bevor es so weit ist, werfen wir einen Blick auf Zukünftiges. Ich möchte Ihnen nämlich ans Herz legen, dass Sie nach dem Absolvieren des Körper-Versöhnrituals nicht stehenbleiben, sondern noch viele weitere bejahende Erfahrungen mit Ihrem Körper machen. Naheliegend wäre es, wenn Sie diejenigen Versöhnübungen in diesem Buch, die mit Ihrem Nervensystem am besten harmoniert haben, weiterhin anwenden. Schauen Sie in einer ruhigen Minute noch einmal zurück und frischen Sie auf, welche es sind. Oftmals entfaltet sich die Essenz der Übungen erst nach einem tieferen Eintauchen.

Was die Häufigkeit anbelangt, wäre es sinnvoll, wenn Sie täglich eine Übungssequenz bei geschlossenen Augen praktizieren, unabhängig davon, wie lange diese dauert, ob sie zu den Espresso-Explorationen oder zu den längeren aktiven Meditationen zählt. Sobald Sie das Gefühl haben, dass Sie Ihrem Körper eine Freundin geworden sind und sich Ihre Kritik ihm gegenüber gelegt hat, können Sie die Bewusstheitspraxis lockerer gestalten und immer mehr zu einem selbstverständlichen Teil Ihres Alltags werden lassen.

Die Distanz zum Körper durch Innenschau

Hier noch einmal zur Auffrischung: Das Praktizieren der Übungen und das Sammeln und Vertiefen differenzierter Körpererfahrungen ist wichtig, um ein bejahendes, natürliches und realistisches Verhältnis zum eigenen Körper zu fördern. Gleichzeitig lenken die Körperbewusstheits- und Meditationsübungen Sie in den Moment, in das Hier und Jetzt, was Sie erst dazu in die Lage versetzt, natürliche Lösungen entsprechend der aktuellen Bedürfnisse Ihres Körpers zu finden.

Denn: Ihr Körper lebt in der Gegenwart. Er hat nichts davon, wenn Sie in Träumen, Illusionen oder Vorher-Nachher-Bildern schwelgen. Er braucht die ungeschminkte Realität, ja genau, die nackte Wahrheit. Und wenn Sie diese kennen, wissen Sie auch, woran Sie sich orientieren können und werden gleichzeitig unabhängig von äußeren Einflüssen, die einst zu den vielen Verunsicherungen und Unwahrheiten geführt haben.

Vielleicht erinnern Sie sich an das erste Meditationskapitel, als wir uns mit der Nicht-Identifikation mit dem von außen an Sie herangetragenen Körperideal beschäftigt haben. Im Vordergrund stand, dass Sie weder Ihren Selbstwert noch Ihr Körperempfinden von äußeren Impulsen abhängig machen und dass Faktoren wie Ihre Kleidergröße, die Zahl auf der Waage, das Spiegelbild, die Komplimente oder die Meinungen anderer oder die vielen Werbekampagnen keine Macht über Sie haben. Das ist es ja, was flächendeckend passiert: Frauen gehen den Botschaften der Körper-Optimierungsindustrie auf den Leim und übernehmen die künstlich gezüchteten Ideale in ihr eigenes Denken, Fühlen und Handeln, obwohl diese gar nicht existieren.

Wenn sie diesen Illusionen nicht gerecht werden, was in der Natur der Sache liegt, sind sie chronisch unzufrieden mit sich, egal ob es sich dabei um die Figur, ihre Ernährungsweise oder ihre Sexualität dreht. Genau da sind wir losgegangen und haben insbesondere im Zusammenhang mit der Meditation beleuchtet, wie Sie sich unabhängiger von äußeren Diktaten machen.

Diese Abkopplung von Einflüssen im Außen wird nicht zuletzt deshalb möglich, da Sie sich beim Meditieren immer mehr in sich selbst zentrieren, sich immer mehr annehmen und sich so, wie Sie sind, schätzen. Durch die Ausrichtung des Fokus nach innen treffen Sie Ihre Entscheidungen immer mehr aus Ihrem puren Eigengefühl heraus. Das hat einen interessanten Hintergrund: Es passiert, weil Sie sich und Ihrem Körper beim Meditieren eine Pause geben. Die vielen positiven Auswirkungen, die die Meditation auf Ihren Körper und Ihr Selbstbild haben kann, passieren, weil Sie Ihren körperlichen Belangen eine Auszeit schenken, sodass eine natürliche Distanz zum Körper entsteht. Das mag wie ein handfester Widerspruch klingen, weil wir uns in diesem Buch bisher damit befasst haben, wie Sie Ihrem Körper näher und näher kommen können, an ihn immer dichter heranrücken, in ihn hineinhorchen, um ihn dadurch besser zu verstehen. Und nun spreche ich über die Distanz zu ihm! Ich weiß. Hier, liebe Leserinnen, mute ich Ihnen kurz vor dem Körper-Versöhnritual wirklich eine Gratwanderung zu. Das „Distanzthema" im Zusammenhang mit der Meditation hat es tatsächlich in sich. Lassen Sie es mich etwas genauer erklären.

Den Körper in den Urlaub schicken

Alle Meditationsübungen und auch einige der vorgestellten Bewusstheitssequenzen enthalten eine Phase, in der Sie in Stille sind und unbeteiligt beobachten können, was im Moment geschieht. Und dieses urteilsfreie, lose Beobachten lässt nicht nur Gedanken, Emotionen oder Sorgen in den Hintergrund treten, sondern auch den Körper in einer Distanz erscheinen. Präzise gesagt, ist dies die Grundlage dafür, dass Gedanken, Emotionen und Sorgen verblassen, weil sie allesamt an den Körper gebunden sind. Ohne den Körper können Sie sich dieser Qualitäten nicht gewahr werden, weil sie an nervale, also körperliche Vorgänge in Ihrem Organismus geknüpft sind. Folglich verblassen sie gemeinsam mit dem Körper, wenn eine Distanz zu diesem entsteht.

Und ja: Mit dem Herstellen dieser Distanz ist es, als gäben Sie Ihrem Körper und sich eine Auszeit. Sie senden ihn in den Urlaub, in dem Ihr Körper für ein Weile sein Ding macht und Sie machen Ihres. Auch wenn der Vergleich etwas hinkt, ist die Beziehung zum Körper während der Innenschau so ähnlich wie die zu einem anderen Menschen. Wenn Menschen sehr eng miteinander verbunden sind, gewöhnen sie sich nicht nur aneinander, sondern halten sie die Anwesenheit des anderen oft immer mehr für selbstverständlich. Wenn sie sich dann für eine Zeit nicht sehen und sich dann wieder begegnen, haben sich beide erfrischt. Sie sehen einander mit einem neuen Blick und schätzen die Anwesenheit des anderen mehr. Und so ähnlich funktioniert es mit dem Verhältnis zum Körper. Die Distanz zum Körper ist genauso wichtig wie die Nähe zu ihm. Beides bedingt einander sogar. Je mehr Nähe, desto größer die Notwendigkeit der Distanz. Und je mehr Distanz, desto größer die Wahrscheinlichkeit der Nähe.

Und genau diese auf Distanz und Nähe beruhende Beziehung zum Körper hat einen Effekt, der in Hinsicht auf unser Körperthema ein ganz besonderer ist: Der Körper wird nämlich durch die Distanz in nichts anderem mehr bestärkt als in seiner Selbstregulation! Diese erfährt eine immense Stimulation, weil der Organismus in Ruhe gelassen wird, der Verstand nicht hineinplappert und äußere Einflüsse ihn nicht erreichen. Ich möchte sogar so weit gehen, zu sagen, dass die meditativen Pausen mit der Distanz zum Körper der stärkste Katalysator dafür sind, dass der Körper seine Selbstregulationskräfte geltend machen kann und zu seinem natürlichen Funktionieren zurückfindet. Er pegelt sich organisch aus und stellt sein natürliches Gleichgewicht her. Aufgrund meiner Erfahrung sehe ich die „meditative Beurlaubung“ des Körpers als das effizienteste Mittel an, das uns wieder mit unserer ureigenen Natur verbindet.

Den Körper vergessen

Und wenn Sie so weit gekommen sind, werden Sie noch einen immens wichtigen Effekt wahrnehmen können: Während Sie durch all die genannten Erfahrungen gehen, geschieht es schleichend, dass Sie Ihren Körper immer mehr „vergessen". Ja, Sie lesen richtig: Sie vergessen ihn. Und das will ich Ihnen natürlich erklären, damit Sie dieses „Vergessenwerden" einordnen können.

Indem Sie Ihrem Körper immer mehr seine Selbstregulation zurückgeben, passiert es, dass er unabhängiger wird, und was seine gefühlsmäßige Dominanz anbelangt, er immer mehr „sein Ding" macht. Das heißt, dass er mit seinen alltäglichen Angelegenheiten und inneren Vorgängen immer weniger deutlich in Ihrem Bewusstsein auftaucht. Gerade weil Sie sich immer weniger einmischen, kümmert er sich logischerweise selbstgeführter um seine Funktionen. Das ist es, was die natürliche Funktionsweise eines Körpers ausmacht. Er führt also immer mehr sein eigenständiges Leben.

Ein weiterer Grund dafür, dass der Körper zunehmend in „Vergessenheit" gerät, besteht darin, dass ein positives Verhältnis zum Körper zu unserer Normalität gehört und Sie sich schneller daran gewöhnen, als Sie momentan vielleicht annehmen. Es ist ein selbstverständlicher Teil Ihrer körperlichen Realität und deshalb geht er immer weniger in Ihr Bewusstsein ein. Nur wenn Sie neue, feinere oder differenziertere Erfahrungen machen, horchen Sie auf. „Oh wow!", macht es in Ihnen. „Das habe ich ja noch gar nicht erfahren! Diese oder jene Erfahrung ist neu für mich." Und dann kommen ja noch die Meditationseffekte zum Tragen.

Sobald Ihre Meditations- und Bewusstheitspraxis fühlbare Früchte trägt und Sie sich mit Ihrem Körper versöhnt haben, werden Sie immer weniger über Ihren Körper nachdenken oder permanent überlegen, welche Entscheidungen Sie treffen oder was für ihn gut und richtig ist. Wenn alles im Lot ist, kommt Ihr Körper seinen Aufgaben nach, sodass alles in Ihnen „still" bleiben kann.

Wie sagt man oft bei Freunden: Wenn er sich nicht meldet, ist alles okay. So ist es auch beim Körper. Wenn er zufrieden ist und sein Innenleben floriert, brauchen wir über seine Bedürfnisse nicht nachzusinnen. Wenn er gesund ist, machen wir uns über seine Regeneration keine Gedanken.

Und natürlich andersherum. Genauso wie sich andere Menschen eher bemerkbar machen, wenn sie Probleme haben und etwas nicht stimmt, macht sich der Körper bemerkbar, wenn etwas von seiner Natur abweicht und sein Wohlbefinden stört. Dann gehen seine Signale sofort in Ihre Wahrnehmung ein und zeigen Ihnen das Ungleichgewicht an.

Tatsächlich haben Sie es dann „ganz einfach" mit ihm! Das haben Sie, weil Ihr Körper mit seiner Natur verbunden ist und es auf dem Nährboden der Natur keine Kämpfe gibt. Vielleicht erinnern Sie sich: Wann immer ich in den Kapiteln die Frage aufgeworfen habe, wie es denn mit den Themen Figur, Ernährung oder Sexualität am natürlichsten wäre, bin ich jedes Mal zu selben Antwort gelangt: Wenn der Körper seine natürlichen physiologischen Funktionen ausführen und gemäß seiner Natur leben kann, ist das Leben mit ihm „ganz einfach". Das ist keine Floskel, sondern rührt daher, dass die Natur tatsächlich einfach existiert. Sie ist da, befindet sich im internen „Fluss" des Lebens und verändert sich. Und dasselbe kann Ihnen mit Ihrem Körper passieren.

Er kümmert sich und lebt ein organisches Leben. Insbesondere dann, wenn Sie mit ihm kommunizieren, ist auch das von Einfachheit geprägt: Anstatt ihn zu pushen, fragen Sie ihn. Anstatt ihn zu optimieren, vertrauen Sie ihm. Anstatt zu drängen, fließen Sie mit ihm.

Nackt-Spiegelungen

Damit schließt sich gewissermaßen der Kreis: Das Einnehmen von Nähe und Distanz zum Körper kann Sie zur Lösung vieler Probleme führen, die Sie mit ihm möglicherweise haben. Indem Sie beides kennen, sowohl die Nähe zu Ihrem Körper mit seinen echten Empfindungen, Wahrnehmungen und Bedürfnissen, als auch die Distanz zu ihm, entwickeln Sie eine vollkommen neue Selbstwahrnehmung, und diese macht Sie nochmals unabhängiger von äußeren Maßgaben,

Zahlen auf der Waage, Kleidergrößen, Body-Mass-Index, genormten Fitnessparametern und vor allem von Ihrem Spiegelbild.

Mit der Unabhängigkeit vom Spiegelbild meine ich nicht, dass Sie nicht mehr in Spiegel schauen. Doch das, was Sie im Spiegel sehen, wird nebensächlicher. Erfahrungsgemäß nimmt die Bedeutung des Spiegelbildes in dem Maße ab, in dem sich Ihre Identifikation mit fremden und irrealen Maßgaben für Ihren Körper reduziert. Genauso verändert sich die Art und Weise, wie Sie in den Spiegel schauen, ob mit einem feindseligen, kritikbereiten, kontrollierenden oder aber mit einem liebevollen, herzlichen Blick. Und Sie merken darüber hinaus, ob Sie sich von Ihrem Spiegelbild dirigieren lassen, Ihrem Körper dadurch in den Rücken fallen, ihn Torturen aussetzen oder in seiner Natur hintergehen. Tatsächlich ist das „Wie" Ihres Blickes auf Ihr Spiegelbild ein Indikator dafür, wie Sie zu Ihrem Körper stehen und ob Ihr Verhältnis zu ihm natürlicher wird.

Deshalb empfehle ich Ihnen, den Nackt-Spiegel-Test des Öfteren zu wiederholen, falls dieser wenig ermutigend ausgefallen ist. Dann haben Sie einen guten Anhaltspunkt, an dem Sie ablesen können, wie nahe Sie Ihrem Körper bereits gekommen sind und ob die Nähe-und-Distanz-Wechsel Früchte getragen haben. Machen wir doch, weil es so gut passt, noch eine letzte Spiegelübung.

Versöhnübung #13: Das Spiegelbild drehen

Führen Sie die Übung idealerweise nackt aus. Nehmen Sie Ihre Brille ab, falls Sie eine tragen, und entfernen Sie auch Kontaktlinsen, egal wie deren Stärke ist. Wann immer Sie sich im Spiegel ansehen, machen Sie regelmäßig das folgende Experiment.

Stellen Sie sich vor, dass das, was Sie im Spiegel sehen, nicht Ihr Spiegelbild ist, sondern dass Sie das Spiegelbild der Person sind, die Sie im Spiegel betrachten.

Machen Sie es aus drei Perspektiven:

1. Schauen Sie auf den ganzen Körper von Kopf bis Fuß.
2. Schauen Sie auf das Gesicht.
3. Schauen Sie in die Augen.

Notieren Sie Ihre Erkenntnisse in der Me-Time-Lounge!

Das Körper-Versöhnritual planen

Und nun ist es so weit! Das Körperversöhnritual liegt vor Ihnen. Es besteht aus vier Teilen:

1. Die Nackt-Abschiedsbrief-Zeremonie
2. Die Dankbarkeits-Meditation
3. Das Loslass-Fest
4. Die Symbol-Findung

Da Sie dieses Ritual ja nur einmal in Ihrem Frauenleben machen, wäre es naheliegend, wenn Sie ihm einen feierlichen Rahmen geben. Gestalten Sie sich ein ästhetisch stimmiges, angenehmes Umfeld. Wählen Sie einen Raum, in dem Sie sich wohlfühlen. Zünden Sie Kerzen an, kaufen Sie sich Blumen, sorgen Sie für eine feminine Raumatmosphäre. Optimal wäre es, wenn sie das Ritual in der Natur ausführen und sich einen Platz suchen, der mit Ihrem Körper harmoniert. Das kann am Strand, unter einem Baum, an einem See, in Ihrem Garten oder auf dem Gipfel eines Berges sein. Rufen Sie sich dabei ins Gedächtnis zurück, dass es Ihr Fest ist, das den endgültigen Friedensschluss mit Ihrem Körper besiegelt. Und ja: Da Sie nackt oder zumindest so wenig bekleidet wie möglich sein werden, sollte es sich um einen geschützten Platz handeln. Denkbar wäre auch, die Nacht und den Mondschein zu nutzen.

Wie soll es ablaufen? Abhängig davon, wie genau Sie die bisherigen Selbstreflexionen gemacht haben und auch, wo Sie mit Ihrer Beziehung zu Ihrem Körper stehen, brauchen Sie etwa 40 bis 60 Minuten für Ihre Abschiedsbrief-Zeremonie. An diese schließen Sie dann sofort Ihre Dankbarkeits-Meditation an, die etwa 15 bis 20 Minuten dauern wird. Für diese müssen Sie sich einen schönen Sitz- oder Liegeplatz vorbereiten und eine Musik, die Sie mögen, bereithalten. Falls Sie in der Natur feiern, können Sie diese von Ihrem Handy spielen oder einen Bluetooth-Lautsprecher mitnehmen.

Ideal wäre es, wenn Sie den dritten und vierten Schritt, das Loslass-Fest und die Symbol-Findung, nahtlos anschließen könnten. Falls das nicht möglich ist, sollten diese beiden Teile möglichst zeitnah nach dem Ritual stattfinden. Wenn Sie alles an einem Tag machen könnten, wäre das natürlich eine kondensierte, intensive und definitiv starke Erfahrung des Neuen. Vielleicht nehmen Sie sich dazu ein Wochenende oder einen freien Tag. Gern können Sie auch verreisen und diese Reise zu Ihrem Geschenk an sich selbst machen.

Lesen Sie sich die Anleitungen durch. Bereiten Sie dann alles, was Sie brauchen, sehr genau vor und versichern Sie sich, dass Sie während des Rituals absolut ungestört sind. Nach dem Ritual sollten Sie auch noch etwas Zeit zum „Setzenlassen“ einplanen. Es wäre außerdem gut, wenn Sie für den Rest des Tages keine anderen Verpflichtungen planen.

Ihr Höhepunkt

Ich wünsche Ihnen ein wunderbares Ritual! Genießen Sie die besonderen Momente mit Ihrem Körper!

Das Körper-Versöhnritual

1. Die Nackt-Abschiedsbrief-Zeremonie

Erster Schritt: Verbinden
Ziehen Sie idealerweise Ihre Kleidung aus oder behalten Sie nur so viel an wie absolut nötig. Schließen Sie für ein paar Momente die Augen und spüren Sie in Ihren Körper hinein. Legen Sie die linke Hand auf Ihr Brustbein und die rechte Hand auf Ihren Nabel und spüren Sie die Atembewegung unter Ihren Händen.
Sobald Sie das Gefühl haben, dass Sie sich auf Ihren Körper eingestellt haben, öffnen Sie die Augen.

Zweiter Schritt: Den Brief schreiben
Schreiben Sie jetzt einen Brief an Ihren Körper. Sprechen Sie ihn an. Gern können Sie auch einzelne Körperteile adressieren. Sagen Sie ihm alles, was Sie ihm noch sagen möchten, was Sie ihm gegenüber fühlen, was Sie erkannt haben oder anders machen möchten. Fragen Sie auch, ob es noch etwas auszusprechen oder zu bereinigen gibt. Falls Sie etwas bereuen, das in der Vergangenheit stattgefunden hat, können Sie das ebenfalls klären. Machen Sie sich innerlich „nackt"!
Entledigen Sie sich von allem, was in Bezug auf Ihre körperliche Vergangenheit noch gesagt werden muss. Denn diese lassen Sie nun hinter sich! Sie kehren nie wieder zu ihr zurück.

Dritter Schritt: Den Brief (nackt) lesen
Stehen Sie auf und lesen Sie den Brief gut hörbar und akzentuiert vor.
Seien Sie dabei so aufmerksam wie möglich! Lassen Sie sich Zeit!

Ohne dass Sie eine Pause machen, gehen Sie danach sofort zur Dankbarkeits-Meditation über. Stellen Sie die Musik an und lassen Sie diese leise spielen.

2. Die Dankbarkeits-Meditation

Erster Schritt: Die Danksagung

Liegen oder sitzen Sie. Schließen Sie die Augen. Entspannen Sie sich und tun Sie alles, um sich wohlzufühlen! Halten Sie für den Fall, dass es zu kühl werden sollte, eine Decke oder eine weiches Tuch bereit.

Danken Sie jetzt den folgenden Körperbereichen und Organen dafür, dass sie über genau so viele Jahre, wie alt Sie sind, in Ihrem Dienst gestanden haben, selbst dann, wenn Sie mit diesen Schwierigkeiten hatten oder haben. Beginnen Sie Ihre Danksagungen an den Füßen und arbeiten Sie sich dann Schritt für Schritt kopfwärts. Schließe Sie alle Körperteile ein, die Ihnen in den Sinn kommen. Spüren Sie in diese, während Sie ihnen danken, hinein.

Hier einige Beispiele: Sie begeben sich mit Ihrer Aufmerksamkeit zu Ihren Füßen und danken diesen, dass diese Sie durch Ihr Leben tragen und getragen haben. Sie danken Ihrem Verdauungssystem, das aufgenommene Nahrung in körperliche Substanz und Energie umwandelt. Sie danken Ihrer Lunge fürs Atmen, Ihren Augen fürs Sehen, Ihren Ohren fürs Hören, Ihren Geschmacksknospen fürs Schmecken, Ihrer Nase fürs Riechen, Ihrem Herz fürs Schlagen. Sie danken Ihren Brüsten, Ihrer Gebärmutter, Ihren Eierstöcken, Ihrer Vulva für Ihr Empfinden als Frau.

Verweilen Sie solange in dieser inneren Haltung der Dankbarkeit, wie Sie mögen.

Zweiter Schritt: Das Vernichten des Briefes

Vernichten Sie jetzt Ihren Abschiedsbrief! Sie können ihn in kleine Schnipsel reißen, dem Papierschredder übergeben oder ihn verbrennen.

Wie bereits erwähnt, wäre es ideal, wenn Sie gleich zum Loslass-Fest und zur Symbol-Findung übergehen könnten. Für den Fall, dass eine Pause dazwischen liegt, stimmen Sie sich wieder auf eine bewusste, festliche Atmosphäre ein.

3. Das Loslass-Fest

Entledigen Sie sich jetzt aller Dinge, die auf der alten Beziehung zu Ihrem Körper beruht haben: Das kann zu enge Kleidung sein, die Sie in der Hoffnung, bald abzunehmen, gekauft haben. Das können High-Heals sein, in denen Sie noch nie gehen konnten, zu enge Gürtel, zu kleine BHs, kneifende Jeans oder Röcke, zu straff sitzende Strumpfhosen, Mieder, Shapewear, alles was Sie nicht frei atmen lässt und Ihren Körper beengt.

Es können aber auch andere Dinge sein, die das „Gegen ...", das Kämpfen gegen die Natur Ihres Körpers symbolisieren wie Schlankheitscocktails, Abführmittel, Appetitzügler, Slimshakes, Vibrationsgürtel zum Abnehmen, vielleicht sogar Ihre Waage, falls sie Ihnen den Tag verdirbt, aggressive Anticellulite-Gels, Körper-Erziehungsbücher, CDs mit Anleitungen zum rapiden Abnehmen oder Fitnessgeräte, wenn Sie diese nicht mögen. Es können Sextoys sein, die überflüssig oder Ihnen unangenehm sind, Reizunterwäsche, die Sie nicht brauchen, Sexzeitungen oder Fetische der Vergangenheit, die Sie Ihrer natürlichen Sexualität nicht nähergebracht haben. Durchsuchen Sie Ihren Besitz nach allem, das eine Haltung gegen Ihren Körper symbolisiert oder das Sie sich aus einer solchen heraus irgendwann angeschafft haben.
Und dann! Dann packen Sie all das auf einen Haufen und entsorgen Sie es. Aber Achtung! Geben Sie die Dinge, die Sie von der Natur Ihres Körpers weggetrieben haben und auch anderen Frauen schaden könnten, nicht an diese weiter, auch nicht über den Second-Hand-Shop!

Durchforsten Sie außerdem Ihren Computer. Löschen Sie Dateien jeglicher Art, die sich mit ihren Inhalten gegen Ihren Körper richten. Dazu gehören auch Filme und Videos, die Körperfeindlichkeit darstellen wie Gewaltfilme oder Pornos oder solche, die frauenverachtende, chauvinistische Haltungen transportieren, ganz gleich, ob unterschwellig oder direkt. Drücken Sie die Löschtaste!

Wenn Sie den vierten Schritt gleich an Ihr Loslass-Fest anschließen könnten, wäre es ideal. Doch manchmal ist es so, dass die Symbol-Findung noch etwas Zeit braucht. Das ist okay. Falls es länger dauert, bis Sie das richtige Symbol gefunden haben, benutzen Sie unbedingt ein zeitweiliges, ein Übergangssymbol.

4. Die Symbol-Findung

Finden Sie ein Symbol, einen Talisman, ein Maskottchen oder ein Objekt, das Ihre neue Ära, die des Versöhntseins mit Ihrem Körper und seiner Natur symbolisiert. Es sollte entweder etwas sein, das Sie in Ihrer Geldbörse, in Ihrem Kosmetiktäschchen oder Ihrer Handtasche mit sich tragen, oder etwas, das Sie sich an die Pinnwand oder an den Spiegel heften können. Es sollte Sie an die Versöhnung mit Ihrem Körper erinnern.

Runden Sie den Tag oder die Tage dem Anlass entsprechend ab.

Und vergessen Sie nicht:

Legen Sie immer wieder alles Künstliche ab.
Ziehen Sie sich aus.
Machen Sie sich immer wieder so nackt, wie Sie können!
Nackt vor sich selbst.

Literaturverzeichnis

. Becker, Linda: Interview mit Nora Tschirner zum Film „Embrace“: Frauen sollten keine Angst haben, dass der Wampomat mal rausguckt. https://www.br.de/puls/themen/popkultur/nora-tschirner-interview-embrace-100.html

. Brochmann, Nina; Støkken Dahl, Ellen: Viva la Vagina!: Alles über das weibliche Geschlecht. S. Fischer Verlag, 2018.

. Brumfitt, Taryn: Embrace: Du bist schön-Schluss mit Bodyshaming. Heel Verlag GmbH, 2017.

. Chang, Emily: Brotopia: Breaking Up the Boy's Club of Silikon Valley. Penguin Random House LLV, 2018.

. Eurobarometer 449 Report: Gender-based Violence. 2016.

. European Society of Cardiology: Women call ambulance for husbands with heart attacks but not for themselves. ScienceDaily. ScienceDaily, 3 March 2019. https://www.sciencedaily.com/releases/2.

. Feldenkrais, Moshe: Bewusstheit durch Bewegung. Suhrkamp-Verlag, 1996.

. Feldenkrais, Moshe: Das starke Selbst. Suhrkamp-Verlag, 2005.

. Flaßpöhler, Svenja: Die Potente Frau. Für eine neue neue Weiblichkeit. Ullstein, 2018.

. Gervais, Sarah J.; Vescio, Theresa K.; Förster, Jens; Maass, Anne; Suitner, Caterina: Seeing women as objects: The sexual body part recognition bias. European Journal of Social Psychology, 2012; DOI: 10.1002/ejsp.1890.

. Gruys, Kjerstin: Mirror, Mirror Off the Wall: How I learned to Love My Body by Not Looking at it for a Year. Avery, Penguin Group (USA) Inc., 2013.

. Hanna, Thomas: Das Geheimnis gesunder Bewegung. Wesen & Wirkung - Funktionaler Integration. Junfermann Verlag, Paderborn, 1994.

. Hanson, Rick: Hardwiring Happyness: The New Brain Science of contentment, calm and confidence. Rider, London, 2013.

. Hu, Ying; Parde, Connor J.; Hill, Matthew Q.; Mahmood, Naureen; O'Toole, Alice J.: First Impressions of Personality Traits From Body Shapes. Psychological Science, 2018; 095679761879930 DOI: 10.1177/ 0956797618799300.

. Huffington, Ariana: Thrive. Harmony Books, New York, 2014.

. Jonas, Katrin: Der Weg des Wassers. Frauen meditieren anders. Innenwelt Verlag 2018.

. Jonas, Katrin: Meditation heilt. Schmerzfrei in ein neues Leben. Verlag Via Nova 2017.

. Jonas, Katrin: Schmerzfrei ohne Medikamente. Meditation und Körperbewusstsein. Ein 30-Tage-Programm. Verlag Via Nova 2017.

. Kabat-Zinn, Jon: Gesund durch Meditation. Droemer-Knaur, 2013.

. Klingberg, Sofia; Mehlig, Kirsten; Johansson, Ingegerd; Lindahl, Bernt; Winkvist, Anna; Lissner, Lauren: Occupational stress is associated with major long-term weight gain in a Swedish population-based cohort. International Archives of Occupational and Environmental Health, 2018; DOI: 10.1007/s00420-018-1392-6.

. Konrad, Sandra: Das beherrschte Geschlecht: Wenn sie will, was er will. Piper, 2019.

. McComb, Sarah; Mills, Jennifer S. Mills: Orthorexia nervosa: A review of psychosocial risk factors. Appetite, 2019; 140: 50 DOI: 10.1016/j.appet.2019.05.005.

. Osho: Das Orangene Buch. Innenwelt Verlag 2003

. Osho: Drei Schritte zum Erwachen. Befreites Bewusstsein, einfaches Denken, leerer Geist. Innenwelt Verlag 2019.

. Osho: From Medication to Meditation. EBook, Osho Media International 2011.

. Prommer, Elizabeth; Linke, Christine; Wegener, Claudia; Hannemann, Mahelia: Weibliche Selbstinszenierung auf YouTube. Selbstermächtigung oder Normierung?, Rostock, Babelsberg, 2019

. Prommer, Elisabeth, Linke, Christine: Audiovisuelle Diversitität? Geschlechterdarstellungen in Film und Fernsehen in Deutschland. Rostock, 2019

. Rhodes, Marjorie; Leslie, Sarah-Jane; Yee, Kathryn M.; Saunders, Katya: Subtle Linguistic Cues Increase Girls' Engagement in Science. Psychological Science, 2019; 095679761882367 DOI: 10.1177/0956797618823670.

. Segar, Michelle; Taber, Jennifer M.; Patrick, Heather; Thaiand, Chan L.; Oh, April: Rethinking physical activity communication: using focus groups to understand women's goals, values, and beliefs to improve public health. BMC Public Health, BMC series, 2017, https:/doi.org/10.1186/s12889-017-4361-1.

. Taylor, Shelley E.: Tend and Befried Theory. University of California, Los Angeles.

. Todd, Jennifer; Aspell, Jane E.; Barron, David; Swami Viren: Multiple dimensions of interoceptive awareness are associated with facets of body image in British adults. Body Image, 2019; 29: 6 DOI: 10.1016/j.bodyim.2019.02.003.

. University of Waterloo: Your body image is impacted by those around you. In: ScienceDaily. ScienceDaily, 30 January 2019.https://www.sciencedaily.com/releases/2019/01/190130075807.htm.

. Weizmann Institute of Science: Stress affects males and females differently. In: ScienceDaily, 26.May 2016.

Über Katrin Jonas

Internationale Körper-Mind-Therapeutin, Meditationsmentorin und Autorin. Therapeutische und coachende Erfahrung mit Menschen aus allen Zipfeln der Welt, praktische Arbeit mit Klienten in Europa (u.a. München, Wien, Zürich, London); Einzelbetreuung, Workshops, Retreats

- BodyWareness-Trainings für Therapeuten, Ärzte und Körper-Mind-Coaches
- Stressmanagement, Firmenprojekte, mein Lieblingsprojekt: „Frauen in der Wirtschaft" in Österreich
- seit 20 Jahren Meditierende
- seit 15 Jahren Schreibende („Ich fühle mich wie eine volle Regenwolke, die regnen muss")
- Frau, Mutter, das Leben Liebende

Bisher von ihr erschienen:

- „Der Weg des Wassers - Frauen meditieren anders", Innenwelt, 2018
- „Schmerzfrei ohne Medikamente. Meditation und Körperbewusstsein", Via Nova, 2017
- „Meditation heilt. Schmerzfrei in ein neues Leben", Via Nova, 2107
- „Meditation & Der Körper im Glück", Epubli, 2016
- „Innere Perlen. 48 Kostbarkeiten für einen gesunden Körper und innere Balance", CreateSpace, 2016

www.katrin-jonas.com

KATRIN JONAS

DER WEG DES WASSERS

Frauen meditieren anders

264 Seiten | Klappenbroschur

ISBN 978-3-942502-93-1

DIANA RICHARDSON
ZEIT FÜR WEIBLICHKEIT
Der tantrische Organsmus der Frau

280 Seiten | Broschur
ISBN 978-3-936360-12-7

MEHR GUTE BÜCHER ZUM THEMA

BEWUSSTHEIT & MEDITATION

www.innenwelt-verlag.de